여자(아이)의 심리학

여자(아이)의 심리학

리사 다무르

최다인 옮김

시공사

나와 당신의 딸들에게

미래의 정신 건강 또는 질환을 예측하게 해주는 것은 불안의 존재도, 특징도, 심지어 양도 아니며, 이런 측면에서 중요한 것은 불안에 대처하는 능력뿐이다.[1] 여기서 한 개인과 다른 개인 간의 차이는 매우 크고, 정신적 항상성을 유지할 가능성은 그에 따라 달라진다.

정신이 건강한 아동은 똑같은 위기 상황에서 후퇴보다 단련을 택해서 (…) 지적 이해와 논리적 사고를 적극적으로 활용하고 외부 상황을 바꾸는 방식으로 대처한다.

안나 프로이트Anna Freud(1965)

차
례

머리말 • 011

CHAPTER 1

스트레스와 불안 제대로 이해하기

건강한 스트레스 • 024 ｜ 스트레스가 해로워지는 원인 • 026 ｜ 스트레스의 세 가지 유형 • 028 ｜ 스트레스에서 불안으로 • 034 ｜ 건강한 불안 • 035 ｜ 불안의 작동 원리 • 041 ｜ 불안 장애와 치료 방법 • 043 ｜ 일상적 불안에 대응하는 법 • 054 ｜ 걱정의 물결 막아내기 • 059

CHAPTER 2

가정생활

회피는 불안을 키운다 • 065 ｜ 감정 폭발을 가라앉히는 법 • 071 ｜ 과잉 반응에 대처하는 법 • 078 ｜ 폭발은 불가피하다 • 086 ｜ 뉴스가 신경에 부담을 줄 때 • 088 ｜ 감정적 쓰레기 모으기 • 092 ｜ 모르는 게 약일 때도 있다 • 095 ｜ 시간표에 여유 두기 • 101 ｜ 돈이 스트레스를 부른다 • 105

CHAPTER 3

동성과의 관계

수줍음은 불안과 다르다 • 116 ｜ 숫자가 갈등을 부른다 • 124 ｜ 건전한 갈등 대처의 기본 원칙 • 127 ｜ 원하는 싸움을 고를 자유 • 134 ｜ 24시간 계속되는 또래 스트레스 • 138 ｜ 수면 대 소셜 미디어 • 144 ｜ 타인과의 비교에 따르는 큰 대가 • 147 ｜ 경쟁에서 마음의 안정을 찾는 법 • 153 ｜ 시샘은 불가피하다 • 157

CHAPTER 4

이성과의 관계

일상적 무례함 • 167 ┃ 여자아이가 성희롱에 대처하도록 돕는 방법 • 172 ┃ 공격-수비
패러다임의 악영향 • 179 ┃ 성별에 따라 다른 성교육 • 182 ┃ 평등한 성교육 도입하기 •
186 ┃ 승낙이 능사는 아니다 • 190 ┃ 성적 자율권이 성 건강을 보호한다 • 192 ┃ 섹스를
거절하는 여러 가지 방법 • 194 ┃ 즉석 만남 문화의 진실 • 201 ┃ 술기운 빌리기 • 204 ┃
상업용 포르노가 끼치는 악영향 • 206

CHAPTER 5

학교생활

학교와 스트레스는 불가분의 관계다 • 218 ┃ 여학생이 성적을 더 걱정한다 • 223 ┃ 공붓
벌레에서 전략가로 변신하기 • 231 ┃ 연비 주행 공부법 • 235 ┃ 여학생이 경쟁력과 자신
감을 기르도록 돕는 법 • 240 ┃ 시험 불안 이겨내기 • 242 ┃ 학교 교육 방식과 맞지 않는
학생도 있다 • 248 ┃ 하루 24시간이 모자랄 때 • 250 ┃ 성공을 정의하는 방식 바꾸기 •
258 ┃ 탄도학 모형과 오솔길 모형 • 260

CHAPTER 6

문화적 압력

당연시되는 순종 • 268 ┃ 남의 눈치를 보도록 키워지는 딸 • 274 ┃ 여자로서 말하기 • 276
┃ 말투 단속반에 도전하기 • 281 ┃ 언어 도구 세트 갖추기 • 284 ┃ 투명해야 하는 여자
아이 • 289 ┃ 전면 공개는 필수가 아니다 • 293 ┃ 외모 지상주의 • 297 ┃ "모든 여성은
아름답다"라는 말의 함정 • 302 ┃ 신체의 형태가 아닌 기능에 주목하기 • 306 ┃ 편견이
라는 역풍 • 308

맺음말 • 315 ┃ 감사의 말 • 318 ┃ 미주 및 참고 문헌 • 321 ┃ 추천 도서 • 341

11월의 쌀쌀한 월요일 오후, 나는 두어 해 동안 내가 비정기적으로 상담하던 중1 여학생 에리카, 그리고 매우 걱정스러운 표정의 어머니 재닛과 긴급 심리 상담을 하기 위해 마주 앉아 있었다. 그날 아침 재닛은 에리카가 불안을 견디지 못해 등교를 거부하자 내게 전화를 걸었다.

"이번 주말에 에리카가 많이 힘들어했어요." 재닛이 전화로 설명했다. "기한이 얼마 남지 않은 중요한 조별 과제가 있는데, 다툼이 생겨서 과제가 산으로 가고 있거든요." 지난 2주간 아침마다 에리카는 배가 아픈 상태로 눈을 떠서 식사를 걸렀고, 점심때까지 복통이 계속되었다고 했다. 재닛은 전화기 너머로도 느껴지는 눈물 젖은 목소리로 이렇게 덧붙였다. "에리카가 오늘 학교에 가지 않았다는 사실을 **믿을** 수가 없는데, 가게 할 방법을 모르겠어요. 통학 버스를 타는 대신 엄마가 태워다 주면 어떠냐고 물었더니 제가 사형장에 데려다준다고 말하기라도 한 것처럼 저를 쳐다보더라고요."

정말로 걱정되기 시작한 내가 물었다. "오늘 오실 수 있나요?"

"네, **그래야만** 해요." 재닛이 말했다. "학교에 갈 수는 있게 해야죠. 그런데 오늘 오후에는 제가 빠질 수 없는 회의가 있거든요. 그 뒤에 방문해도 될까요?"

"물론이죠. 그리고 걱정하지 마세요." 나는 진심을 담아 말했다. "방법을 찾을 거예요. 어떻게 된 일인지 함께 알아보기로 해요."

뭔가가 달라졌다. 불안은 늘 인생의 일부이자 성장의 일부였지만, 최근 몇 년 동안 에리카 같은 어린 여학생들이 느끼는 불안은 통제를 벗어난 듯 보인다. 나는 20년 이상 심리학자로 일했고, 그동안 개인 상담과 연구를 진행하며 여자아이들의 긴장이 점점 심해지는 현상을 눈으로 직접 보았다. 매주 일정 시간을 우리 지역 여학교에서 일하고 미국 전역과 세계 여러 곳을 순회하며 수많은 여학생과 만나면서 여자아이들이 느끼는 압박감이 점차 심해지고 있다는 이야기도 들었다.

직장에서는 여자아이를 다양한 각도에서 관찰하며 배우고, 집에서는 엄마로서 또 다른 관점에서 두 딸을 바라본다. 내 세상은 여자아이로 가득하고, 아이들과 함께 있지 않을 때면 나는 종종 교사나 소아청소년과 의사, 동료 심리학자와 아이들 얘기를 한다. 지난 몇 년간 동료들과 대화하다 보면 스트레스로 무너지거나 심각한 불안에 시달리는 여학생을 만났다는 이야기가 점점 많아졌다. 예전에는 이렇지 않았다는 안타까움과 함께.

우리가 일상에서 직접 겪으며 관찰한 현상이 대규모 설문 조사에서 사실로 확인되었다는 점이 더욱 걱정스럽다. 최근 미국심리학회 American Psychological Association 에서는 이제 청소년기를 근심 없이 다양한 시도를 하는 풍성한 시기로 정의할 수 없게 되었다는 보고서를 내놓았다. 여름방학을 제외하면 오늘날의 청소년은 사상 최초로 자기 부모보다 더 많은 스트레스를 느끼는 세대라고 한다. 이들은 만성적 스트레스로 예전에는 성인에게서만 관찰되던 수준의 초조함과 피로 같은 감정적·신체적 증상을 겪기도 한다.[1] 자신이 감정적 문제를 겪으며[2] 고도의 불안을 느낀다고[3] 응답하는 청소년 수가 증가하고 있다는 연구 결과도 나왔다.

하지만 이런 경향은 우리 아들과 딸들에게 똑같은 영향을 미치지 않는다.

더 고통받는 것은 여자아이 쪽이다.

수많은 연구에서 여자아이는 남자아이보다 심리적 스트레스와 긴장으로 괴로워할 확률이 높다는 점이 거듭 확인되었다.[4] 최근 연구에서는 남자아이와 젊은 남성이 불안 증상을 겪는 비율이 13퍼센트인 반면, 여자아이와 젊은 여성의 비율은 무려 31퍼센트로 나타났다.[5] 남자아이와 비교해 여자아이는 압박감을 더 크게 느끼고, 피로나 식욕 변화 같은 심리적 긴장으로 인한 신체적 증상을 더 많이 겪는다는 사실도 밝혀졌다.[6] 불안과 관련된 감정을 겪을 확률도 젊은 여성 쪽이 더 높다. 한 연구에서 2009년부터 2014년까지 긴장이나 걱정, 두려움을 종종 느낀다고 응답한 10대 소녀의 비율은 55퍼센트나 증가했지만, 같은 기간 똑같이 대답한 남자 청소년의 비율은 달라지지 않았다.[7] 청소년 전체에 불안이라는 감정이 점점 퍼지고 있기는 하지만, 여자 청소년 사이에서 확산 속도가 훨씬 빠르다는 연구 결과도 있었다.[8]

불안과 관련된 이러한 성별 격차는 심리적 스트레스 전반을 보여주는 대체 측정 기준인 우울증 진단의 상승 폭에서도 똑같이 나타난다. 2005년에서 2014년 사이 우울증을 겪는 10대 소녀의 비율은 13에서 17퍼센트로 올라갔다.[9] 같은 기간 남자아이의 비율은 5에서 6퍼센트로 소폭 변화했을 뿐이다. 부모로서는 딸 **또는** 아들이 점점 심해지는 감정적 괴로움을 겪는 모습은 당연히 보고 싶지 않겠지만, 12~17세 사이의 여자아이가 또래 남자아이보다 우울증을 겪을 확률이 세 배나 높다는 사실에는 주목할 필요가 있을 듯하다.[10]

성별에 따른 스트레스 증상 불균형은 중학교 무렵에 시작되며, 고등학교 졸업 후에도 끝나지 않는다. 미국대학보건협회American College Health Association의 조사에 따르면 지난 한 해 동안 불안에 압도되는 기분을 느꼈다고 응답한 여자 학부생이 남자 학부생보다 43퍼센트 많았다.[11] 남자 학부생과 비교해 여자 학부생은 피곤함과 부담감도 더 많이 느끼고, 전반적 스트레스 수준도 훨씬 높게 나타났다.

이런 통계를 접한 정신 건강 전문가들은 우선 바짝 긴장한다. 그런 다음 대개는 적절히 회의적인 관점에서 한계까지 내몰렸다고 느끼는 여자아이의 수치에 실제로 극적인 변화가 있었는지, 아니면 계속 존재하던 문제를 우리가 더 잘 감지하게 된 것인지 알아내려 한다. 이런 질문에 집중한 연구자들의 말에 따르면 우리가 오랫동안 무시했던 위기를 이제야 깨달은 상황은 아닌 모양이다. 지금까지 드러난 증거를 살펴보면 현재 상황은 완전히 새로운 국면임이 틀림없다.[12] 연구를 토대로 생각하면 단순히 여자아이들이 예전보다 자신의 괴로움을 더 기꺼이 토로하게 된 것도 아니다.[13] 그보다는 여자아이들의 상황이 실제로 더 나빠진 것처럼 보인다.

전문가들은 여자아이들의 불안이라는 이 신종 전염병의 원인으로 다양한 가능성을 제시한다. 예를 들어 연구 결과에 따르면 여학생은 남학생보다 학교 성적을 훨씬 많이 걱정한다.[14] 여자아이가 어른의 기대에 부응하려고 애쓰는 것은 어제오늘 일이 아니지만, 요즘 나는 선생님을 실망시킬까 봐 너무 두려운 나머지 할 필요도 없는 추가 점수 과제를 하느라 밤을 새우는 여학생 이야기를 심심찮게 듣는다. 딸은 아들보다 훨씬 자기 외모를 걱정한다는 연구 결과도 있다.[15] 10대 청소년은 원래 자기 겉모습에 강한 불안을 느끼는 시기를 거치기 마련이지만, 우리는 지금 산더미 같은 '좋아요'를 받으리라는 기대에 부풀어서 공들여 다듬은 자기 사진을 올리는 데 한 번에 몇 시간씩 투자할 마음이 있고, 실제로도 종종 그렇게 하는 최초의 세대를 키우고 있다. 또한 연구에 따르면 여자아이는 남자아이보다 사이버폭력을 당할 가능성이 더 클 뿐 아니라[16] 또래에게 입은 감정적 상처를 오래 곱씹는 경향이 있다고 한다.[17]

여자아이에게만 해당하는 성적 요소도 있다. 원래 딸은 아들보다 사춘기가 이르고, 여자아이의 사춘기가 시작되는 시기도 점점 빨라지고 있다.[18] 이제는 체형이 성인 여성과 다를 바 없는 5학년 여학생도 그리 드물지 않게 눈에 띈다. 더 심각한 문제는 성인의 몸을 가지게 된 여자아이에게 여성의 가치는 주로 성적 매력에서 나온다는 강력하고 뚜렷한 메시지가 담긴 이미지가 사정없이 쏟아진다는 데 있다. 설상가상으로 '발칙한 여고생'을 내세우는 선전 문구를 사용해 어린 여자아이들을 상업적으로 이용하거나 7~10세 여아에게 가슴 패드가 들어간 비키니 상의와 끈 팬티를 팔아먹으려는 광고처럼, 아이들을 소비자로 보고 공략하려는 마케팅 관행이 널리 퍼져 있다.[19] 과거에는 그래도 이런 이미지가 퍼지는 창구는 전통적 매체뿐이었다. 오늘날 6학년 여자아이들은 같은 반 친구가 자극적인 포즈로 찍은 셀카를 인스타그램에서 아주 쉽게 접할 수 있다.

여자아이가 남자아이보다 더 압박감을 느끼는 이유에 관한 이런 여러 가지 설명은 놀랍기는 해도 큰 도움이 된다. 하지만 딸이 직면한 어려움 몇 가지를 인지했다고 해서 그 문제에 대처할 방법까지 저절로 알게 되는 것은 아니다.

이 책을 읽고 있는 당신은 아마도 딸이 덜 불안해하고 더 즐겁게 지내도록 도우려고 이미 수많은 방법을 시도했을 가능성이 크다. 지난번 쪽지 시험에서 받은 점수를 너무 걱정하지 말고 상처를 주는 온라인 댓글을 잊어버리려고 노력하라고 안심도 시켰을 것이다. "너는 있는 그대로 예쁘다"라거나, "외모는 중요하지 않다"라는 말도 이미 했을 테고(나를 포함해 딸을 사랑하는 부모들은 대체로 모순되는 이 두 가지를 다 말한다!). 여자아이의 가치는 외모에 달려 있다고 암시하는 문화적 메시지를 의심하고 비판적으로 생각하라고 가르치고, 딸

여자(아이)의 심리학

이 사진을 업로드하거나 꼼꼼히 뜯어보는 데 들이는 시간을 제한하려고 노력도 했을 것이다. 이렇게 최선의 노력을 기울여도 당신 눈에 더할 수 없이 훌륭한 아이인 딸은 여전히 불안 또는 괴로움에 허덕이느라 너무 많은 시간을 허비한다.

이 책에서는 여자아이의 신경을 날카롭게 하는 원인을 분석하고 아이가 좀 더 긴장을 풀도록 도울 방법을 제시한다. 나는 점점 발전하는 연구 결과와 더불어 지금까지 만난 내담자, 동료, 학교 여학생, 우리 딸들에게서 배운 것을 토대로 유해한 스트레스와 불안으로부터 여자아이들을 지키기 위해 밟아야 할 단계를 설명하려 한다. 내 생각을 풀어낼 때 내가 한 상담을 예시로 활용하기도 했지만, 자기 속마음을 내게 보여준 내담자들의 익명성을 유지하기 위해 개인 정보는 모두 바꾸었고 몇몇 사례에서 뽑은 내용을 하나로 합쳤음을 밝혀둔다.

이 책은 스트레스와 불안을 처음부터 다시 이해하는 데서 출발한다. 그런 다음 삶의 다양한 측면에 긴장이 어떤 식으로 영향을 미치는지 알아보고, 여자아이가 가정생활, 학교생활, 다른 여자아이들과의 관계, 남자아이들과의 상호작용, 우리 문화 전반에서 보편적으로 겪는 어려움을 각 장에서 하나씩 살펴본다. 부모로서 우리는 아이의 앞길에 걸림돌이 될 만한 원인을 모조리 없애고 싶다고 **바랄** 수는 있지만, 아기 때부터 어른이 될 때까지 스트레스가 하나도 없는 지름길은 존재하지 않는다. 우리가 그런 일을 해낼 수 있다고 해도 장기적으로 보면 그건 아이에게 도움이 되지 않는다. 하지만 앞으로 일어날 일을 미리 알아둔다면 딸이 겪을 스트레스를 조금이나마 더 편안한 마음으로 지켜볼 수 있지 않을까.

아이가 나이를 먹으면서 마주하게 될 어려움을 예측하면 아이가 속상해할 때 더 유익한 방향으로 반응하기 쉽다. 부모가 아이의 걱정과 두려움에 반응하는 방식은 매우 중요하다. 어린 시절 넘어져서 무릎이 까질 때마다 딸은 먼저 자기 무릎을 살펴본 다음 부모 얼굴을 쳐다본다. 당신이 차분해 보이면 아이도 금세 기분이 나아진다. 당신이 딸을 안아 들고 응급실로 달려가면 아이는 필요 이상으로 겁을 먹는다. 평범한 문제에 기겁하면 상황이 나빠질 뿐 아니라 그로 인해 딸이 느끼는 스트레스와 불안이 심각한 수준으로 악화할 수도 있다. 이런 점을 고려해 이 책에서는 부모를 위해 스트레스로 무너지려는 딸을 안심시키고 아이가 준비되면 스스로 대처하도록 돕는 데 필요한 전략을 제공한다.

성장에 따르는 스트레스 요인은 대부분 예전부터 존재해온 것들이지만, 우리 삶을 온통 점령한 디지털 기술과 점점 더 심해지는 대학 입시 경쟁처럼 새롭게 더해진 요소도 있다. 그렇기에 여기서는 부모가 아이를 도와 기존 문제와 새로운 문제 양쪽에 효과적으로 대처할 방법을 모색하려고 한다. 이 책은 여자아이의 불안을 줄이는 것을 목적으로 삼지만, 진단이 가능할 정도인 심리 질환의 치료를 대신할 수는 없다. 딸이 이미 일상에 지장을 주는 불안으로 고통받고 있다면 의사나 전문 임상 심리학자와 상담해 아이에게 맞는 치료 방법을 찾아야 한다.

이 책은 여자아이가 짊어지는 부담을 주로 다루지만, 당연히 남자아이를 키우는 데도 필요한 조언을 담고 있다. 통계적으로 여자아이가 남자아이보다 불안을 느낄 가능성이 큰 것은 사실이지만, 긴장과 스트레스로 힘들어하는 남자아이의 수도 적지 않다. 더불어 이 책에서는 성별이라는 렌즈를 통해 심리적 압박을 주제로 살펴보지만, 여자아이들이 일반적으로 겪는 문제에 덧붙여 경제적 불안정 또는 소수집단 소속이라는 특성이 더욱 큰 부담으로 작용한다는 점도 다룰 예정이다.

우리 딸들이 느끼는 정신적·감정적 압박감 같은 문제에는 쉬운 해답도, 즉효약도 없다. 하지만 그 문제를 자세히, 포괄적으로 들여다보면 다양하고 새로운 접근 방법을 찾을 수 있다. 딸을 사랑하는 만큼 그 아이들이 고통받는 모습을 보고 싶지 않을 것이다. 아이들이 성장하며 불가피하게 직면하게 될 문제를 더 행복하고 건강하고 편안한 마음으로 마주할 수 있도록 우리가 도울 방법은 얼마든지 있다.

이제 함께 시작해보자.

스트레스와 불안
제대로 이해하기

CHAPTER

1

좋은 소식이 있다. 정확히는 아주 좋은 소식이 두 가지 있다. 첫째, 스트레스와 불안이 꼭 나쁘지는 않다는 것이다. 사실 인간은 스트레스 없이는 발전할 수 없다. 건강한 스트레스와 그렇지 않은 스트레스의 차이를 이해하면 우리 딸들이 압박감을 잘 처리하도록 더 바람직한 방식으로 도울 수 있다. 둘째, 심리학 분야에서는 스트레스와 불안이 실제로 심각한 수준에 이르렀을 때 이를 완화하는 방법에 관한 다양한 연구가 이미 이루어져 있다. 아마도 내 동료 심리학자들을 붙잡고 물어보면 병리학적 스트레스와 불안의 근본 원인 및 작동 원리야말로 우리 분야에서 그 무엇보다 폭넓게 연구된 부분이라고 입을 모을 터다. 그 결과 심리학자들은 심리적 긴장이 도를 넘었을 때 사람들이 상황을 통제하도록 도울 여러 가지 방법을 마련할 수 있었다.

이 두 가지 다행스러운 사실을 합쳐서 생각해보면 딸이 느끼는 스트레스와 불안을 그렇게까지 걱정하지 않아도 된다는 점이 명확해진다. 이러한 정신적 상태는 어느 정도까지는 인간이 성장하는 데 필수적인 촉매 역할을 하기 때문이다. 덧붙여 딸의 불안이 건강한 수준을 한참 벗어나는 것 같다고 해도 어쩔 줄 몰라 당황하지 않아도 된다. 이 책에서는 당신과 아이를 위해 해로운 스트레스와 불안에 대처하는 법도 다룰 예정이다.

건강한 스트레스

스트레스는 억울한 누명을 쓰고 있다. 자신의 한계를 넘어 힘껏 발돋움하는 것이 늘 즐겁지만은 않지만, 상식적으로나 과학적으로나 자신의 안전지대에서 벗어나 새로운 일에 도전하는 스트레스는 성장에 도움이 된다. 건강한 스트레스는 대규모 청중 앞에서 연설하기 같은 새로운 과제나 계속 적의를 보이던 또래 아이에게 맞서는 것처럼 심리적으로 위협이 되는 일에 도전할 때 발생한다. 익숙한 한계 이상으로 자신을 밀어붙이는 도전은 육상 선수들이 점차 거리를 늘리면서 마라톤에 대비하는 훈련과 똑같은 방식으로 인간의 수용력을 키운다.

스트레스 상황을 견디는 능력은 연습할수록 발전하는 기술이기도 하다. 심각한 질병 같은 아픔을 이겨낸 경험이 있는 사람들이 새로운 역경에 처했을 때 평균 이상의 대응 능력을 보이는 사례가 종종 발견되었다.[1] 연구자들은 이 현상에 **스트레스 면역**stress inoculation이라는 매우 적절한 이름을 붙였다. 나로 말하자면 중년은 딱히 좋은 점이 많은 연령대는 아니지만, 뚜렷한 장점 하나는 분명히 있다. 문제가 생겨도 예전만큼 신경 쓰이지 않는다는 점이다. 내 동년배들이 대개 그렇듯, 나도 이제 산전수전 다 겪었기에 젊을 때라면 신경이 바짝 곤두섰을 사건, 이를테면 항공편 취소 같은 일을 대수롭지 않게 받아들이게 되었다. "나를 죽이지 못하는 시련은 나를 더 강해지게 한다" 같은 격언은 확실히 요점을 과장하는 경향이 있지만, 완전히 틀린 말도 아니다.

부모로서 우리는 곰 가족의 집에 무단 침입해 자신에게 딱 알맞은 편안함을 추구하던 소녀 골딜록스와 똑같은 방식으로 스트레스를 다뤄야 한다. 아이의 지속적 스트레스 수준은 너무 낮아도, 너무 높아도 바람직하지 않다. 더불어 적정 수준의 스트레스는 딸이 우리 바람대로 강인하고 꿋꿋한 여성으로 자라게 해줄 건전한 정서 발달에 자양분이 된다는 사실을 받아들일 필요가 있다.

아이들은 대체로 부모인 **우리**가 스트레스에 대처하는 방식을 그대로 보고 배운다. 딸은 인생에서 어려움에 부닥칠 때 우리 반응을 기준으로 얼마나 불안해해야 할지를 판단한다. 별로 심각하지도 않은 문제가 생길 때마다 하늘이 무너진다고 호들갑 떠는 부모는 나쁜 본보기를 보이는 셈이다. 반면 성장에 도움이 될 가능성이 큰 스트레스를 받아들이고 딸도 그렇게 하도록 도와준다면 부모의 기준과 기대가 곧 아이의 성취도에 영향을 미치는 자기 충족적 예언을 만들어낼 수 있다.

역경을 통해 강해지려면 일단 역경을 극복해야 한다. 그렇기에

이 책에서는 딸이 아동에서 성인으로 자라면서 겪게 될 어려움에 잘 대처하도록 부모가 도와줄 방법을 차근차근 제시할 예정이다. 부모와 시간의 도움으로 딸은 스트레스가 긍정적이며, 삶의 일부로서 성장을 돕는다는 사실을 깨달을 것이다.

하지만 항상 그렇지 않다는 점이 문제다.

스트레스가 해로워지는 원인

스트레스는 사람에게 이롭거나 사람이 견뎌낼 수 있는 범위를 벗어날 때 해로워진다. 하지만 스트레스의 유해성을 판단할 보편적 잣대는 존재하지 않는다. 감당할 수 있는 어려움의 양은 사람마다 다르고, 같은 사람조차도 날마다 다르기 때문이다. 스트레스의 유해성은 두 가지 변수, 즉 문제의 특성 자체와 그 문제를 겪는 사람이 누구인지에 달려 있다.

심리학자는 단기적으로든 장기적으로든 개인의 행복에 방해가 되는 스트레스를 유해하다고 간주한다. 스트레스 요인이 행복에 해를 끼치는지는 스트레스의 원천인 문제 자체와는 놀라울 정도로 상관이 없고, 오히려 그 문제에 대처하기에 알맞은 개인적·감정적·사회적·재정적 자원의 존재 여부와 밀접한 관련이 있다. 예를 들어 팔 골절은 반대쪽 손으로 글씨를 쓰고 책가방을 대신 들어줄 친구가 많은 여학생에게는 그저 회복력을 길러주는 사소한 문제일 뿐이다. 하지만

　　　　　　　　여자(아이)의 심리학

부상 탓에 절실하게 필요했던 체육 특기자 장학금을 놓쳐버린 학생에게는 심각한 위기일 수도 있다. 마찬가지로 가정에서 주요 부양자가 실직했을 때 예금 잔고가 넉넉한 가족에 비해 재정적 쿠션이 없는 가족이 훨씬 큰 타격을 입을 수밖에 없다.

자신이 가진 자원 이상을 요구하는 역경만이 해로운 스트레스가 된다는 점을 염두에 두면 우리 딸들을 돕기가 한결 수월해진다. 부모가 항상 불행한 사건을 막아줄 수는 없지만, 인생에서 일어나기 마련인 어려움에 대처하는 딸을 돕기 위해 비축해둔 자원을 활용할 수는 있다.

어린이집부터 고등학교까지 모두 있는 우리 지역 여학교 로럴 스쿨에서 상담 심리학자로 일하면서 여기에 꼭 들어맞는 사례를 목격했다. 나는 지난 15년간 매주 이 학교에서 시간제로 일했고, 그동안 완치하는 데 오랜 시간이 걸려 스트레스 요인이 되는 질병인 단핵구증(혈액에 백혈구가 비정상적으로 많아지는 증상)으로 몇몇 여고생과 그 가족이 고생하는 모습을 보았다. 이 바이러스의 진행 양상은 개인차가 별로 없고, 병에 걸린 학생은 대개 2주 정도 수업을 빠지고 방과 후 활동에도 참여하지 못하게 된다. 하지만 일부 학생은 이 질병으로 다른 아이들보다 스트레스를 훨씬 많이 받는다는 사실이 밝혀졌다.

이상적 조건에서라면 해당 학생의 부모가 딸에게 애정 어린 도움을 주어 좋지 않은 상황에서도 최선의 결과를 이끌어낼 수 있다. 딸이 푹 쉴 수 있게 해주고, 학교 선생님들과 연계해 학습 진도가 너무 뒤처지지 않게 도우며, 친구들이 병문안을 올 수 있도록 배려하면 된다. 한 가족은 열성적인 축구 선수이던 딸이 소중한 팀원들을 벤치에서 응원하고 싶다고 하자 매번 기꺼이 경기장에 태워다 주었다. 부모가 딸을 위해 자원을 동원할 여력이 있다면 크게 한번 겪는 병치레는 대개 아이의 학창 시절에서 약간 성가신 일시적 문제 정도로 넘어간다.

반면 일부 가족, 특히 이미 스트레스 요인에 대처할 능력의 한계에 다다른 이들은 최소한의 지원밖에 제공하지 못한다. 집에서 오랜 시간을 혼자 보내는 여학생은 잠을 자기보다 소셜 미디어에 몰두하는 경향이 있어 병이 낫는 데 더 오래 걸릴 수도 있다. 학교 진도를 따라잡지 못하거나 친구들을 만나지 못하고 재미있는 학교 행사를 놓치다 보니 우울해지기도 한다. 이런 상황에 놓인 학생들도 결국에는 회복하지만, 매우 유감스러운 듯 이렇게 말한다. "단핵구증 탓에 한 학기를 통째로 망쳤어요."

스트레스의 세 가지 유형

물론 단핵구증이 사교 활동과 학습에 미치는 영향을 줄이려고 갖은 노력을 기울였는데도 일상으로 돌아오는 데 애를 먹는 여학생과 가족도 있다. 스트레스가 항상 나쁘지는 않을뿐더러 다 똑같지도 않다는 사실을 알면 이들이 왜 어려움을 겪는지 더 자세히 이해할 수 있다. 스트레스와 그 건강상의 영향을 연구하는 심리학자들은 스트레스를 세 가지 영역, **생활 사건**life event, **일상적 번거로움**daily hassle, **만성적 스트레스**chronic stress로 분류한다.[2]

청소년의 단핵구증처럼 개인의 생활에 변화를 일으켜 적응을 요구하는 생활 사건은 본질적으로 스트레스를 유발한다.[3] 심지어 부모가 되거나 새 직장에 다니는 것 같은 행복한 일에도 급격한 변화에 적응하는 데 약간의 긴장감이 따르기 마련이다. 심리학에는 기본 원칙이 그리 많지 않지만, 여기서 하나가 등장한다. 변화는 곧 스트레스라는 것이다. 더 많은 변화가 수반되는 생활 사건일수록 그 대가도 더욱 크다.

게다가 좋은 것이든 나쁜 것이든 생활 사건은 종종 일상적 번거로움을 유발하기도 한다. 예를 들어 병에 걸린 청소년 자녀를 돌보려고 일정을 조정한 부모는 예정되어 있던 볼일을 보러 다니지 못할 수도 있다. 아니면 단핵구증으로 몸이 아픈 딸이 평소에 식기세척기에 설거짓감을 채워 넣는 담당이었다면 싱크대에 가득 쌓인 그릇을 처리할 짬을 내지 못할지도 모른다. 일상적 번거로움 자체는 별로 큰일이 아니지만, 계속 쌓인다는 데 문제가 있다. 놀랍게도 한 연구에서 사랑하는 사람의 죽음 같은 중대한 스트레스 요인이 발생했을 때 사람이 얼마나 큰 감정적 어려움을 겪는지는 전적으로 그 사건에 따르는 일상적 번거로움의 개수에 따라 결정된다는 사실이 밝혀졌다.[4] 간단히 말해 아내를 잃은 고통은 아내가 공과금을 어떤 식으로 처리했는지 알아내려고 애쓰는 스트레스로 증폭된다는 뜻이다.

아기를 낳은 친구에게 요리를 해줘야겠다는 생각이 드는 것은 우리가 일상적 번거로움이라는 부담을 본능적으로 알기 때문이다. 사람들은 중대한 생활 사건을 겪은 지인이 장을 보고 음식까지 만드느라 고생하지 않도록 냉장고에 식료품을 채워준다. 일상적 번거로움이 실제로 스트레스를 악화한다는 점을 이해한다면 그런 악영향을 최소화하기 위한 대책을 마련할 수 있다. 2~3주 동안 종이 접시를 쓴다고 아이의 단핵구증이 낫는 것은 아니지만, 전반적 스트레스 수준을 낮추는 데는 도움이 된다.

생활 사건과 일상적 번거로움 외에도 만성적 스트레스가 있다. 이는 기본적인 생활 환경에서 어려움을 지속적으로 겪을 때 나타나는 유형의 스트레스다. 치안이 나쁜 동네에서의 삶이나 치매에 걸린 가족 돌보기 등과 같은 만성적 스트레스를 견디는 것은 신체와 정신 양쪽의 건강에 심각한 영향을 미친다.[5] 하지만 최악의 상황에서도 가끔은 숨 돌릴 방법을 찾을 수 있다. 만성적 스트레스 상황에 폭넓게 적용되는 이 중요한 교훈은 두 종류의 중대하고 지속적인 스트레스 요인(본인의 항암 치료, 심각한 우울증을 겪는 부모)에 노출된 청소년을 대상으로 삼은 연구에서 발견되었다.[6]

끊임없이 싸우며 별거 생활을 질질 끄는 부모를 둔 똑똑한 17세 소녀 코트니를 상담할 때 나는 가혹하리만큼 어려운 상황에서도 아동이나 청소년이 스트레스에 대처하도록 지원할 수 있다는 이 심리학적 발견에 큰 도움을 받았다. 고2 가을에 이제 싸움은 단 하루도 못 견디겠다고 부모에게 선언한 뒤 코트니는 매주 상담을 받으러 나를 찾아오기 시작했다. 여러 면에서 서로 맞지 않았지만 코트니의 부

여자〈아이〉의 심리학

모가 딸에게 꼭 필요한 것을 제공하려 한다는 점에서는 뜻이 같았다.

서로에 대해 어느 정도 알게 된 뒤 우리는 코트니가 집에서 문제에 대처할 방법을 함께 궁리했다. 첫 번째 단계는 코트니가 바꿀 수 있는 상황과 그렇지 않은 상황을 구분하는 것이었다.

"솔직히 부모님 사이가 다시 좋아질 것 같지는 않아요." 코트니가 말했다. 그러고는 부아가 치민다는 표정으로 덧붙였다. "말로는 제 앞에서 싸우지 않겠다고 하시지만 결국 참을 수가 없는 모양이더라고요."

"정말 유감이구나…. 부모님이 서로 헐뜯는 모습을 보면 얼마나 마음이 아플까 싶네."

자신의 손을 내려다보던 코트니는 다시 나를 바라보더니 힘없는 목소리로 대답했다. "네, 참 거지 같아요."

나는 잠시 생각에 잠겼다가 말을 이었다. "내 생각에 싸움은 네가 어떻게 할 수 있는 일이 아닌 것 같아. 싸움을 끝낼 수 있는 건 너희 부모님뿐인데, 그럴 준비가 안 되신 것 같구나."

코트니는 슬픈 듯 고개를 끄덕이며 동의했다.

"나도 정말 이런 말은 하고 싶지 않지만, 네가 당분간이라도 현실을 받아들일 방법을 찾아야 한다고 생각해."

실제로 연구에 따르면 바꿀 수 없는 역경에 대처할 때는 수용을 연습하는 것이 필수적인 첫 단계라고 한다. '수용을 연습하라'는 표현에 다소 반감이 생기더라도(솔직히 말해 나도 처음엔 그랬다) 실용적으로 생각해보자. 왜 바꿀 수 없는 현실과 싸우느라 에너지를 소비하는

가? 일단 가혹한 진실을 받아들일 방법을 찾고 나면 거기에 적응하면서 앞으로 나아갈 수 있다.

하지만 코트니는 그걸 수용할 마음이 전혀 없었다.

믿을 수 없고 짜증이 난다는 표정을 동시에 지으며 그녀는 대답했다. "부모님이 싸우는 걸 대체 무슨 수로 받아들여요? 얼마나 끔찍한데요!"

"네 말은 이해해." 최대한 방어적이지 않은 태도를 보이려 애쓰며 나는 대답했다. "부모님이 싸움을 그만두도록 네가 시도할 만한 방법이 있다고 생각했으면 나도 당연히 진심으로 너를 응원했을 거야. 하지만 네가 통제할 수 있는 것 중에도 상황에 도움이 될 만한 방법이 분명히 있다고 생각해. 내 얘기 한번 들어볼래?"

코트니가 마지못해서 내 말을 끝까지 들어보겠다는 의사를 표했기에 나는 만성적 스트레스 연구에서 심리학자들이 찾아낸 결론을 설명하기 시작했다. 간단히 말하자면 장맛비처럼 퍼붓는 스트레스에 시달리는 청소년이 재미있는 소일거리나 기분이 좋아지는 활동을 찾아내면 잠깐이라도 숨을 돌리는 데 도움이 된다는 것이다.

"부모님이 싸우실 때도 네가 여전히 즐겁다고 느낄 만한 일이 있니?"

코트니는 화가 조금 누그러진 얼굴로 내 질문을 곱씹다가 마침내 입을 열었다.

"있잖아요. 제가 진짜 좋아하는 게 있기는 한데요…."

나는 한쪽 눈썹을 올려 계속 얘기해보라는 뜻을 전했다.

여자〈아이〉의 심리학

"차가 한 대 있거든요…. 원래는 할머니 차였는데, 이제는 제 거나 마찬가지예요. 그 차를 몰고 섀그린 리버 로드까지 나가는 게 참 좋아요." 나무가 우거진 그 언덕배기 길은 클리블랜드 교외에 있는 내 상담소에서 동쪽으로 20분쯤 가면 나오는 익숙한 곳이었기에 나는 잘 안다는 뜻으로 미소를 지어 보였다.

"날씨가 추울 때도 창문을 내리고 듣고 싶은 음악을 크게 틀어요. 그렇게 한 곡만 들어도 기분이 나아지거든요."

"네가 드라이브하고 싶을 때 언제든지 나갈 수 있니?"

"대개는요. 숙제 같은 게 있으면 좀 그렇지만, 집에서 별로 멀지도 않으니까 괜찮아요."

"그러면 우리 계획에 그걸 넣으면 되겠다. 네가 부모님 싸움을 말릴 수는 없지만, 적어도 거기서 받는 스트레스를 잠시 잊을 만한 좋은 방법이 있어서 다행이네."

코트니는 아직도 믿음이 가지 않는다는 듯 입술을 깨물었다.

"완벽한 해결책이 아닌 건 맞아." 나는 부드럽게 말했다. "하지만 이런 식으로 생각해보자. 부모님이 다투면 네 기분이 나빠지고, 드라이브를 하면 네 기분이 좋아지잖아. 부모님이 상황을 해결할 때까지 필요할 때마다 드라이브를 나가면 네가 어느 정도 네 기분의 통제권을 쥘 수 있게 되는 거야."

"그건 그렇네요." 코트니는 천천히 대답했다. 그리고 잠시 생각하다가 덧붙였다. "한번 해보고 말씀드릴게요."

가정에서도 부모가 만성적 스트레스에 대처하는 이 방식을 활용해 어려운 상황에 발이 묶인 딸에게 스스로 할 수 있는 일과 그렇지 않은 일을 구분해보자고 조언할 수 있다. 예를 들어 딸이 대인 관계에서 심각한 문제가 끊임없이 일어나는 학급에 속해 있다면(대개 중1 무렵에 시작) 비교적 갈등을 일으키지 않는 친구 무리와 친하게 지내는 등 그 상황에서 아이가 실제로 할 수 있는 방법에 초점을 맞추도록 도와주자. 그 외에도 관계로 인해 겪는 여러 가지 문제가 잦아들 때까지(운이 좋다면 중2 무렵) 아이가 관심을 쏟을 만한 다른 활동을 찾도록 지원하는 것도 좋다. 해로운 스트레스를 완전히 피할 수 없다는 사실을 고려하면 우리는 학자들이 제시하는 심리적 긴장 완화 방식을 최대한 활용해야 한다. 자신이 할 수 있는 일이 무엇인지 확인하고 나머지를 수용하며 살아갈 방법을 찾는 전략적 접근법을 취하면 커다란 역경 앞에서도 무력감에 빠지지 않고 안정을 되찾을 수 있다.

스트레스에서 불안으로

스트레스와 불안은 이란성쌍둥이다. 공통점이 많지만 똑같지는 않다. 스트레스와 불안은 둘 다 심리적으로 불편하다는 점에서 비슷하다. 하지만 **스트레스**는 대개 감정적·정신적 부담이나 긴장감을 뜻하는 반면 **불안**은 무서움, 두려움, 공황 같은 감정을 가리킨다.

이렇듯 스트레스와 불안은 구별되지만, 실제 삶에서는 이 두 가지가 서로 단단히 얽혀 있을 때가 많다. 예를 들어 공부할 양이 많아 스트레스를 받는 여학생은 과제를 제때 끝내지 못할까 봐 불안해할 수도 있다. 간헐적으로 총성이 들려 극심한 불안을 불러일으키는 동네에 사는 소녀는 거의 100퍼센트 만성적 스트레스에 시달릴 것이다. 따라서 스트레스와 불안을 따로 떼놓을 수 없는 경우도 많고, 대개는 그럴 필요도 없다. 실용적 관점에서는 이 둘을 거의 호환되는 개념으로 보고(이 책에서도 종종 그럴 예정이다) 아이들이 자신의 긴장과 걱정 양쪽을 잘 다스리도록 돕는 데 노력을 쏟는 편이 낫다.

　스트레스와 불안은 좋을 수도 나쁠 수도 있다는 점에서도 서로 닮았다. 건강한 스트레스와 해로운 스트레스의 차이는 이미 확인했으니 이제 불안의 양면에 관해서도 살펴보도록 하자.

건강한 불안

　불안은 진화가 인간에게 자신을 안전하게 지키라고 건네준 선물이다. 인간은 누구나 뇌 속에 단단히 새겨진 정교한 경보 체계를 갖추고 태어난다. 인간이 위협을 느끼면 이 경보 체계는 불안을 유발한다. 그러면 불안 때문에 불편함을 느낀 인간은 위협 요소를 줄이거나 피하려고 조치를 취한다. 달리 말해 선사시대 우리 조상 중에서 검치호(송곳니가 있고 사자처럼 큰 고양잇과의 화석동물)를 발견하고 있는 힘껏 동굴로 도망쳤던 이들이 우리에게 불안 유전자를 물려주었다는 뜻이다. 아무렇지 않게 "와, 저기 봐. 진짜 멋진 호랑이가 있어!"라고 말했던 혈거인cave man (동굴 생활을 하던 원시인류)은 유전자를 남기지 못했다.

인간의 경보 체계는 이제 현대사회의 다양한 위협에 반응한다. 운전하다가 사고가 날 뻔할 때도, 집에 혼자 있는데 이상한 소리가 들릴 때도, 직장에서 권고사직 절차가 진행되는 상황에 상사가 갑자기 예정에 없던 회의를 소집할 때도 경보가 울린다. 불안은 우리에게 주변 상황의 위협을 경고할 뿐 아니라 내부에서 발생하는 위험에 관해서도 알려준다. 혹시 나중에 후회할 말을 하기 직전에 뭔가 불편한 기분을 느낀 적이 있는가? 그건 우리를 입 다물게 하려고 애쓰는 불안이다. 연말정산을 미뤄두고 넷플릭스 연속 시청 삼매경에 빠져 있을 때 드는 조바심은? 우리가 세금 신고를 늦게 해서 가산세를 내는 일이 없게 하려고 노력하는 불안이다.

간단히 말해 불안은 세상과 자기 자신에게서 우리를 보호하는 역할을 한다.

하지만 안타깝게도 스트레스와 마찬가지로 불안도 억울한 누명을 쓰고 있다. 어느새 사람들은 감정적 불편함이란 모두 나쁜 것이라고 인식하게 되었다. 알고 보면 이는 도움이 되지 않는 생각이다. 신체적 고통과 마찬가지로 심리적 괴로움은 인간이 올바른 경로를 택하도록 돕는, 정교하게 다듬어진 피드백 체계다. 신체적 고통이 우리에게 뜨거운 난로를 만지면 안 된다고 알려주듯, 감정적 괴로움은 자신의 선택에 주의를 기울이라고 우리에게 경고를 보낸다. 예를 들어 당

여자(아이)의 심리학

신이 특정한 친구와 점심을 먹기로 할 때마다 친구가 자신을 어떻게 대할지 몰라 불안해진다면 그 관계를 다시 생각해봐야 할 필요가 있다는 뜻이다.

그렇기에 우리 딸들이 불안을 잘 관리하도록 도울 때 가장 먼저 할 일은 바로 불안이 우리를 돕는 친구라는 사실을 가르쳐주는 것이다.

몇 년 전 나는 데이나라는 16세 여자아이와 상담을 시작했다. 데이나의 부모는 딸이 파티에 갔다가 술을 너무 많이 마셔서 응급실에 실려 간 일로 걱정이 되어 내게 연락했다. 오랜 경험에 비추어 나는 상담의 계기가 된 사건 하나만으로 데이나가 어떤 아이인지 판단하지 않으려 했고, 실제로 만나 보니 내 판단 보류가 옳았음이 드러났다. 대기실에는 붙임성 있어 보이는 10대 여자아이가 청바지와 체크무늬 플란넬 셔츠를 입고 앉아 있었다. 데이나는 재빨리 일어서서 손을 내밀며 내게 인사를 건넸다.

악수를 하며 내가 "안녕, 나는 다무르 선생님이야"라고 말하자 데이나는 "만나주셔서 감사합니다"라고 붙임성 있게 대답했다. 내가 상담실 방향을 가리키자 데이나는 앞장서서, 심지어 약간 춤추듯이 걸어갔고 나는 그 뒤를 따랐다.

자리를 잡고 앉은 뒤 우리는 이야기를 시작했다. "사실 너도 나를 모르고 나도 너를 모르잖니." 나는 따뜻한 어조로 말했다. "하지만 아주 겁나는 일이 있었다는 얘기는 들었단다." 막 심리학자로 일하기 시작하던 무렵, 나는 10대 아이들을 만나자마자 곤란한 질문부터 들이미는 초보적 실수를 몇 번 저질렀다. 그러면 아이들은 대개 입을 꼭 다물어버렸다. 경험을 통해 나는 억지로 다그치지 않아야 사람들(청소년은 역시, 당연히, 그 누구보다 '사람'이다)이 민감한 이야기를 훨씬 편하게 털어놓는다는 사실을 배웠다.

"무슨 일이 있었는지부터 얘기하고 싶니?" 나는 말을 이었다. "아니면 그냥 서로 알아가며 시간을 좀 보내는 게 마음이 더 편할까?"

"말씀은 고마워요." 데이나가 말했다. "하지만 그 사건부터 얘기해도 괜찮아요. 사실 엄청나게 신경 쓰이거든요." 데이나는 어깨까지 내려오는 곱슬머리 한 타래를 잡아당기며 얘기를 시작했다. "지지난 주 주말에 친구들이랑 저는 한동안 알고 지내던 아이의 홈파티에 참석해 재미있게 놀았어요. 그런데 제 친구 하나가 다른 집에서도 파티가 열린다는 얘기를 들었고, 어쩌다 보니 함께 거기 가기로 했어요. 저는 두 번째 파티를 주최하는 애가 누군지 잘 몰랐지만, 그 남자애 친구들은 몇 명 알고 있었거든요. 하지만 거기엔 제가 한 번도 본 적 없는 애들도 잔뜩 있었고, 그래서 많이 어색했죠."

나는 귀 기울이며 고개를 끄덕였지만 끼어들지는 않았다. 데이나는 한시라도 빨리 털어놓고 마음이 편해지고 싶은 듯했다. "굉장히 불편하고 왠지 모르게 불안하더라고요. 첫 번째 파티에서 맥주를 한 잔 마셨는데 아무렇지 않아 두 번째 파티에서도 한 잔 더 마셔도 괜찮겠다고 생각했어요." 그녀는 이렇게 덧붙였다. "제 친구들은 즐겁게 잘 놀고 있어서 금방 자리를 뜨지는 않을 것 같았거든요. 그래서 기분을 좀 가라앉히고 싶었죠."

여자〈아이〉의 심리학

"맥주를 마시고 있자니 누가 저한테 독한 술을 권하더라고요. 원래 독한 술은 안 마시는데, 그때는 빨리 긴장을 푸는 데 도움이 될지도 모른다는 생각이 들었어요." 이야기를 들으며 나는 두 가지가 마음에 걸렸다. 첫째는 청소년의 지나친 음주, 둘째는 데이나가 자신의 불안을 잠재울 방법을 찾아야 한다고 확신한 점이었다. "그다음엔 사실 기억이 안 나요." 데이나가 말했다. "친구들 말로는 제가 계속 마셨대요. 그러다 정신을 잃으니까 친구 한 명이 겁을 잔뜩 먹고 자기 엄마한테 전화했고, 걔네 엄마가 저희 엄마한테 전화한 거죠."

"참 좋은 친구를 뒀네." 내가 말하자 데이나는 진지하게 고개를 끄덕였다. 이어서 내가 물었다. "네가 두 번째 파티에 도착한 시점으로 잠깐 돌아가봐도 될까?" 그녀가 다시 끄덕이기에 나는 질문을 계속했다. "그때 왜 그렇게 불편한 느낌이 들었는지 짐작이 가니?"

"어, 네." 데이나는 바로 대답했다. "정신이 없었어요. 사람이 엄청 많았고, 그중 몇몇은 확실히 수상해 보였어요. 누굴 욕하자는 건 아닌데요." 데이나는 10대들이 날것의 의견을 내놓기 전에 흔히 쓰는 '나쁜 뜻은 아닌데'라는 무심한 말투로 이 말을 했다. "고등학교 파티에 오기에는 너무 나이가 많아 보이는 사람들이 좀 있더라고요."

"알겠어." 내가 대답했다. "그러면 이렇게 생각해보자. 내가 보기엔 네가 그 불안한 느낌을 네 적으로 여기는 바람에 일이 꼬이지 않았나 싶어. 사실 나는 그 느낌이 네 아군 역할을 했다고 생각하거든." 데이나는 의아한 듯 나를 쳐다보았다. 뒤이어 내가 말했다. "내 짐작으로 너는 눈치가 빨라서 그 파티가 위험할 것 같다고 알아채고 집에 가고 싶어졌기 때문에 그렇게 불편한 느낌이 들었던 것 같아."

"맞아요." 데이나가 힘주어 말했다. "분위기가 별로였어요. 하지만 친구들은 거기 있고 싶어 하니까 어떡해야 할지 몰랐죠." 그녀는 말을 멈추더니 부끄러운 듯 덧붙였다. "물론 그렇다고 그런 식으로 행동하면 안 됐지만요."

"그건 그래." 내가 말했다. "너도 예상했겠지만, 술을 그만 마셔야 한다는 말을 안 할 수가 없네." 데이나는 내 말을 인정한다는 듯 고개를 끄덕였다. "그리고 네가 불안과 친해지면 기분도 한결 나아지고, 이런 일이 또 일어날까 봐 걱정하는 일도 훨씬 줄어들 거라고 얘기해주고 싶어." 데이나는 다시 잘 모르겠다는 얼굴이었다. "어른들은 종종 불안이 나쁜 것처럼 얘기하지만 사실 그렇지 않아." 나는 말했다. "물론 너무 심한 불안은 당연히 좋지 않지. 하지만 대개 불안은 아주 유용한 감정이야." 데이나는 이제야 알아듣겠다는 표정을 지었다.

그러고는 소리 내어 상황을 되짚었다. "독한 술을 마셔서 불안을 잠재우려 하지 말고, 내가 얼마나 불안한지에 초점을 맞춰 집에 돌아갈 핑계를 찾아내는 편이 나았겠네요."

"그렇지." 나는 동의했다. "너에게는 아주 정교하고 효과 좋은 경보 체계가 있는 셈이야. 그걸 잘 활용해보렴."

가정에서도 이렇게 해보자. 다음에 딸이 아직 공부를 못 했는데 시험일이 다가와서 너무 불안하다고 하면 유쾌한 말투로 이렇게 대답하자. "좋아! 네가 걱정해서 다행이구나. 그게 올바른 반응이거든. 왜냐하면 지금 당장은 네가 아직 공부를 안 했으니까. 일단 공부를 시작하면 불안한 마음도 금세 가라앉을 거야." 딸이 토요일 저녁에 친구들을 만나러 나간다고 하면 이렇게 말해보자. "재미있게 놀아. 늘 조심하고, 혹시라도 무슨 일이 있어서 마음이 불편해지거든 그 직감을 무시하지 마! 뭔가 잘못되면 엄마 아빠가 잽싸게 데리러 갈 테니까."

요약하자면 불안을 느끼는 아이가 그 감정을 진지하게 받아들이고 '왜 내 경보가 울리지? 경보가 꺼지게 하는 데 가장 좋은 방법은 뭐지?'라고 스스로 묻도록 이끌어야 한다는 뜻이다. 불안을 비롯한 불편한 감정은 모두 나쁜 것이라고 딱지를 붙이는 우리 문화를 생각할 때 아이들이 불안을 원래 모습인 자기 보호 체계로 받아들이고 거기에 관심을 기울이게 하려면 우리 어른도 생각을 바꿀 필요가 있다.

불안의 작동 원리

두려움은 강력한 감정적 경험이기에 통제할 수 없다는 느낌이 들어 겁이 날 수도 있다. 하지만 심리학자들은 사실 불안이란 매우 예측하기 쉬우며 네 가지 서로 다른 신체 계통에 순차적 영향을 미치는 체계적 반응이라는 사실을 밝혀냈다. 맨 처음에는 스트레스 호르몬이 투쟁-도피 반응으로 알려진 생리적 반응을 유발한다. 아드레날린과 그 동료 호르몬들이 심장박동 수를 올리고, 소화계 속도를 늦추고, 기도를 넓혀서 때리고 달리는 근육에 산소가 더 많이 공급되게 한다. 중추신경계에서 폐로 전달되는 메시지에 반응해 호흡이 빠르고 얕아진다. 더 멀리까지 볼 수 있도록 동공도 확장된다. 인지된 위험이 지나가면 똑같이 복잡한 체계를 통해 몸은 불안을 느끼기 전 상태로 돌아간다. 그렇기에 종종 공황에 빠졌던 순간이 지나가면 소화계가 다시 움직이기 시작하면서 갑자기 화장실이 급해지기도 한다. 긍정적이든 부정적이든 불안이 우리 몸에서 굉장한 생리적 장관을 펼친다는 것은 부정할 수 없는 사실이다.

이와 거의 동시에 감정도 움직이기 시작한다.[7] 사람은 대체로 불안할 때 초조함과 두려움이나 무서움을 느끼며, 날카로워지거나 짜증을 내는 사람도 있다. 감정이 영향을 받으면 인지 체계, 즉 사고도 반응한다. 깊은 생각은 뒷전으로 밀려나고, 감지된 위협에 관한 정보를 수집하려고 예민하게 주변을 탐색하는 데 인지 기능이 집중된다. 집에 혼자 있을 때 예기치 못한 소리를 들으면 우리는 귀를 쫑긋 세우고 조바심을 치며 자문한다. '내가 문을 잠갔나? 누가 문을 따려고 하는 건가?' 때로는 불안 탓에 머리가 텅 비어버리기도 하고, '문 앞에 도끼 살인마가 있는 거 아냐?' 같은 과장되고 비이성적인 생각이 들기도 한다.

마지막으로는 행동 체계가 반응한다. 밤중에 수상한 소리를 듣고 소스라치게 놀란 사람은 소리를 내지 않으려고 몸을 움츠릴 수도, 전화기를 집어 경찰에 신고할 수도, 야구방망이를 휘두르며 집을 구석구석 들쑤시고 다닐 수도 있다.

우리가 바람에 활짝 열린 덧문을 발견하도록 도와줄 때처럼 불안은 유용한 역할을 하지만, 동시에 생리적·감정적·정신적·신체적 자원을 소모한다. 이 정교한 경보 체계가 오작동해서 통제를 벗어나면 사람은 완전히 녹초가 되고 만다. 임상 심리학자들은 대개 이런 상태를 불안 장애로 진단한다.

불안 장애와 치료 방법

의학적으로 진단되는 불안 장애의 종류는 인간의 경보 체계가 오작동하는 다양한 방식을 보여준다. 경보가 지속적으로, 즉 소리가 크든 작든 너무 자주 울리는 경우 의사들은 범불안 장애Generalized Anxiety Disorder, GAD라는 진단을 내린다. GAD를 겪는 아동(과 성인)은 통제할 수 없는 걱정으로 괴로워한다. 이들의 생각은 한 가지 걱정거리에서 다음 걱정으로 내달린다. '체육 시간에 조를 짤 때 내가 마지막까지 남으면 어떻게 하지?' '선생님이 갑자기 나를 지목하면 어떻게 하지?' '나하고 카풀하는 애들이 방과 후에 나만 놔두고 가버리면 어떡하지?' 이런 식으로 끊임없이 울리는 불안 경종은 수면과 집중을 방해할 뿐 아니라 당연하게도 안정과 행복을 느끼는 능력에도 악영향을 미친다.

이렇게 무차별적이지는 않으나 특정한 위협에 터무니없는 크기의 경보가 울리는 장애도 있다. 예를 들어 분리불안 장애, 사회 공포증, 특정 공포증이 있는 사람은 각각 양육자와 분리될 때, 남에게 주목받는 상황에 노출될 때, 자신이 극도로 두려워하는 특정 사물 또는 상황에 맞닥뜨릴 때 엄청난 괴로움을 느낀다. 부모와 떨어진 어린 아이는 대개 부모를 보고 싶어 하고, 청소년은 대체로 '무대'에 오르는 것을 불편해하고, 사람은 누구나 무서워하는 것이 있다는 점을 고려해 임상에서는 인지된 위협에 비해 불안이 과도하거나 일상생활을 저해하는 수준일 때만 불안 장애 진단을 내린다. 예를 들어 그냥 거미를 싫어하는 것과 거미가 나올지도 모른다는 두려움에 어두침침하고 오래된 건물에서 열리는 중요한 회의에 참석하기를 거부하는 것은 상당히 다른 얘기다.

뚜렷한 이유도 없이 불안이 끔찍한 사이렌처럼 울려 퍼지는 현상을 공황 발작이라고 부른다. 이런 발작은 가볍게 볼 일이 아니다. 갑작스러운 공포감과 불안이 유발하는 신체적 증상은 너무나 격렬해서 발작을 겪는 사람은 정신이 완전히 나가거나 곧 죽을 것 같은 공포를 느낀다고 한다. 실제로 가슴 통증으로 응급실을 찾는 사람 가운데 약 4분의 1은 심장 관련이 아니라 공황 발작으로 통증을 느낀 것이었다는 연구 결과도 있다.[8] 공황 발작은 짧은 시간, 대체로 20분 내에 최고조에 달했다가 사그라든다. 또한 아주 중요한 면접처럼 누가 봐도 스트레스가 심할 만한 상황에서 일어나지만 아무 맥락 없이 찾아오기도 한다.

흥미롭게도 공황 발작은 꽤 흔하다. 거의 30퍼센트에 달하는 사람은 살면서 한 번 이상 매우 갑작스럽고 강렬한 불안 탓에 구토감,

현기증, 무감각, 손발 저림, 현실에서 유리된 느낌, 소름, 식은땀, 그리고 이미 언급했듯 통제력을 잃거나 죽을 것 같은 공포를 경험한다.[9] 공황 발작은 매우 끔찍하지만, 임상에서는 예기치 못한 발작이 반복적으로 일어나다 보니 다시 발작을 일으킬까 봐 끊임없이 두려워하거나 자기 삶을 재조정해야 하는 경우에만 공황 장애라는 진단을 내린다.[10] 공황 발작을 다시 경험하고 싶지 않아서 체육관이나 파티장 등 발작을 겪은 장소나 상황을 피하기 시작하는 사람도 있다.

두어 해 전 여름, 어린 시절부터 알고 지내던 친구가 콜로라도 남부 어딘가의 고속도로 갓길에서 내게 전화를 했다. 친구는 딸을 데리고 우리 고향인 덴버에서 뉴멕시코주 샌타페이까지 자동차로 6시간 걸리는 길을 반쯤 간 참이었고, 딸이 오랫동안 고대하던 대로 여름 내내 샌타페이 실내악 축제에서 일하게 되어 가는 중이라고 했다.

내게 근황을 간단히 설명한 친구는 이렇게 말했다. "우리는 이 아름다운 길을 한참 달리고 있었어. 그런데 난데없이 애가 이성을 잃은 거야. 몸을 덜덜 떨더니 숨이 막힐 것 같다더라고. 애 말로는 평생 그렇게 무서웠던 적이 없는데, 이유는 모르겠대. 조금 전까지 아무렇지 않았는데 다음 순간에 정신이 나갈 듯한 기분이 됐다는 거지. 지금은 괜찮아졌어. 하지만 축 처진 상태야."

나는 잠시 생각하다가 친구에게 몇 가지를 더 물었다. "네가 설명한 건 전형적인 공황 발작 증세야. 참 끔찍한 기분이지." 나는 힘주어 덧붙였다. "하지만 별로 해로운 건 아니야." 이 말을 듣고 친구는 안심했지만, 이제 자신이 어떻게 해야 하는지 알고 싶다고 했다.

"딸 고용주한테 좀 늦게 합류한다고 사정을 설명하고 덴버로 돌아가서 진료를 받아봐야 하나 싶은데."

"아니야." 내가 말했다. "내 생각에는 그대로 샌타페이로 가는 게 제일 좋을 것 같아. 공황 발작이 일어날 수는 있지만, 발작 한 번에 너무 무게를 실을 필요는 없어." 그런 다음 나는 친구에게 내가 살면서 딱 한 번 겪은 공황 발작 이야기를 들려주었다. 그 일은 대학원 시절 내가 어떤 부모에게 아이의 지능검사 결과를 알려줄 때 일어났다. 그 부모는 꽤 귀여웠던 자기 아들의 검사 결과가 성층권을 뚫을 듯 높지 않다는 데 기분이 상해 내게 역정을 냈다. 나는 친구에게 내가 그 공황 발작을 지금도 생생히 기억한다고 딸에게 전해주라고 했다. 정말 끔찍한 기분이었기에 나는 면담을 끝마치지 못하고 상담실에서 쏜살같이 뛰쳐나왔다. 하지만 다행히 발작은 두 번 다시 일어나지 않았다.

"알았어." 친구는 대답하더니 조심스레 덧붙였다. "그런데 우리 이모가 불안 증세가 아주 심했거든. 진찰받지 않아도 괜찮은 거 **확실해**?"

"공황 발작은 유전되기도 해."[11] 내가 말했다. "그래도 나는 샌타페이로 계속 가는 편이 낫다고 봐. 다시 그런 일이 생기면 나한테 전화해. 뉴멕시코에서 찾아갈 만한 전문가를 연결해줄게."

그해 여름이 다 지날 때까지 친구는 연락이 없었다. 최근에 덴버로 부모님을 뵈러 갔을 때 나는 오랜만에 그 친구를 만나 그 뒤에 어떻게 됐는지 물었다. 친구는 딸이 여름에 아주 잘 지냈지만, 집에 돌아갈 때가 다 되었을 무렵인 8월 말에 조깅을 하다가 한 번 더 발작

여자 (아이)의 심리학

을 일으켰다고 했다. "딸은 잘 견뎌냈어." 친구가 설명했다. "이번에는 무슨 일인지 알고 있었으니까. 그 뒤로는 자기가 직접 긴장 푸는 방법에 관해 정보도 찾아보고 했는데 다행히 더 이상 발작이 없었어."

하지만 아이가 일상생활에 지장이 있을 정도로 신경이 날카롭다면 그때는 불안을 전문으로 다루는 임상 심리학자를 찾아가 도움을 받아야 한다. 인지행동치료Cognitive Behavioral Therapy, CBT 는 앞서 언급한 불안의 네 가지 요소에 대응해 사람에 따라 다르게 체계적으로 접근하는 방식이다.[12] CBT에서는 내담자가 자신의 심리적 반응을 관리하고, 괴로운 감정에 대응하고, 불안을 자극하는 생각에 맞서면서 차근차근 자신의 두려움을 직시할 수 있도록 돕는 고도의 기법들을 사용한다.

우리가 의식하지 못하는 생각과 감정에 초점을 맞추는 정신역동 심리치료psychodynamic psychotherapy 는 불안 경보가 울리는 원인을 찾아내야 할 때 특히 효과적이다.[13] 고등학교 2학년이던 시몬의 사례도 여기에 해당한다. 학교 상담 선생님에게 듣고 내게 연락했다는 시몬의 어머니는 딸이 늘 신경이 곤두서 있는데 아무도 그 원인을 찾지 못했다고 전화상으로 설명했다. 시몬은 집에서도 별문제가 없었고, 성적도 좋았고, 감당하지 못할 만큼 바쁘지도 않았고, 친한 친구들도 있었다. 나와 만나는 것에 대해 시몬이 어떻게 생각하는지 묻자 어머니는 "시몬이 너무 많이 긴장해서 내가 같이 가줬으면 하더군요"라고 대답했다. 나는 시몬이 마음 편하게 상담하는 데 도움이 된다면 어떤 방식이든 괜찮다고 말했다. 그래서 우리는 모녀가 함께 올 수 있는 시간으로 약속을 잡았다.

첫 만남에서 상담실 소파에 나란히 앉은 시몬과 어머니는 다리가 엉덩이부터 무릎까지 맞닿을 정도로 밀착되어 있었다. 보통 15세 된 아이는 엄마가 그렇게 가까이 앉는 것을 허용하지 않기에 신기했지만, 시몬에게는 상당히 독특한 구석이 있었다. 시몬은 엄마와 신체 접촉을 한 후에야 비로소 안정을 찾으면서도 매우 독립적인 사람으로 보였다. 첫 상담은 놀라울 정도로 평범하게 흘러갔다. 내가 알게 된 사실은 시몬이 세 자녀 중 첫째고, 성공한 사업가인 어머니는 2주마다 출장을 가고, 이들 가족은 내 상담소 근처 교외인 비치우드의 한 집에서 거의 20년간 살았다는 것 정도였다.

시몬은 드디어 다음 상담은 혼자 받으러 올 마음의 준비가 된 모양이었다. 소파 맨 끝에 걸터앉은 시몬은 내가 색색의 자석 막대와 은색 쇠구슬 장난감을 담아 협탁에 올려놓은 그릇을 집어 무릎 위에 놓더니, 경쾌하게 착착 소리를 내며 막대와 구슬을 붙여 피라미드를 만들기 시작했다. 작업을 계속하면서 시몬은 편안한 태도로 어떻게 지냈는지(집에 가면 해야 할 숙제가 많음), 교우 관계는 어떤지(재미있고 믿을 만한 친구들이 있음), 현재의 불안 수준은 어떤지(중간고사가 다가와서 높은 편임) 묻는 내 질문에 대답했다. 어머니와는 아주 가깝다면서 "엄마하고는 사이가 좋아요…. 항상은 아니지만 대체로요. 그리고 엄마한테 말로 하지는 않아도 정말 존경하고 있어요"라고 했고, 아버지에 관해서는 "속마음을 알기가 어려워요. 좀 멀게 느껴진달까. 그래도 정말 좋은 아빠고, 좋은 분이세요"라고 말했다.

여자 아이의 심리학

두 번째 상담을 마친 후 나는 애초에 시몬이 왜 상담을 받는지 의아해졌다. 지금까지 내가 살펴본 바로는 시몬이 왜 늘 초조해하는지 설명되지 않았고, 그녀 자신도 하루빨리 불안의 원인을 알아내고 싶은 것 같지 않았다. 하지만 세 번째 상담에서 문제가 급격히 수면 위로 떠올랐다. 조용히 상담실로 들어온 시몬은 다시 자석 장난감으로 몇 분간 묵묵히 피라미드를 쌓다가 물었다. "선생님은 우리가 나눈 얘기를 저희 엄마한테 얼마나 하시나요?" 나는 첫 상담에서 말한 대로 내가 시몬 자신이나 다른 사람이 해를 입을 수 있다고 생각할 만한 상황이 벌어지지 않는 한 우리 대화가 밖으로 나갈 일은 없다고 확인해주었다.

"엄마가 바람을 피웠어요." 시몬이 불쑥 말했다. "엄마는 제가 안다는 사실을 모르고요." 그렇게 말문을 연 시몬은 몇 달 전 부모님 얘기를 우연히 엿들었고, 엄마가 출장을 핑계로 대학교 시절 함께 어울리던 남자 친구와 몰래 만났다는 사실을 알게 되었다고 설명했다. 그리고 이렇게 덧붙였다. "제가 들은 바로는 엄마가 불륜을 끝내고 아빠한테 사실대로 말했나 봐요. 아빠는 마음고생이 심했겠지만, 두 분이 같이 부부 상담도 받으러 다니고 집에서는 큰 문제가 없어 보여요. 그래서 저는 어떡해야 할지 모르겠어요."

"혼자 속에 담고 있느라 힘들었겠구나." 내가 말했다. 시몬은 눈물을 꾹 눌러 참듯 눈을 감더니 그렇다는 뜻으로 고개를 숙였다. 엄마의 불륜이라는 비밀을 품고 있는 상황이 시몬을 초조하게 만든 이유라는 점은 매우 명백했다. 우리는 함께 시몬의 선택지를 두고 고민했다. 부모님에게 자신이 아는 것을 털어놓을 수도 있고, 당분간은 말하지 않고 앞으로 어떻게 할지 생각해볼 수도 있었다. 상담을 마치고 시몬은 안심한 듯 자리를 떴다. 혼자 짊어지던 부담을 공유하고 나니 한결 후련해진 얼굴이었다.

"다른 문제도 있어요." 다음 상담 첫머리에 시몬은 이런 말을 꺼냈다. "이 불륜 문제가 저와는 상관없다는 건 알지만, 제가 엄마를 어떻게 생각해야 할지 잘 모르겠어요." 그러고는 자신이 얼마나 엄마를 좋아하고 의지하는지, 엄마가 가족의 주요 부양자라는 사실을 얼마나 자랑스러워하는지 설명했다. "정말로 엄마를 존경해요." 시몬이 주저하며 말을 이었다. "그래서 어떻게 생각해야 할지 더 모르겠어요."

나는 조심스레 물었다. "혹시 네가 엄마에게 일종의 실망을 느꼈을 가능성은 없을까?" 사실 나는 시몬이 실망보다 훨씬 강한 감정을 느꼈으리라 짐작했지만, 경험에 비추어보면 숨은 감정에 접근할 때는 조심하는 편이 나았다. "그래서 화가 났나요?"라고 물으면 내담자는, 그것도 자신의 분노에 성벽을 둘러쳤던 사람이라면 더욱 마음의 문을 닫아버리기 때문이다.

갑자기 시몬의 볼에 두 줄기 눈물이 흘러내렸다. 내가 감정적 과녁의 정중앙을 맞힌 셈이었지만 축하할 때는 아니었다. "있잖니." 나는 따뜻하게 말을 건넸다. "자기가 무척 사랑하고 필요로 하는 사람에게 화가 나면 정말 고통스러워." 우리는 잠시 묵묵히 앉아 있었고, 한참 뒤 내가 다시 입을 열었다. "네가 실망한 것도 이해가 가. 그리고 그 점이 네 불안을 설명하는 데 도움이 될 거라고 생각해." 그 말을 들은 시몬은 나를 바라보았다. "사실 네가 느끼는 불안은 너도 모르던 감정의 흐름에서 세 번째 단계에 해당하는 것 같아."

"1단계." 나는 설명을 시작했다. "이건 마음 깊은 곳에서 네가 엄마에게 크게 실망을 느끼는 단계야. 2단계에서는 그런 감정을 느끼고 싶지 않다고 거부하고, 3단계에서 자신도 모르게 너무 불안해져서 여기에 오게 된 거지. 어쩌면 너는 네 화난 감정이 엄마와의 좋은 관계를 망가뜨릴지도 모른다고 걱정했던 게 아닐까?"

시몬은 입을 꾹 다물고 곰곰이 생각했다. "그럴지도요…. 잘 모르겠어요." 시몬이 말했다. "그럴 수도 있겠네요. 하지만 솔직히 잘 모르겠어요."

그 뒤 여러 번에 걸쳐 자신의 불안이 실제로는 분노에서 나온 것이었을 가능성을 검토하면서 시몬의 걱정은 잦아들기 시작했다. 진전은 느린 편이었지만, 적어도 우리는 올바른 방향으로 나아가고 있었다.

모든 불안이 숨은 원인 탓에 발생하는 것은 아니지만, 불안이란 우리에게 외부와 **내부**의 위협 양쪽을 경고하기 위해 작동한다는 점을 명심할 필요가 있다. 때로 여자아이는 부모와의 갈등 같은 외부적 위협에 대응하느라 긴장하게 된다. 한편 엄마를 향한 분노에 겁을 먹었던 시몬의 사례처럼, 외적으로는 전혀 문제가 없어 보이지만 커다란 내적 위협에 직면하는 아이도 있다.

심리 치료로 충분한 효과를 보지 못하거나 치유 속도가 너무 느릴 때는 의학적 도움을 받아 불안을 완화할 수도 있다. 여기서도 여성이 생물학적으로 불안에 더 취약할 수 있다는 점을 고려해야 한다. 아동기부터 성인기 전반에 걸쳐 여성은 불안 장애로 진단받을 확률이 남성보다 최소 두 배 이상 높다.[14] 이런 엄청난 성별 간 격차는 대부분 우리가 이 책에서 다룰 다양한 비생물학적 원인 때문에 생겨나지만, 남자보다 여자의 신경이 날카로워질 수밖에 없는 생리학적 영향도 분명 존재한다.

어쩌면 당연하게도 월경 전 호르몬 변화 탓에 수많은 여성은 주기적으로 평소보다 더 심한 긴장이나 짜증, 불편함을 느낀다.[15] 더불어 공황 발작에 관한 몇몇 연구에서는 월경 전에 에스트로겐과 프로게스테론 농도가 급격히 변하면서 공황 발작을 겪는 여성의 발작 빈도와 강도가 일시적으로 상승할 수 있다는 점이 밝혀졌다.[16] 월경 기간에 여성이 겪는 감정 변화가 불안 장애 발생의 원인이 되거나, 이미 진행 중인 불안 장애를 고착화하거나 악화하는 결과를 초래할 수 있다고 보는 전문가도 있다.[17] 연구를 통해 불안이 유전적으로 전해질 수 있다는 사실도 알려졌지만, 아들보다 딸에게 유전될 가능성이 더 큰지는 아직 확실히 밝혀지지 않았다.[18]

불안이 유전되는 특성이든 아니든 처방약은 불안을 잠재우는 데 효과가 있다.[19] 나는 대개 첫 번째 해결 방안으로 약을 권하지는 않지만, 심리 치료가 만성적 불안에 전혀 효과가 없거나 심각한 공황 발작으로 정상 생활이 불가능한 내담자에게는 망설임 없이 정신과 전문의를 만나보라고 권한다. 실제로 항우울제는 공황 발작에 대한 두려움이 너무 압도적이어서 일상생활을 저해하는 수준에 이르러 공황 장애로 진단받은 이에게 신속한 효과를 보인다. 약을 먹는 동안에는 대개 불안 증세가 나타나지 않으므로 불안의 폭격이 멈춘 틈을 타 내담자는 심리 치료를 통해 감춰진 까다로운 감정을 찾아내거나 궁극적으로 약 없이 괴로움을 다스릴 수단이 되어줄 긴장 완화 기술, 사고 전략이나 습관 등을 배울 수 있다.[20]

최근 몇 년 사이 불안한 감정과 생각에 대처하는 효과적 방법으로 마음 챙김mindfulness 수련이 새롭게 떠올랐다.[21] 옛 불교식 명상법에 뿌리를 둔 접근법인 마음 챙김에서는 자기 자신의 감정과 생각을 관찰하되 비판하지 말라고 가르친다. 불안은 우리가 스스로 극복할 수 없는 위협에 직면하고 있다고 확신하고 그 끔찍한 결과를 상상할 때 비로소 문제가 된다. 마음 챙김에서는 수련자가 자신의 감정과 생각, 감각을 찬찬히 살펴보되 거기에 휘둘리지 않는 법을 배우는 방식으로 불안에 대처한다.

마음 챙김 수련이 심리 치료를 완벽히 대체하지는 않지만, 핵심 원칙 면에서는 까다로운 감정을 다루는 서양 심리학과 닮은 점이 있다. 실제로 내 경력 초반에 매우 친하게 지내던 동료 심리학자 한 명이 내게 "따지고 보면 심리학자가 하는 일은 참 이상하다"라는 말을 한 적이 있다.[22] 한편으로 우리는 사람들이 자신의 생각과 감정을 정확히 알아내도록 돕는 것을 목표로 삼는다. 그래서 내담자가 자기 내면에 펼쳐진 풍경을 속속들이 파악하기를 바란다. 그런데 우리가 아끼는 사람이 자기 내면세계에 가까이 접촉해서 고통, 속상함, 두려움을 느끼면 우리는 한 걸음 물러나 그들이 발견한 것은 단지 생각일 뿐, 또는 감정일 뿐이며 그런 생각과 감정에 어떻게 반응할지는 개인의 선택에 달린 문제라고 단호하게 지적한다.

아이의 불안 수준이 매우 높아 보이기는 해도 전문가를 찾아가야 하는지 확신할 수 없다면 우선 반 발짝만 내디뎌보는 방법이 있다. 이 책에서 제공하는 지침과 더불어 불안 대응 체계를 조절하는 법을 알려주는 다양한 안내서나 마음 챙김 수련서를 딸과 함께 읽는 것이다. 이 책 마지막 부분에도 **추천 도서 목록**이 실려 있으니 참고하도록 하자.

일상적 불안에 대응하는 법

'건강한' 불안과 도가 지나쳐 해로운 불안을 가르는 명확한 기준은 없지만, 대개 임상 심리학자들은 불안이 너무 잦거나 강력해서 일상생활을 망칠 정도에 이르러야 불안 장애 진단을 내린다. 유감스럽게도 수많은 청소년(그리고 때로는 그들의 부모)은 이제 불안의 낌새만 보여도 걱정해야 한다고 여긴다. 실제로 여자아이들은 종종 심각하고 영구적인 선천적 장애가 있다는 듯한 어투로 내게 "저는 가끔 불안해요"라고 말하기도 한다.

불안은 모든 인간이 적응을 위해 태어날 때부터 갖추고 있는 특성이기에 때때로 나는 "어, 그건 당연하지! 그 덕분에 네가 차에 치이지 않고 무사히 길을 건널 수 있는 거란다!"라는 말이 목구멍까지 올라오는 기분이 들지만 꾹 눌러 참는다. 그 대신 어떤 상황에서 불안을 느끼는지 자세히 묻는다. 그러다 보면 대체로 데이나가 수상한 파티에 갔을 때 느낀 걱정에 관해 내가 말했던 것처럼, 불안은 대부분 좋은 것이라는 사실을 강조하게 된다.

달리 말하면 불안에 관해 잘 아는 어른은 아이가 불안을 느낀다는 사실 자체를 불필요하게 걱정하지 않도록 도울 수 있다는 뜻이다. 그러려면 먼저 불안이란 우리를 보호하는 유용한 것부터 생활에 지장을 주는 해로운 것까지 넓은 범위를 포괄하는 연속체임을 설명해야 한다. 더불어 아이가 현재 그 연속체에서 비참한 쪽의 극단에 있음을 깨달았다 해도 걱정과 두려움을 건강한 수준으로 되돌릴 방법은 얼마든지 있다는 사실을 기억해야 한다.

여자아이가 조바심을 누그러뜨리도록 도우려면 건강한 불안에서 보호 장치 역할을 하는 네 가지 반응 체계, 즉 신체적 반응, 감정적 반응, 사고 패턴, 행동을 일으키는 충동이 통제를 벗어난 불안에서는 오작동을 일으킨다는 점에 주목해야 한다. 몇 년 전 나는 로럴스쿨에서 점심을 먹으며 친한 동료에게 이 단계를 설명한 적이 있다. 학교 식당에서 줄을 서며 이야기를 나누던 중에 그 친구는 내게 물었다. "집에 사소한 문제가 있는데 좀 도와줄 수 있어?"

"당연하지." 내가 말했다. "무슨 일인데?"

"11세 된 딸아이가 이종사촌네서 하루 자고 오기로 했는데, 그걸 두고 엄청나게 고민하는 중이거든. 걔는 이종사촌이랑 그날 오기로 한 다른 여자애 두 명을 아주 좋아해서 어떻게든 가고 싶어 해. 그런데 거기서 잠들지 못할까 봐 너무 겁이 난대. 자고 올 생각만 해도 숨을 제대로 못 쉴 정도라니까."

"나한테 물어봐줘서 다행이네." 내가 대답했다. "딸이 자고 오는 걸 불안해하지 않게 도와줄 방법이 **많거든**." 우리는 식판을 들고 포크를 챙겨서 비교적 조용한 구석 자리로 갔다.

"우선은 아이한테 긴장하면 우리 몸이 속도를 높인다는 사실을 알려줘. 그래서 숨이 가빠지는 거라고." 내가 말했다.

친구는 고개를 살짝 끄덕였다.

"위험에 대처할 준비를 하려고 뇌가 심장박동과 호흡 속도를 높이는 거라고 말이야. 그럴 때 할 일, 그러니까 우리가 스스로 할 수 있는 일은 실제로는 잘못된 일이 없다고 뇌에 알려주는 거야."

"어떻게?"

"음… 사람들이 누굴 진정시킬 때 심호흡을 하라고 하잖아?"

"그렇지." 친구가 흥미롭다는 듯 대답했다.

"그게 진짜 통하거든. 그런데 내 경험으로는 그게 통하는 **이유**를 본인이 알고 있으면 효과가 더 좋더라고."

나는 뇌에서 폐로 연결된 신경이 호흡 속도를 높이라고 명령하는 것처럼, 폐에서 중추신경계로 연결된 신경도 **거꾸로** 뇌에 진정하라는 신호를 보낸다는 사실을 친구에게 설명했다.[23] 뇌는 특히 호흡기에서 전달되는 소식에 관심이 많다. 혹시라도 숨이 막히면 몸 전체에 비상경보를 발령해야 하기 때문이다. 사람이 의식적으로 깊고 느리게 호흡하면 호흡 빈도와 관련된 폐 신장수용기stretch receptor는 이를 다 괜찮다는 메시지로 받아들이고 이 소식을 신속하게 뇌에 전달한다.

"자고 오는 일이 걱정되기 시작할 때 심호흡을 하면 자기 신경계를 해킹해서 진정시킬 수 있다고 아이한테 얘기해줘.24 둘이서 인터넷으로 다양한 호흡 기법을 찾아보고 그중에서 마음에 드는 걸 골라도 괜찮아. 내가 추천하는 건 사각형 호흡법이야."

"그게 뭔데?" 음식을 삼키며 친구가 말했다.

나는 아이가 천천히 셋까지 세면서 숨을 들이마시고, 들이마신 숨을 참으면서 셋까지 세고, 다시 셋까지 세면서 숨을 내쉬고, 마지막으로 셋을 세면서 잠시 멈췄다가 처음으로 돌아가서 전체 과정을 몇 차례 반복하게 하라고 말했다.

"아주 간단하네." 식당에 들어오는 3학년 아이들이 와글와글 떠드는 소리가 들리는 가운데 친구가 말했다.

"맞아." 나는 동의했다. "그리고 실제로 필요해지기 전에 연습해두면 훨씬 효과가 좋아. 로럴 스쿨에서 여학생들에게 이 방법을 가르칠 때 나는 항상 시합 중에 유용하게 써먹으려고 자기 리듬을 찾을 때까지 같은 샷을 반복해서 연습하는 테니스 선수를 예로 들거든. 호흡법으로 긴장을 푸는 것도 원리는 같으니까. 사각형 호흡법은 아주 간단하지만 이미 몸에 밴 습관으로 만들어두면 불안해질 때 큰 효과를 발휘하게 돼."

"그러면 아이가 스스로를 진정시키도록 도와줄 수 있겠네. 그건 좋은데, 내 생각에 불안한 기분 자체는 그대로일 것 같아."

"그러면 아이가 걱정하는 게 정확히 뭔지 알아봐야지. 보통은 일어날지도 모르는 나쁜 일을 과대평가하고 문제에 대처할 자기 능력을 과소평가할 때 불안이 생기거든."

"음, 한숨도 못 잘까 봐 걱정돼서 죽겠다고 하던데."

나는 잠시 말을 멈추고 대안을 생각했다. "이렇게 얘기해보면 어때? '네 말대로 이모 집에서는 우리 집에서보다 잠들기 어려울 수도 있을 것 같아. 하지만 피곤할 정도로 열심히 놀면 금방 곯아떨어질 거야.' 이런 식으로. 아이의 걱정을 인정해주면서도 그게 과장되어 있을 거라는 점을 깨닫게 도와주는 거지."

"좋네. 근데 그러면 걔는 잠을 충분히 못 자면 다음 날 피곤해서 정신을 못 차릴까 봐 걱정된다고 할 게 뻔해."

"그게 바로 '파국화catastrophizing'야. 가능한 것 중에 최악의 결과를 상상하는 거지."

"아, 맞아." 친구는 웃으며 대답했다. "걔는 그런 데 **아주** 소질이 있어."

"전날 밤을 새우면 그냥 피곤해져서 다음 날 일찍 자게 될 뿐이라고 말해줘. 매우 당연하다는 말투로 엄마가 그걸 별일 아니라고 생각한다는 사실을 아이한테 알려주는 거지."

"애가 그 말을 믿을지 잘 모르겠지만 한번 해볼게."

"그거면 됐어." 내가 말했다.

"물어볼 게 하나 더 있는데… 그 집에 가면 걔는 괜찮을 거라는 말을 내 입으로 듣고 싶어서 수시로 나한테 전화를 걸겠다고 할 것 같거든. 그러라고 해도 될까?"

　　　　　여자(아이)의 심리학

"아니." 나는 재빨리 답했다. "그건 좋은 생각이 아니야."

불안할 때 사람은 안심되는 말을 듣거나 걱정되는 문제를 강박적으로 재확인하는 등 즉각적 위안을 얻기 위한 행동을 하려는 경향이 있지만, 장기적으로 볼 때 불안에서 나오는 이런 습관은 무언가가 정말로 잘못되었다는 생각을 강화할 뿐이므로 도움이 되지 않는다고 나는 설명했다.

"잠자리에 들기 전에 엄마한테 잘 자라고 인사하고 싶으면 전화해도 되지만, 그런 게 아니라 그냥 불안해질 때는 사각형 호흡법을 활용해 긴장을 풀면서 혼자서도 잘해내리라 믿는다고 말해줘."

친구의 표정이 약간 어두워졌다. "걔한테 그런 각오까지는 아직 무리일 것 같긴 하지만 간절하게 가고 싶다니까 또 모르겠네."

"걱정하지 마." 내가 말했다. "이번에 안 되더라도 그런 기회는 앞으로 많을 테니까. 시간이 좀 지나면서 엄마와 같이 진정하는 법, 걱정이나 불안에 대해 다시 생각하는 법을 배우면 점점 불안에 휘둘리지 않게 될 거야."

걱정의 물결 막아내기

스트레스와 불안은 전부 나쁘다고 생각하도록 내버려두면 딸들은 스트레스를 받는다는 사실 자체에 스트레스를 받고, 불안하다는 사실 자체에 불안해한다. 어른들은 스트레스와 불안이 정상적이고 건강한 삶의 일부로 기능한다는 사실을 가르쳐서 아이들이 그런 감정을 통제할 수 있도록 도울 수 있다. 스트레스와 불안이 도를 넘은 경우에도 상황을 되돌리는 데 도움이 될 지혜는 얼마든지 있다.

스트레스와 불안은 축적되기도 하며, 이 둘의 총량은 우리 삶에서 늘 수면 위를 오르락내리락한다는 점을 기억할 필요가 있다. 상황이 아주 좋을 때조차 얕은 물웅덩이는 존재하고, 사람은 모두 그 물을 찰박이며 나아간다. 평범하면서도 일상적인 번거로움을 헤쳐나가다 보면 학교 양호실에서 갑자기 걸려온 전화를 받을 때처럼 갑자기 물이 불어나는 상황, 그리고 전화상으로 보건교사의 설명을 듣고 보니 딸이 체육 시간에 친구와 머리를 부딪쳤지만 뇌진탕 증세는 없고 그냥 혹만 조금 났을 뿐임을 알게 됐을 때처럼 순식간에 수위가 낮아지는 상황을 고루 겪는다.

하지만 세상에는 발목에서 갑자기 목까지 차오른 불안의 홍수를 겪는 여자아이가 너무 많다. 이 책은 그런 물난리의 원인과 그 속에서 우리 딸들을 건져낼 방법, 또는 애초에 물에 휩쓸리지 않도록 예방하는 법을 다룬다. 이어지는 내용에서는 여자아이의 스트레스를 유발하는 다섯 가지 원천, 즉 이들의 가정생활, 동성 관계, 이성 관계, 학교생활, 그리고 더 넓은 사회에서 맺는 상호작용을 차례로 살펴본다. 아이들을 아끼는 어른으로서 때로는 우리 딸들을 물에 빠뜨리려는 스트레스와 불안을 다스리려면 무엇을 해야 할지 알아보기 위해 강의 지류를 하나씩 탐색해보도록 하자.

여자〈아이〉의 심리학

UNDER PRESSURE

가정생활

뭔가 잘못되었을 때 딸들은 학교에서 또는 친구들 앞에서는 잘 참고 있다가 집이라는 사적 공간에 돌아오는 순간 무너져버리곤 한다. 아이의 이런 괴로움에 부모가 어떻게 대응하는지에 따라 상황은 훨씬 나아질 수도, 훨씬 나빠질 수도 있다.

이 장에서는 좋은 의도를 품은 부모와 몹시 불안해하는 딸 사이에서 일상적으로 흔히 어떤 대화가 오가는지 찬찬히 살펴본다. 나아가 효과 없는 대처법과 그 이유, 그리고 아이가 불안과 걱정을 다스리도록 돕는 데 단기적·장기적으로 효과가 있음이 검증된 여러 전략을 다룰 예정이다.

회피는 불안을 키운다

얼마 전 나는 부모와 불안해하는 딸 사이에서 종종 펼쳐지는 역학 관계를 잘 보여주는 사례를 경험하게 되었다. 음식을 담은 접시를 들고 학교 식당에서 상담실로 돌아가던 나는 등 뒤에서 누군가 빠른 걸음으로 다가오는 소리를 들었다. 뒤를 돌아보니 평소에는 명랑한 고2 여학생 제이미가 몹시 긴장한 얼굴로 서 있었다.

"다무르 선생님! 잠깐 시간 괜찮으세요?"

"그럼, 물론이지." 책상에서 점심을 먹으며 이메일 답장을 쓰려던 계획을 미룰 수 있어서 나는 내심 기뻤다. 제이미는 모퉁이를 돌고 계단을 내려와 학생들이 '해리 포터 방'이라고 부르는 상담실로 나를 따라왔다. 더즐리 집 해리 포터의 방처럼 상담실은 학교 중앙 계단 아래, 원래는 대형 청소 도구함으로 쓰이던 공간에 있다. 이상하게 들릴지 몰라도 딱 좋은 자리다. 학교 건물 한가운데인 중앙 현관 쪽에 위치하면서도 시선에서 벗어나 있어 학생이나 학부모가 남의 눈에 띄지 않게 나를 만나러 올 수 있기 때문이다.

내가 접시를 내려놓고 "무슨 일이니?"라고 묻자 제이미는 울음을 터뜨렸다. 그러더니 갑자기 한 손을 배에 얹고 다른 손으로 의자 팔걸이를 움켜쥔 채 가쁜 숨을 몰아쉬기 시작했다. 감정이 격앙된 여학생들을 수없이 겪은 나로서도 순식간에 완전히 무너지는 제이미를 보고 놀라지 않을 수 없었다. 보는 눈이 없는 상담실에 들어오기 전까지 제이미는 간신히 버티고 있었던 게 틀림없다.

"저는 오늘 화학 시험을 볼 수가 없어요." 제이미가 허둥거리며 말했다. "준비가 안 돼서 시험을 망칠 거고, 성적도 엉망이 될 거예요. 도저히 안 되겠어요." 그러더니 숨을 헐떡이느라 잠시 쉬었다가 이렇

여자(아이)의 심리학

게 애원했다. "시험 안 봐도 되게 해주시면 안 돼요? 확인서 같은 걸 써주시면 안 될까요?"

나는 매우 당황했다. 학교에서 내 일은 학생들을 돕는 것이지 학사 일정을 변경하는 것이 아니므로 내게는 시험 면제 권한이 없었다. 하지만 제이미가 당장은 시험을 볼 상태가 아니라는 데는 전적으로 동의했다.

"화학이 몇 교시니?" 나는 제이미와 화학 선생님 사이에서 내가 뭘 할 수 있을지 생각해내려고 애쓰며 물었다.

"마지막 교시예요." 제이미는 말을 멈췄고, 호흡이 정상으로 돌아오기 시작했다. 뒤이어 한결 긴장이 풀린 듯한 표정을 지으며 희망 섞인 말투로 덧붙였다. "어쩌면 그전에 아빠한테 저를 데리러 오라고 해서 집에 갈 수 있을지도 모르겠네요."

학교에서 빠져나갈 생각을 하는 제이미의 안도감 섞인 목소리를 듣는 순간 심리학자로서 훈련받으며 배운 핵심 신조가 뇌리를 스쳤다. 제이미가 시험을 피하도록 돕는 것이야말로 이 상황에서 가장 유익하지 못한 대응책이라는 사실을 떠올리자마자 나는 보호 본능을 한쪽으로 치워두기로 했다.

인간에게는 위협에서 도망치려는 원초적 본능이 있다. 줄행랑은 때에 따라, 특히 그 위협이 불타는 건물이거나 누가 봐도 수상한 맥주 파티거나 향수 냄새를 맡아보라고 공격적으로 들이대는 판매원이라면 썩 괜찮은 방법이다. 하지만 도망치는 것은 좋은 생각이 아닐 때가 훨씬 많다. 여러 심리학 연구에서 밝혀진 바에 따르면 회피는 불안을 부풀릴 뿐이기 때문이다.

회피는 불안을 그냥 키우는 것이 아니라 문제를 두 배로 불려놓는다. 첫째, 인식된 위협을 피하면 실제로 기분이 좋아진다. 사실 회피는 놀랍도록 강력하고 효과 빠른 약물처럼 작용한다. 제이미는 아빠가 화학 시험에서 자신을 구해줄지도 모른다고 **생각**만 했는데도 바로 기분이 나아졌다. 하지만 화학 시험을 피함으로써 얻은 단기적 위안은 곧 달력에 표시된 다음 시험에 대한 두려움에 자리를 내주게 되고, 그 두려움은 이전보다 훨씬 커질 수밖에 없다. 둘째, 두려움을 피하기만 하면 그 감정이 과장되었음을 알 기회를 영영 잃어버린다. 제이미가 시험을 건너뛸 방법을 찾아냈다면 상황이 그렇게 나쁘지만은 않다는 사실을 결코 알지 못했을 것이다.

실제로 자신이 두려워하는 것을 계속 피하다 보면 본격적인 공포증이 생겨나기도 한다. 개를 무서워하는 조앤이라는 여성이 있다고 치자. 거리를 걸을 때 조앤은 자기 쪽으로 다가오는 개를 볼 때마다 극심한 두려움을 느낀다. 그래서 조앤은 개와 마주치지 않으려고 반대편으로 길을 건너간다. 반대편 인도로 옮겨 가면 늘 기분이 나아지기에 다음번에도 개가 보이면 조앤은 당연한 듯 길을 건넌다. 그러다 보면 조앤은 호의적인 개를 만날 기회를 잃고 만다. 그 결과 점점 더 개는 피해야만 하는 존재라고 확신하고, 개를 피하는 행위가 자신에게 즉각적 안도감을 선사한다고 굳게 믿게 된다.

심리학자들은 공포증을 완화하는 방법에 해박하다. 조앤 같은 사람이 자신의 비이성적 공포를 잠재우도록 돕는 심리학적 기법은

여자(아이)의 심리학

과장된 불안으로 힘들어하는 아이를 도울 때도 똑같이 적용된다. 두려움을 다루려면 먼저 두려움에서 비롯한 회피를 다뤄야 한다.

조앤의 개 공포증을 완화하기 위해 심리학자들은 매우 간단하고 직관적인 방법을 사용한다. 우선 조앤에게 몇 가지 기본적인 긴장 완화법을 가르치고, 평정심을 유지한 채 개에게 얼마나 가까이 갈 수 있는지 확인한다. 그런 다음 점진적 노출법이라는 방식으로 조앤이 조금씩 개와 접촉하는 시간을 늘려가도록 돕는다. 긴장하지 않도록 호흡을 조절하면서 개 사진을 보는 것부터 시작할 수도 있다. 그 뒤에는 개와 한 블록 떨어진 위치에서 출발해 조금씩 거리를 줄여나가면 된다. 그러다 보면 조앤은 개와 가까이 있는 것을 즐기거나 최소한 편안하게 허용할 수 있게 될 것이다.

제이미에게로 다시 돌아가보자. 나는 마음을 다잡고 부드럽게 말했다. "잠깐만. 아버지께 연락할 필요는 없을 듯해. 우리끼리 문제를 해결할 수 있을 것 같거든." 제이미는 내가 자신의 탈출을 막는 것을 달갑지 않게 여기는 게 분명했지만, 학교에서 도망친다는 생각 덕분에 대화를 나눌 수 있을 만큼 진정된 상태였다.

"화학이 뭐가 문젠데?" 내가 물었다. "화학 수업이 따라가기 어렵니?"

"원래는 안 그런데요, 이번 시험 범위에 들어가는 부분이 이해가 잘 안 돼요."

"선생님께 도와달라고 해봤어?"

"네, 자세히 설명해주셨어요. 그런데도 아직 잘 모르겠어요."

"왜 걱정하는지 알겠네." 내가 말했다. "왜 나를 찾아왔는지도…. 하지만 나는 네가 이 문제에 정면으로 부딪치지 않으면 더 기분이 나빠질 것 같아서 걱정이야." 제이미는 한숨을 쉬더니 계속 들어보겠다는 신호를 보냈다. 내가 물었다. "지금부터 시험 시간까지 수업이 없는 시간이 있니?"

"네, 점심시간 뒤에 한 교시 비어 있어요."

"이러면 어떨까? 화학 선생님을 찾아가서 네가 헷갈리는 부분을 속성으로 다시 가르쳐주실 수 있는지 여쭤보는 거지. 그게 안 되면 인터넷에 접속해서 네가 걱정하는 내용에 관한 동영상 강의를 찾아보면 되고. 가장 중요한 건 네가 원하는 만큼 좋은 성적이 나오지 않을 거라는 생각이 들어도 일단 시험은 꼭 봤으면 좋겠다는 거야."

제이미는 마지못해 내 제안에 동의했다. 며칠 뒤 복도에서 제이미와 마주친 나는 그 뒤 어떻게 됐는지 물었다.

"시험 전에 선생님을 찾지 못해 도움을 받지 못했고, 시험도 썩 잘본 것 같지는 않아요. 그런데 시험이 끝난 직후에 다른 애들도 선생님께 몰려가서 제가 이해하지 못한 부분을 질문하더라고요. 그래서 선생님이 나중에 그 부분을 수업 시간에 다시 다루겠다고 하시고, 시험 결과를 보고 필요하다면 전체 추가 점수를 주신다고 했어요."

"생각보다 나쁘진 않았던 것 같네." 의견을 묻는 말투로 내가 말했다.

"그러게요." 제이미는 동의했다. "생각만큼 나쁘지 않더라고요. 그 정도면 잘 끝난 것 같아요."

여자(아이)의 심리학

자신이 두려워하는 것을 막아달라고 딸이 부탁하더라도 부모는 아이를 구해야 한다는 보호 본능에 따라 반사적으로 행동하지 말고, 딸이 자기 불안의 원천에 다가갈 수 있도록 돕는 데 집중해야 한다. 예를 들어 딸이 도저히 피아노 발표회에 나가지 못하겠다고 말한다면, 딸이 **할 수 있다**고 생각하는 것은 무엇인지 알아보자. 발표회를 생각하며 부모 앞에서 피아노를 치거나, 이웃 몇 명을 초대해 그 앞에서 발표 연습을 하는 것은 어떨까? 발표회에 참석하되 마지막 순간에 연주는 하지 않아도 괜찮은지 피아노 선생님에게 확인해볼 수 있을까? 무대에 올라가서 어디까지 연주할 수 있는지 시험해보는 것은? 전부 안 된다고 한다면 피아노 선생님에게 아이가 어디에서 벽에 부딪혔는지 물어보자. 간단히 말해 딸이 도망치기보다는 아주 조금씩이라도 위협에 **다가가는** 방향으로 움직이도록 도울 방법을 찾으라는 뜻이다. 딸은 이런 방식을 좋아하지 않을지도 모르지만, 아이가 느낄 찰나의 안도감을 위해 당장 위협을 피하게 해주면 장기적으로는 불안을 더욱 악화하는 결과를 초래할 뿐이다.

감정 폭발을 가라앉히는 법

당신은 늘 아이 스스로 두려움에 맞서도록 격려하는 부모일 수도 있다. 그렇다면 이미 긴장으로 머리를 쥐어뜯을 만한 상황에서 아이가 어떻게 해야 할지 훌륭한 조언을 제시하려고 노력했을 것이다.

그리고 아마도 지독한 불안에 시달리는 딸을 도우려고 했던 다른 부모들이 대부분 맞이하는 결과, 즉 당신의 탁월한 제안을 하나같이 쓸모없다고 여기고 몽땅 거부하는 딸의 모습을 직면했을 가능성이 크다. 아이를 키우다 보면 즐거운 순간도 많지만, 이런 상황은 전혀 다른 이야기다. 게다가 눈앞에서 극심한 괴로움을 겪는 아이에게 도움의 손길을 내밀었더니 아이 상태가 더 나빠진다면 속상함은 이루 말할 수 없을 것이다.

대체 왜 이런 일이 일어나는 걸까?

딸은 당신에게 철저한 무력감을 안겨줌으로써 자신이 얼마나 무력한 기분인지 알려주고 있는 것뿐이다. 감정을 공유하는 데는 여러 가지 방법이 있다. 마음에 여유가 있을 때 우리는 감정을 말로 바꿔서 자신을 아껴주며 자신에게 중요한 주변 사람에게 전달하고, 그들이 따뜻하게 공감해주리라고 믿는다. 하지만 상태가 좋지 않을 때는 자신의 감정에 압도된 나머지 다른 사람에게도 같은 감정을 느끼게 함으로써 자신의 의사를 표현하려 한다. 이것이 바로 화가 났을 때 싸움을 거는 이유다. 한계에 내몰린 아이가 자신을 아껴주는 어른마저 금세 인내심의 한계를 느끼게 하는 방식으로 반응하는 것도 같은 맥락에서다.

괴로움에 사로잡힌 사람을 돕거나 달래거나 이끌어주려는 시도는 대개 잘 통하지 않는다(진정하라는 말이 거의 항상 정반대 결과를 내는 것과 마찬가지로). 딸에게 정말로 도움 되는 역할을 하고 싶다면 아이가 스스로 통제하지 못하는 감정 앞에서 어쩔 줄 모를 때 참을성

여자〈아이〉의 심리학

있게 받아들일 방법을 찾아야 한다.

　한번은 텍사스주 댈러스로 출장을 갔다가 혼란에 빠진 여자아이를 대하는 기발한 전략 하나를 배우게 되었다. 나는 댈러스의 한 명문 여학교에서 동종 업계 종사자들과 시간을 보내며 여자아이들이 얼마나 강력하고 압도적인 감정을 느끼는지 이야기를 나누고 있었다.1 그중 한 상담사가 이렇게 말했다. "그럴 때가 바로 반짝이 병을 써먹을 때죠."

　이야기를 계속하기 전에 내가 항상 상냥한 사람은 아니라는 점을 밝히고 넘어가야겠다. 나는 사이비 심리학이라고 여겨지는 것은 가차 없이 비판하고, 지나치게 소녀 취향인 물건도 몹시 꺼린다. 이 두 가지에 다 해당할 듯한 **반짝이 병**이라는 말을 들은 나는 의심의 눈길을 보낼 수밖에 없었다. 그 상담사는 잠깐 나갔다가 자기가 말한 반짝이 병을 들고 돌아왔다. 10센티미터쯤 되는 투명한 병에 물이 가득 담겨 있었고, 바닥에는 보라색 반짝이가 가라앉아 있었다. 뚜껑은 접착제로 봉해져 있었고, 그녀가 병을 탁자에 내려놓자 이동할 때 떠올랐던 반짝이가 곧 바닥으로 내려앉았다. 다들 투명하게 비치는 병을 가만히 들여다보았다. 나는 회의적인 태도로 그 상담사가 무슨 말을 하려나 기다렸다.

　"공황에 빠진 상태로 여학생이 상담실에 들어오잖아요?" 그녀는 느긋한 댈러스 사투리로 말을 이었다. "딱 봐도 상태가 안 좋으면 나는 반짝이 병을 꺼내서 이렇게 해요." 그녀는 병을 집어 들더니 사람들이 스노 글로브를 흔들 때처럼 격하게 흔들어댔다. 고요하던 물은 순식간에 반짝이는 보랏빛 폭풍우로 변했다. "그리고 학생에게 이렇게 말하죠. '지금 네 뇌 속은 이 병하고 똑같아. 그러니까 우선 네 반짝이를 가라앉히자.'" 상담사는 병을 다시 탁자 위에 내려놓았고, 나는 완전히 홀린 듯 그 병을 들여다보았다. 회오리가 느려지고 반짝이 폭풍이 가라앉는 모습을 보며 나는 그 상담사가 청소년의 뇌에서 일어나는 감정의 작용을 한눈에 보여주는 모형을 만들어냈음을 깨달았다.

알다시피 12~14세 사이에 청소년의 뇌에서는 대대적인 리모델링 작업이 일어난다.[2] 잘 쓰이지 않는 뉴런을 정리하면서 뇌는 낡은 주장에 새로운 관점을 제시하고, 개념을 다양한 각도에서 살펴보고, 상반되는 관점을 동시에 지닐 수 있는, 이를테면 카다시안 가족의 기행을 즐겁게 지켜보면서도 그들의 생활방식을 조목조목 신랄하게 비판할 줄 아는 기민한 사고 기계로 성숙한다.

좋은 일인지 아닌지는 몰라도 이 전반적 신경망 개선 작업은 자궁에서 뇌가 발달할 때와 똑같은 순서로, 즉 척수 근처에 있는 원시적 영역에서 이마 뒤쪽의 고도로 발달한 영역으로 진행된다. 다시 말해 원시적 변연계의 한 부분인 뇌의 감정 중추가 뇌에서 사고, 학습, 기억 등에 관여하는 고도로 진화한 전두엽의 한 부분보다 먼저 업그레이드된다는 뜻이다.[3] 감정이 안정되어 있을 때 10대 소녀는 여느 어른 못지않은 논리적 사고력을 발휘할 수 있다. 하지만 동요했을 때는 극도로 격앙된 감정이 신경계 전체를 장악해 시야를 온통 가리는 반짝이 폭풍을 일으키고, 그 결과 평소에는 논리적이던 딸이 주방 바닥에

여자〈아이〉의 심리학

널브러져 통곡하게 된다.

　개인적으로 반짝이를 워낙 싫어하다 보니 따로 운영하는 심리 치료실이나 학교 상담실에서 쓸 반짝이 병을 만들어볼까 싶어도 선뜻 재료를 사게 되지는 않았다. 하지만 청소년을 상대하는 일을 하는 친구나 동료들에게는 반짝이 병을 직접 만들어보라고 적극적으로 권했다. 텍사스에서 배운 이 교훈 덕분에 개인적 만남에서든 직장에서든 내가 회오리바람처럼 휘몰아치듯 괴로운 마음을 토로하는 여자아이를 대하는 방식은 상당히 달라졌다. 그럴 때면 실제로 내 머릿속에서는 그 상담사가 하는 말이 들린다. "우선 네 반짝이를 가라앉히자." 이제 나는 물을 좀 마시면 도움이 될지, 간식거리가 있을 때는 간식을 좀 먹을지 먼저 묻는다. 그런 다음 참을성 있게 기다리고, 가능한 한 여유 있는 말투로 잠깐 걸으면서 몸을 풀거나 내가 늘 준비해두는 색칠 공부를 하면 기분이 나아질지도 모른다는 말을 꺼내곤 한다.

　아이를 안심시키거나, 제안을 하거나, 애초에 어쩌다가 그런 곤경에 빠졌는지 묻고 싶은 충동을 억누르기는 쉽지 않다. 하지만 인내심을 발휘하면서 아이의 뇌 속 폭풍우가 잦아들 시간을 주면 두 가지 중대한 변화가 일어난다.

　첫째, 아이는 자신의 감정을 내가 두려워하지 않는다는 사실을 알게 된다. 별것 아닌 것처럼 보일지 모르지만, 여기서 우리는 아이의 전두엽이 감정 탓에 제 기능을 하지 못하므로 적어도 그 순간에는 자신을 그런 상태에 빠뜨린 원인을 객관적으로 바라보지 못한다는 점을 기억해야 한다. 어른이 아이의 감정을 무시하지 않으면서도 차분한 태도를 보이면 아이는 우리가 그 상황을 자연스러운 일로 받아들인다고 여기게 된다. 청소년을 안심시킬 때는 필사적으로 도우려는 태도보다 이 방식이 훨씬 큰 효과를 보인다. 다급한 반응은 어른 또한 아이만큼 그 상황에 겁을 먹었다는 신호로 비치기 때문이다. 덧붙여 수많은 부모가 고생 끝에 배우는 교훈이 하나 있다. 이미 한계에 달한 딸에게 조언을 밀어붙이거나 어쩌다 그런 곤경에 빠지게 됐는지 캐묻는 행위는 대개 아이의 정신적 반짝이 병을 마구 흔드는 결과를 낳을 뿐이라는 것이다.

둘째, 반짝이 폭풍이 가라앉으면 아이의 이성을 담당하는 전두엽이 다시 접속 가능해진다. 이제 머리가 맑아진 여자아이는 이 엄청난 불안의 원인을 해결할 방법을 생각하거나, 문제가 그렇게까지 심각하지 않다는 결론을 내릴 수 있게 된다. 이는 청소년 자녀가 있는 집에서 흔히 벌어지는 일련의 기묘한 상황을 설명해준다. 우선 10대 딸이 엉망으로 무너진다. 그런 다음 아이는 부모가 내미는 도움의 손길이나 제안을 모조리 거부하고 신경질을 부리며 자기 방으로 들어가버린다. 이제 똑같이 어쩔 줄 모르게 된 부모는 딸을 데리고 정신과 응급실을 찾아가야 할지, 가족이 다니는 교회나 예배당 성직자에게 급히 방문 상담을 부탁할지, 아니면 딸이 처음부터 다시 시작할 수 있게 다른 동네로 이사해야 할지 정신없이 고민하기 시작한다.

그러다 보면 결국 아이는 완벽히 이성을 되찾은 상태로 다시 나타난다. 그러고는 자신의 문제에 대해 사려 깊은 반응을 보이고, 영문도 모른 채 당황한 부모는 다행이라며 가슴을 쓸어내린다. 딸이 먼저 조언을 요청하거나, 기분이 아주 좋아져서 아무 일도 없었던 듯 행동하는 경우도 있다. 따라서 부모는 아이의 신경학적 반짝이가 가라앉을 수 있게 시간과 공간을 내주면 문제가 해결되거나 최소한 해결할 수 있는 상태로 변한다는 유용한 원칙을 기억해야 한다.

그렇다고 해도 10대 소녀의 반짝이 폭풍을 버텨내는 것은 쉽지 않은 부모 노릇 중에서도 손에 꼽힐 만큼 힘들다. 이럴 때 아이의 감정이 과장되거나 비이성적이라는 점은 전혀 중요하지 않다. 이런 감정은 아이 본인에게, 그리고 딸을 지켜보는 부모에게 지극히 생생하게 느껴지기 때문이다. 딸이 이성을 잃으면 당신도 아이의 감정에 동화되어 끌려가기 쉽다. 따라서 이런 상황에 활용할 계획을 마련해두면 도움이 된다. 내 친구 하나는 딸이 폭발할 때를 대비해 찬장에 차를 잔뜩 준비해둔다. 딸의 반짝이가 가라앉는 동안 평정을 유지하기 위해 친구는 갖가지 차를 꺼내 딸 앞에 찬찬히 펼쳐놓는다고 한다. "허브차가 제일 좋을까? 아니면 카페인이 들어간 걸로? 어떤 맛으로 할래? 우유나 꿀을 좀 넣으면 더 맛있으려나?"

부모로서 우리는 아이가 무너져 내릴 때 반사적으로 반응하지 말고 침착하게 대응하려고 노력해야 한다. 내 친구는 함께 차를 고르는 방법을 활용해 격렬하나 금방 지나갈 딸의 감정에 사로잡히지 않으면서 아이 곁을 지켜준다. 어떤 부모는 딸의 말에 묵묵히 귀 기울인 다음 나중에 조용히 배우자나 믿음직한 친구, 경험 많은 주위 부모에게 도움이나 조언을 청해서 이 미묘한 균형을 성공적으로 유지하기도 한다. '24시간 규칙'을 준수하는 부모도 있다. 아이가 격렬한 감정에 휩쓸려도 만 하루가 지나기 전까지는 섣불리 행동에 나서지 않는 것이다. 부모라면 누구나 딸의 반짝이 폭풍을 견뎌낼 전략이 필요하다. 시간을 들여 자신과 아이에게 잘 맞는 방법을 찾아보도록 하자.

과잉 반응에 대처하는 법

극도로 흥분한 상태가 아닐 때도 다양한 연령대의 여자아이들은 가끔 비이성적 두려움이나 걱정을 내비친다. 이를테면 "내일 점심 때 같이 앉을 친구가 없을 것 같아요", "학교 연극에서 배역을 맡지 못할 게 뻔해요" 아니면 "저는 대학에 가지 못할 거예요" 같은 것들이다. 나는 인기 많은 여학생, 재능 있는 배우, 여러 대학에 합격할 게 거의 확실한 우등생에게서 이런 말을 수없이 들었다. 이럴 때 어른들은 본능적으로 아이를 안심시키고 싶어 한다. 그래서 "그럴 리가 있니!"라고 말하고 거기서 끝나기를 바란다.

이런 대응 방식이 잘 통했다면 우리 딸들은 애초에 그렇게 스트레스를 받고 불안해하지도 않았을 것이다. 물론 가끔은 우리의 상냥한 말이 불안을 완전히 지워줄 때도 있다. 하지만 아이들을 안심시키려는 시도는 옛날 오락실에서 두더지 게임을 하는 것처럼 느껴질 때가 훨씬 많다. 문제 하나가 뿅 하고 튀어나오면 우리는 낙관주의라는 고무망치로 내리친다. 그 걱정거리를 두들겨 구멍에 집어넣으면 새로운 걱정이 다른 구멍에서 튀어나온다. 그리고 새로 나온 녀석을 맞추고 나면 어느새 원래의 걱정거리가 다시 등장하는 식이다.

안심시키는 말은 왜, 특히나 비이성적 걱정에는 통하지 않을까? 이런 말에는 아무리 우스워 보이는 문제라도 진지하게 받아들이려는 마음이 담겨 있지 않다 보니 아이가 묵살당한다는 느낌을 받기 때문이다. 걱정을 완전히 없애고 싶다면 우선 문제를 진지하게 대해야 한다.

그렇게 하는 방법에는 여러 가지가 있다. 딸의 성격과 딸이 걱정하는 문제의 맥락을 생각해 어떤 식으로 접근할지 정하면 된다. 나는 종종 여학생들에게 장난스럽게 묻는다. "선생님하고 '최악의 시나리오' 게임 해볼래?" 아이가 동의하면 나는 이런 식으로 시작한다. "좋아, 네 말이 맞는다고 치자. 내일 점심시간에 너랑 같이 밥 먹을 친구가 없을 거라고." 이 말을 할 때는 담담함과 명랑함의 중간 정도 어조를 써서 이 유쾌하지 않은 가능성을 내가 온전히 받아들이고 있다는 것을 보여준다. 그리고 이렇게 묻는다. "정말 그렇게 되면 너는 어떻게 할래?"

어른이 먼저 나쁜 상황을 수용하는 본보기를 보이면 아이도 그런 능력을 키울 수 있다. 거기서부터는 함께 방법을 찾으면 된다. 우리가 볼 때 문제가 아무리 사소해도 아이와 함께 시간을 들여 전략을 세우면 아이가 더 차분해지고 자신이 상황을 통제한다고 느끼는 데 도움이 된다.

"잘 모르겠어요." 한 여학생이 내게 말했다. "어쩌면 오전 중에 미리 친구한테 같이 점심 먹을 수 있는지 물어볼 수도 있겠네요."

"좋은 생각이야. 그런데 그게 잘 안 되면? 다른 방법은 뭐가 있을까?"

"그렇게 하고 싶은 학생은 조용한 자습실로 점심을 가지고 가서 먹을 수도 있어요."

"그렇게 하고 싶니?"

"그건 아닌데요, 원래 자습실에서 밥 먹는 애들 중에서 제가 친해지고 싶은 아이가 몇 명 있긴 하거든요. 걔들한테 식당에서 같이 점심 먹는 건 어떠냐고 물어볼 수 있을 것 같아요."

이런 식으로 하면 된다.

'최악의 시나리오' 게임을 하자는 제안이 말장난으로 비칠 수도 있겠다 싶을 때 나는 이 방법과 근본적으로 비슷하면서 효과도 좋은 다른 방법을 자주 동원한다. 이 방법을 쓸 때는 먼저 마음속으로 인생에서 일어나는 일은 세 가지 유형, 즉 마음에 드는 일, 감당할 수 있는 일, 위기에 해당하는 일로 분류된다는 점을 되새기면서 시작한다. 아이들을 자주 접하는 사람이라면 다들 알다시피 어린이나 청소년은 동요하면 두 번째 유형의 존재를 잊어버리기도 한다. 아이들은 종종 일이 자기 뜻대로 풀리지 않으면 자신이 위기를 맞이했다고 생각한다. 그 상황이 위기가 아니라는 사실을 깨닫도록 돕는 것이 우리 어른들의 몫이다.

10월 말의 어느 날 저녁에 고2 여학생 몰리와 진행한 상담은 원하는 결과와 대참사 사이에 여지를 두지 않으면 엄청난 스트레스를 느낄 수도 있음을 잘 보여주는 사례였다. 농구 시즌이 막 시작되었기에 몰리가 연습을 마치고 내 상담소로 올 수 있도록 우리는 원래 3시 30분이던 상담 시간을 6시로 미뤘다. 대기실로 몰리를 데리러 나갔는데, 몰리가 기진맥진한 모습으로 서 있었다. 축 처진 어깨며 표정 없는 얼굴을 보니 열심히 운동한 뒤 오후 늦게 만나게 됐다는 사실 외에도 무슨 문제가 있는 것이 분명했다.

우리는 인사를 나눴고, 몰리는 나를 따라 상담실로 들어왔다. 로럴 스쿨의 계단 밑 작은 방과는 달리 내가 개인적으로 운영하는 상담실에는 네 벽 중 두 군데에 커다란 창문이 있어서 낮에는 불을 켤 필요가 전혀 없다. 하지만 10월 말 초저녁이면 해가 거의 진다. 몰리와 나는 상담을 시작하고 5개월 만에 처음으로 천장 조명과 내가 어둑어둑해지면 켜는 스탠드 불빛 아래 마주 앉았다.

"무슨 일이 있니?" 나는 이번 상담의 주제를 네가 정했으면 좋겠다는 의도를 명확히 드러내며 물었다.

"농구 때문에 죽겠어요." 몰리는 몹시 풀 죽은 목소리로 대답했다. "정말 농담이 아니에요. 제 생각에 2학년 중에서 저만 2군으로 떨어질 것 같아요."

"저런, 속상하겠네." 나는 공감하며 말했다. "어쩌다가?"

"저는 작년에도 거의 1군에 들 뻔했고, 괜찮은 시즌을 보냈거든요. 그래서 문제 될 게 없다고 생각했어요. 그런데 여름에 접질려서 한동안 아팠던 발목이 다시 말썽인 거예요. 감독님도 제가 할 만큼

한다는 건 알고 계세요." 낙심해서 얼굴이 어두워진 몰리는 잠시 말을 멈췄다. "하지만 벤치에 앉아 있어야 할 때가 많아요."

"트레이너 선생님은 발목에 대해 뭐라고 하시는데?"

"낙관적으로 보시는 것 같아요. 제가 조금만 조심하면 곧 괜찮아질 거래요. 하지만 감독님은 벌써 저를 2군으로 보내기로 마음을 정하신 것 같더라고요." 몰리는 목이 메었다. "감독님은 3학년에 좋은 선수가 너무 많다고 하시는데, 그 선배들은 당연히 다 1군에 들어가겠죠. 저한테는 어떤 팀에 속하든 너는 리더가 될 수 있다고 말씀하세요."

"정말 유감이구나." 내가 말했다. "발목 문제는 정말 짜증스럽겠네."

"그렇죠?" 몰리가 말했다. "미칠 것 같아요. 그 문제로 너무 스트레스를 받아서 수업에 집중도 안 될 지경이에요. 수업 시간에 언제 다시 발목에 찜질을 하고 붕대를 감아야 할지 생각하고 있다니까요. 숙제도 안 하고 인터넷에서 삔 발목 빨리 낫는 법을 찾아보고요."

"그러니까 너는 올해 2군에서 뛰고 싶은 마음이 전혀 없다는 말이지?"

"맞아요." 그러더니 몰리는 짐짓 까부는 듯한 말투로 이렇게 덧붙였다. "2군 팀에서는 제가 노인네니까 애들 뒷바라지까지 떠맡게 될지도 모르죠."

"하지만 그게 네가 원하는 일이 아니라고 해도 네가 감당하지 못할 일은 아니라고 생각해."

여자 아이의 심리학

스트레스가 심한 상황에 처한 아동과 청소년을 대할 때 내가 자주 쓰는 단어가 두 개 있다. 바로 **짜증**과 **감당**이다. 아이들이 처음에 내게 나쁜 소식을 들려줄 때 진심을 담아 "그거 참 짜증 나겠다"라고 반응하면 아이들은 내가 자신을 억지로 달래려는 사람이 아니라고 생각한다. 별것 아닌 것처럼 보일지 모르지만, 아이들은 이 말 한마디로도 상당히 큰 위안을 받는다. 실제로 나도 이 말을 쓸 때마다 간단하고 직접적인 공감 표현이 지닌, 마법에 가까운 치유력에 새삼 놀랄 지경이다.

그 이상의 도움이 필요하다면 나는 아이가 자신의 문제에 어떤 식으로 대처하고 싶어 하는지를 짚어주는 데 주의를 기울인다. 내가 보기에 아이에게 문제를 어떤 식으로 감당하고 싶은지 묻는 것은 일종의 신임 투표와도 같다. 그렇게 하면 아이는 단순히 문제가 사라지기만을 바라는 상태에서 벗어나 자신이 처한 상황에 대한 개인적 의사를 표시할 수 있게 된다. 문제 해결을 위해 아이가 실제로 할 수 있는 일이 있다면 아주 잘된 일이다. 뾰족한 수가 없다면 다루기 힘든 스트레스 연구에서 우리가 알아낸 방법으로 돌아가 일단 아이가 상황을 받아들이도록 이끈 다음 기분을 전환할 즐거운 활동을 찾을 수 있게 도와야 한다.[4]

"2군에서 뛴다는 사실을 감당할 수 없는 건 아니에요." 몰리가 말했다. "그냥 그러기 싫은 것뿐이죠."

"당연히 그렇겠지." 나는 말했다. "하지만 네 말대로라면 2군에 가는 게 거의 정해진 것처럼 들리는데." 몰리는 대답 대신 고개를 끄덕이고는 이 가능성을 마지못해 받아들이는 듯 얼굴을 찌푸렸다. "억지로 버티지 않는 건 어떨까?" 내가 물었다. "이번 시즌은 네가 바라던 대로 흘러가지 않을 것 같다는 사실을 받아들이는 건 어려울까?"

몰리는 슬프면서도 허탈한 표정을 지었다.

잠시 말이 없던 몰리는 이렇게 대답했다. "2군에서 뛴다고 큰일 나진 않을 것 같아요. 그리고 내년까지는 발목도 깨끗이 낫게 잘 관리해야죠."

"2군에서 뛰는 게 나을 수도 있는 부분은 전혀 없을까? 좀 더 견딜 만하게 해줄 방법은?"

"그쪽에는 재미있는 1학년 애들이 좀 있어요. 사실 몇몇 1군 애들보다는 걔들이 더 마음에 들기도 하고요. 어차피 1학년 애들하고 같이 지내야 할 것 같으니 친하게 지내면 좋겠죠."

원치 않던 상황을 받아들이라고 누군가를 설득하는 것은 쉽지 않다. 하지만 우리가 먼저 아이의 괴로운 감정을 받아들이면 아이가 고통스러운 상황을 견디도록 도울 수 있다. 어른들은 본능적으로 빨리 안심시키는 말을 건네려고 하지만 "2군도 아주 재미있을 거야!" 같은 위로는 "네 괴로움이 나를 불편하게 한단다"라는 뜻으로 비칠 수 있다. 반면 상황이 짜증스러우며 감당할 필요가 있다는 점을 인정하는 것은 다음과 같이 강력하고 스트레스를 줄여주는 메시지를 전한다. "나는 네가 처한 상황이 진심으로 유감스러워. 좋은 소식은 이게 진짜 위기가 아니고, 네가 그 문제에 대처하도록 도우려고 내가 여기 있다는 거야."

여자(아이)의 심리학

빨리 안심시키려는 충동은 아이의 걱정거리가 터무니없을수록 강해진다. 나는 "중간고사를 보면 저는 정말로 죽게 될 거예요!"라거나 "저는 평생 주말을 혼자 보내게 될 거예요!" 같은 발언을 듣고 자제력을 극한까지 끌어올려야 했다. 이럴 때 우리에게는 아이의 두려움을 무시하지도, 부채질하지도 않는 모범 답안이 필요하다. 당신에게는(그리고 혹사당한 내 자제력에는) 다행스럽게도 나는 간신히 믿고 쓸 만한 답을 찾아냈다. 그런 기분이 들면 얼마나 힘들지 공감해주는 것이다.

다음번에 아이가 "우리 학교 선생님들은 다 나를 싫어해!"라는 말을 던지면 진심을 담아 "아유, 우리 딸… 그런 생각이 들어서 정말 속상하겠네"라고 얘기해보자. "방정식 시험을 망쳐서 낙제할 거예요!"라는 말에는 "글쎄, 내 생각엔 그럴 것 같지 않지만 어쨌거나 아주 끔찍한 하루였던 모양이네"라고 해보자. 전혀 말이 통하지 않아 막막한 기분이 들거든(예를 들어 "무슨 수를 쓰더라도 나한테 방정식을 이해시킬 사람은 **아무도** 없어요!") 딸에게 자신의 감정적 상태가 효과적으로 전달되었음을 알려줌으로써 막다른 골목에 갇힌 그 대화에서 빠져나와야 한다. 다정하게 이런 말을 건네보자. "네가 몹시 답답하다는 건 잘 알겠어. 그런 기분이 들어서 정말 힘들겠구나."

딸의 괴로움에 적극적으로 공감하는 방법은 효율적일 뿐 아니라 안심시키려고 애쓰는 것보다 훨씬 나은 대안이다. 이런 식으로 생각해보자. 학교 선생님 모두 자신을 싫어한다고 우기는 아이는 마음속 어딘가에서 이미 그 말이 사실일 리가 없음을 알고 있다. 아이가 정말로 전하고 싶은 속뜻은 자신이 아주, 몹시 속상하다는 것이다. 여기서 부모가 시시비비를 가리려들거나 낙관주의로 대응한다면 핵심을 놓치게 된다. 그러면 딸은 더욱 실망한 태도를 보임으로써 당신이 핵심을 파악하지 못했다는 사실을 알려줄 것이다. 하지만 우리가 알아들었다는 것, 아이 기분이 끔찍하다는 현실을 받아들일 수 있다는 점을 명확히 보여주면 딸은 우리가 보인 공감에서 위안을 얻는다. 그런 뒤에야 아이는 해결책을 찾아 움직일지 아니면 그냥 문제를 있는 그대로 받아들일지 마음을 정할 수 있다.

폭발은 불가피하다

당신이 정상적으로 발달하는 딸을 키우고 있다면 당신 딸은 가끔 극도로 흥분하는 모습을 보일 것이다. 당신이 아무리 노력해도 이를 막을 수는 없다. 좋은 소식은 어느 모로 보나 이런 감정적 폭발이 아이의 전반적 정신 건강과 별로 관계가 없다는 것이다.

그렇다고 해도 흥분해서 좌절감에 찬 말을 폭포수처럼 쏟아내거나, 너무 스트레스를 받아서 저녁으로 뭘 먹고 싶은지 묻는 말에 무례하게 대꾸하거나, 괴로움을 못 이겨 흐느끼면서 쪼그려 앉는 딸을 지켜보기란 쉬운 일이 아니다. 많은 부모가 이런 상황에 애를 먹으며, 이를 감당하는 데는 대체로 엄청난 인내심이 요구된다. 하지만 아이가 가끔 무너진다는 사실 자체는 통제할 수 없더라도 우리가 활용

여자(아이)의 심리학

할 만한 다양한 대처법이 존재한다.

수십 년에 걸친 연구에서 밝혀진 대로 우리 딸들은 잠깐 스쳐 지나가는 작은 표정 하나까지 놓치지 않고 부모의 반응을 읽어내 자신의 불안을 억누를지, 증폭할지 결정하는 신호로 삼는다.[5] 별로 심각하지 않은 위협에서 서둘러 아이를 구하려고 안달하거나, 잘잘못을 따져 반짝이 폭풍을 가라앉히려 하거나, 공허한 위로로 걱정을 잠재우려들거나, 화를 내면서 반응하면 뜻하지 않게 딸의 두려움을 부채질하는 결과를 초래할 수도 있다. 이와 반대로 신중하고 침착한 반응은 아이의 단기적·장기적 불안 감소에 강력하고 긍정적인 영향을 미칠 가능성이 크다.

하지만 물에 빠진 사람이 다른 사람을 구할 수 없는 것과 마찬가지로 본인의 신경이 너덜너덜해져 있으면 아이의 폭발에 침착하게 대처할 수 없다. 자기 자신이 스트레스에 짓눌린 느낌이 들거나 극심한 불안을 자주 경험한다면 본인을 위해서나 아이를 위해서나 도움을 받아 자신을 챙기도록 하자. 이와 관련된 연구에서도 스스로 자주 불안을 겪는 부모의 자녀는 쉽게 두려움을 품고 스트레스 관리에 애를 먹는다는 결과가 나왔다.[6]

분명히 해두자면 우리 부모들은 감정적 혼란을 심오한 초연함으로 기꺼이 받아들이는 온화한 선종 스님이 될 필요도 없고, 그래서도 안 된다. 더불어 아이에게 나중에 후회할 만한 방식으로(예를 들어 스트레스로 날카롭게 구는 딸에게 벌컥 화를 낸다든지) 반응해버렸다고 해도 우리 아이들은 상당히 회복력이 좋다는 것, 그리고 부모가 늘 완벽할 필요는 없다는 점을 기억하자.

그럼에도 여전히 우리는 평소 자신의 감정적 긴장도를 진지하게 점검하고 자기 삶에서 스트레스를 줄일 방법을 찾아야 한다. 아이들은 부모의 정신적 상태와 부모가 가정에서 조성하는 감정적 분위기에 크나큰 영향을 받는다. 그러므로 딸이 스트레스로 질식하지 않도록 도움의 손길을 내밀고 싶다면 자신이 먼저 산소마스크를 착용해야 한다는 사실을 염두에 두고 부모가 활용할 만한 구체적 방법을 함께 살펴보자.

뉴스가 신경에 부담을 줄 때

심리적 방어기제를 동원한다는 것은 나쁜 일처럼 들리지만, 사실 꼭 그렇지는 않다. 누가 "방어적으로 군다"라는 말은 절대 칭찬이 아니지만, 반사적으로 올라가는 심리적 방패 없이 하루를 무사히 보내는 사람은 아무도 없다. 인간은 종종 스스로 의식조차 하지 못한 채 괴로운 감정적 경험을 견디기 위해 방어기제를 소환한다. 예를 들어 버스를 놓치고 "아, 뭐 어때. 좀 걸으면 운동도 되고 좋지"라고 말하는 사람은 '합리화'라는 방어기제를 써서 나쁜 상황을 최대한 긍정적으로 받아들이는 것이다. 상사에게 화가 났을 때 먼 거리를 힘껏 달리면서 화를 삭인다면 이는 어두운 감정을 생산적 방향으로 돌려 해소하는 '승화'에 해당한다.

한 가지 방식만 고집하거나 현실을 왜곡하는 지경에 이르면 비로소 방어기제는 해로워진다. 실제로 일어난 사건을 인정하지 않으려는 태도(부정)나 욕망, 혐오, 질투 같은 자신의 바람직하지 않은 감정을 지속적으로 타인에게 떠넘기는 행위(투사) 등이 여기에 해당한다. 하지만 우리가 다양한 방어기제를 활용하고 진실을 왜곡하거나 인간관계에 해를 입히는 방식을 피하기만 하면 이 정신적 방패는 일상적 삶에서 날아오는 정신적 화살이나 돌멩이를 막는 데 효과적으로 쓰인다.

구획화compartmentalization는 비교적 잘 알려지지 않았으나 매우 유용한 심리적 방어기제다. 구획화는 간단히 설명하면 "그냥 지금은 그 생각을 하지 않을래"라는 태도를 가리키며, 일상에서 흔히 사용된다. 예를 들어 운전하는 사람은 어느 교차로에서든 다른 방향의 차량이 빨간불에 달려와 심각한 사고를 일으킬 수도 있다는 것을 알고 있다. 하지만 실제로 이러한 가능성을 항상 **의식**하고 있다면 우리는 운전대를 잡을 수 없을 것이다. 그래서 우리는 가야 할 곳이 있을 때 그냥 그 생각을 하지 않고 차에 올라탄다.

세상의 나쁜 뉴스를 계속 접하다 보면 감정적 대가를 치르게 된다. 현대적 생활 방식, 특히 지구상에서 일어나는 온갖 사건을 끊임없이 업데이트해주는 디지털 기기를 손에서 놓지 않는 습관 탓에 지금은 자기 생활 반경 바깥에서 일어나는 어수선한 사건을 '그냥 생각하지 않기'가 예전보다 훨씬 힘들어졌다. 예전에도 나쁜 뉴스는 항상 존재했지만, 사람들이 아침에 신문을 읽고 저녁에 텔레비전 뉴스를 보는 정도에서 그칠 때는 구획화가 훨씬 쉬웠다. 물론 세상에서 어떤 일이 벌어지고 있는지 더 깊고 폭넓게, 때로는 실시간으로 인식하는 것에도 장점은 있다. 소식에 정통한 사람이 되는 것도 틀림없이 가치 있는 일이다. 게다가 세계 현안을 알고 타인의 고통에 공감하는 것은 뜻있는 행동에 나설 계기가 되는 동시에 자신의 행운을 당연하게 받아들이지 않도록 일깨워준다.

그렇다고 해도 끊임없이 뉴스에 노출되면, 더구나 그 뉴스가 부정적이라면 대가가 따를 수도 있다는 것을 알아야 한다. 끊임없이 이어지는 심란한 사건의 업데이트는 신경을 갉아먹고, 그러다 보면 우리는 사건의 현재 추이를 알아보려고 강박적으로 디지털 기기를 확인하게 된다.

더불어 언론은 당연하게도 실제 일어난 불행한 사건에 초점을 맞추지, 일어나지 않은 불행한 사건에 대해서는 이야기하지 않는다는 점을 기억해야 한다. 이 기울어진 그림은 불필요하게 사람들의 공포를 키우는 경향이 있다. 몇십 년 전보다 현시대가 훨씬 전쟁에 시달리는 것처럼 보일지 모르지만, 객관적 증거를 살펴보면 1960~1980년대에는 지금보다 분쟁 관련 사망자 수가 월등히 많았다.[7] 같은 맥락으로 미국심리학회에서 시행한 설문 조사 결과에 따르면 10년 전에 비해 신변 안전에 관한 우려로 심한 스트레스를 받는 성인의 수가 증가했다고 한다.[8] 이러한 걱정이 현실을 반영하고 있는지는 당연히 설문을 받은 개개인의 상황에 따라 다르겠지만, 전반적으로 우려가 높아졌다는 점은 지난 10년 동안 미국에서 폭력 범죄와 살인 발생률이

여자(아이)의 심리학

급격히 하락했음을 증명하는 데이터와 상반된다.[9]

　더 중요한 것은 조회 수를 노리고 낚시성 기사를 올리는 언론 탓에 우리가 접하는 청소년 관련 소식은 거의 충격적인 뉴스뿐이라는 점이다. 그런 이유로 부모들은 괜한 걱정을 하게 된다. 지금 우리가 키우는 아이들이 역사상 가장 태도가 바른 세대라는 사실을 생각하면 더욱 그렇다. 지난 세대의 청소년과 비교하면 우리 아이들은 대마초나 코카인 같은 환각제에 손을 대거나, 음주를 시도하고 과음하거나, 담배를 피울 가능성이 적다고 한다.[10] 헬멧을 쓰거나 안전띠를 맬 가능성은 더 커졌고,[11] 술 취한 운전자의 차에 타거나 성관계를 할 가능성은 더 적어졌다. 실제로 성관계를 하는 10대의 경우 파트너 수는 적어지고 콘돔을 사용할 확률은 더 높아졌다.[12] 물론 전자담배나 마약성 진통제 남용(참고로 이는 청소년보다 성인에게서 흔히 나타나는 문제다[13])처럼 새롭게 우리 아이들을 위협하는 요소도 있다. 하지만 요점은 분명하다. 요즘 아이들은 하나의 집단으로 보면 예전의 우리보다 훨씬 잘해내고 있는 것이다.

　걱정과 부모는 불가분 관계이기에 우리가 10대 자녀를 걱정하지 말아야 한다는 뜻은 당연히 아니다. 매일같이 우리 주변에서 실제로 일어나는 인재人災와 천재天災를 무시하거나 과소평가하라는 말도 아니다. 다만 우리에게 뉴스를 공급하는 언론과 디지털 플랫폼은 대중의 관심을 붙잡는다는 같은 목표를 공유한다는 점을 기억하자. 게다가 요즘은 거의 누구나 깨어 있는 시간 내내 뉴스 전달 기기를 들고 다니므로 언론이 우리 관심을 끄는 것은 그 어느 때보다 쉬워졌다.

세상의 사건 정보를 얼마나 받아들일지 정하는 것은 지극히 개인적인 선택이다. 하지만 기술이 발달한 현대사회에서는, 특히 우리 정신 건강이 치르는 대가가 최신 동향을 습득한다는 이점을 넘어서기 시작했다면 선택하기에 앞서 매우 신중한 고려가 필요하다. 아는 것이 힘이라면 정보가 많을수록 이득이라고 생각하기 쉽다. 정말로 많이 알수록 좋은 사람도 있겠지만, 모든 이에게 적용되는 이야기는 아니다. 부모가 매일 너무 많은 뉴스를 본 나머지 신경이 극도로 예민해진다면 그 불안감은 결국 자신의 아이에게 쏟아질 수밖에 없다. 10대에 관한 나쁜 뉴스만 집중 조명하는 언론 탓에 원래는 튼튼하고 성실한 딸을 연약하고 무모한 아이로 취급하게 되었다면 아이를 위해서라도 자신이 뉴스를 확인하는 간격을 다시 점검하고 의식적으로 구획화를 활용하는 방안을 진지하게 검토해야 한다.

감정적 쓰레기 모으기

그 어느 세대보다 불안을 자극하는 온 세상의 뉴스를 더 많이 접하게 된 우리는 이번에는 디지털 기술의 발전으로 이전 세대 부모보다도 자녀의 삶에 관해 자세히 알게 되었다. 여기서도 마찬가지로 끊임없이 흘러드는 정보, 특히 속상하거나 불안한 아이의 감정과 관련된 정보가 과연 좋은 것인지 생각해볼 필요가 있다.

이미 오래전에 심리학자들은 10대 자녀가 종종 괴로운 감정에

여자(아이)의 심리학

대처하기 위해 자신이 원치 않는 감정을 부모에게 떠넘긴다는 점을 밝혀냈다. 휴대전화가 등장하기 전 청소년들은 저녁 식사 자리에서 아무렇지 않은 듯이 "아, 그러고 보니 차 앞 유리가 깨졌어요" 같은 폭탄선언을 한 다음 부모가 언짢아하면 과잉 반응을 한다며 투덜거렸다. 사실 이 아이는 아마도 온종일 차 유리를 깨뜨린 일로 마음이 불편했을 테지만, 결국 괴로움을 참는 자기 능력의 한계를 넘어버린 것이다. 그래서 사람들이 쓰레기를 버릴 때와 똑같이 감정을 치워버리고 더는 신경 쓰고 싶지 않은 마음에 자신의 괴로움을 부모에게 떠넘겼다. 이 오래된 방법은 감정적 쓰레기에서 해방된 아이에게는 효과 만점이지만, 쓰레기를 떠맡게 된 부모에게는 썩 달갑지 않은 일이다.

게다가 지금은 세상에서 가장 편리한 감정 쓰레기 배출구인 휴대전화가 존재한다. 실제로 개인 휴대전화를 소유할 만큼 운 좋은 10대 딸을 키우는 부모라면 대체로 다음과 같은 시나리오가 매우 익숙할 게 틀림없다. 우선은 학교에 가 있는 딸이 터무니없기는 해도 여전히 걱정스러운 말, 이를테면 "그냥 알아두시라고 말하는 건데, 저 자퇴하려고요" 같은 문장을 메시지로 보낸다. 딸을 사랑하는 부모가 "아니, 대체 무슨 일이야?"라고 물음표 가득한 답장에 걱정스러운 표정의 이모티콘까지 덧붙여 보내지만, 딸은 거들떠보지도 않는다. 그때부터 부모는 온종일 아이가 왜 그런 걱정되는 메시지를 보냈는지 고민하며 지내고, 다시 딸에게 연락해봐도 그 이상의 정보는 얻을 수 없어 좌절한다. 왜일까? 딸은 단순히 감정적 쓰레기를 치워버리고 싶었을 뿐 의논하려 한 것이 아니기 때문이다. 이제 부모는 딸이 가지고 있던 부정적 감정을 대신 짊어지게 된다.

저녁때쯤 부모와 아이가 집에서 만나면 상황은 어떤 식으로든 흘러갈 수 있다. 하지만 디지털 기기를 통해 감정적 쓰레기를 버린 딸은 기분이 좋아졌을 가능성이 크다. 요약하자면 대체로 집에 돌아올 때쯤에는 딸이 거의 기억도 못 하는, 아니면 적어도 굳이 끄집어낼 마음도 없는 문제를 두고 부모는 하루 내내 걱정했다는 말이 된다.

14세인 딸아이가 주중에 보내는 조마조마한 문자메시지에 속을 태우던 내 친구는 이런 상호작용을 개선할 기막힌 방법을 생각해냈다. 친구는 예쁜 수첩을 한 권 사서 딸에게 주고 이렇게 말했다. "이렇게 한번 해보자. 학교에서 엄마한테 문자로 하고 싶은 말이 있으면 그걸 여기다 적는 거야. 그런 다음 방과 후에 집에 와서 네가 하고 싶었던 말을 나한테 보여주면 돼." 친구 딸은 정말로 그 수첩을 학교에서 떠오르는 불편한 생각과 감정을 담는 저장고로 사용했다. 대개 저녁 무렵이 되면 수첩에 적힌 사건은 이미 백미러에 보이지도 않을 정도로 저 멀리 사라졌기에 아이는 굳이 그 얘기를 꺼내려들지도 않았다. 하지만 가끔은 집에 와서 엄마에게 그날 생긴 문젯거리를 열심히 얘기하는 날도 있었다.

이 수첩 비법은 한 번에 세 가지 효과를 거두었다. 첫째, 10대 딸의 불안을 전혀 무시하지 않으면서 걱정스러운 메시지 폭격을 중지시켰다. 둘째, 말로 하지 않고도 친구는 딸에게 학교에 있는 동안 엄마가 즉시 나서야 할 정도로 다급한 문제는 거의 생길 리 없으며, 만에 하나 생긴다고 해도 학교에 있는 어른들이 엄마에게 연락해주리라 믿는다는 뜻을 분명히 전달했다. 다시 말해 수첩은 마음의 동요를 겪고 있는 10대가 깜박 잊기 쉬우나 사실 가장 많은 것을 아우르는 분류인 '내가 감당할 수 있는 일'의 존재를 딸에게 일깨워주는 역할을 했다는 뜻이다. 마지막으로 이제 딸은 정말로 공유하고 싶은 문제가 있을 때 그 기특한 수첩 덕분에 온종일 딸을 걱정하느라 지쳐버리지 **않은** 엄마와 이야기를 나누게 되었다. 의심할 여지 없이 이 방법 덕분에 내 친구는 한결 차분하고 신중한 태도로 걱정 많은 딸에게 실질적 도움을 줄 수 있게 되었다.

모르는 게 약일 때도 있다

디지털 시대에 부모로서 살아가는 우리는 아이의 삶에 대해 아이가 자발적으로 보여주는 것보다 훨씬 많은 정보에 손쉽게 접근할 수 있다. 마음만 먹으면 아이가 친구들과 나누는 대화를 읽고, 소셜 미디어라는 사교의 장에 어떤 식으로 참여하는지 살펴보고, 인터넷으로 뭘 검색했는지 알아낼 수 있으며, 심지어 아이의 위치를 추적할 수도 있다.

경험에 비추어보면 부모가 아이의 디지털 기기 사용을 어디까지 감시해야 하는가 또는 디지털 기기로 아이를 감시하는 것이 어디까지 허용되는가 하는 문제에 두루 적용되는 정답은 존재하지 않는다. 아이의 나이, 충동 조절 수준, 그때까지의 전적 등 고려할 변수가 너무 많기 때문이다. 하지만 부모 자신의 불안을 관리한다는 관점에서 아이의 디지털 생활을 바라본다면 너무 많이 아는 것이 꼭 좋지만은 않다는 점을 인정할 필요가 있다. 나는 어느 날 오후 상냥하고 사려 깊은 17세 헤일리와 상담하며 그녀가 아버지와 말다툼이 있었다는 얘기를 듣다가 이 점을 뼈저리게 깨달았다.

헤일리는 매우 짜증스러운 듯 말했다. "지난 주말에 아빠가 제게 벌컥 화를 냈어요. 아주 끔찍했죠."

"무슨 일이 있었는데?" 나는 놀라움을 숨기지 못하며 물었다. 헤일리는 아주 얌전한 편인 아이였기에 내가 알기로 딸을 아끼고 걱정하는 상냥한 사람인 헤일리 아버지가 무슨 일로 화를 냈는지 무척 궁금했다.

"토요일 밤에 동창회 댄스파티가 열렸고, 그 뒤에 트리나 집에서 큰 뒤풀이 파티가 있었어요. 저와 트리나는 친하지는 않아도 같이 노는 친구들이 겹치는 편이고, 제 친구들은 댄스파티가 끝나면 다 거기로 간다더라고요. 그런데 아빠 엄마가 저더러 거기 가지 말라고 하셨어요. 트리나 집에서는 항상 애들이 요란하게 논다는 얘길 들으셨거든요."

나는 더 설명할 필요가 없다는 뜻으로 고개를 끄덕여 보였다. 고등학교에는 집에서 뭘 해도 부모가 별로 신경 쓰지 않는 학생이 적어도 두어 명은 있기 마련이다.

"기분은 좀 별로였지만 저는 가지 않겠다고 대답했어요." 헤일리는 짜증과 체념이 섞인 말투로 말했다. "하지만 내 친구들은 다 간다고 하고, 제가 운전 담당 중 한 명이었거든요. 그래서 제 댄스 파트너를 트리나 집에 내려준 다음 동창회에 참석하러 온 트리나의 대학생 언니하고 그 집 현관에서 5분 정도 얘기를 나눴어요."

"집 문을 열고 들어가자마자 아빠가 폭발하시더라고요. 제 휴대전화로 위치를 추적해서 제가 트리나네 갔다는 걸 알고 단단히 화가 나신 거예요. 잠깐밖에 머물지 않았고, 심지어 집 안에 들어가지 않았다고 말해도 소용이 없었어요."

"저런." 어떻게 하면 편을 들지 않고 뭔가 말할 수 있을지 열심히 궁리하며 나는 조금 힘없이 말했다.

"친구들을 댄스파티에서 트리나 집까지 태우고 갈 차가 부족해서 그랬다고 설명하고 나서야 아빠는 조금 진정하셨어요." 풀이 죽은 헤일리는 이렇게 덧붙였다. "아빠는 제가 트리나네 들를 거였으면 전화로 알렸어야 한다고 생각하세요. 그래서 이제는 저를 못 믿으실 것 같대요."

"저런." 나는 다시 말한 다음 이렇게 물었다. "아빠가 늘 네 위치를 확인하시니?"

"솔직히 잘 모르겠어요. 그리고 제가 무슨 짓을 하는지 잡아내려고 그러셨을 것 같지는 않아요. 그냥 제가 밤에 나가 있으니까 걱정되는 데다 안전한지 궁금하셨겠죠."

얘기를 듣다 보니 정말로 잘못한 게 하나도 없는 헤일리가 무척 안쓰러웠다. 더불어 불필요하게 많은 정보를 손에 쥐는 바람에 주말을 망치고 딸과의 사이도 틀어진 헤일리 아버지도 몹시 안됐다는 생각이 들었다. 우리 세대 부모님이라면 전혀 알 도리가 없을 사소한 말썽을 부모님이 알아내는 바람에 갈등을 겪은 헤일리 같은 10대 아이를 상담하다 보니 나는 의료계에서도 이와 유사한 상황이 존재한다는 데 생각이 미쳤다. 바로 전신 컴퓨터 단층촬영의 효용성이다.

간단히 줄여 CT 스캔이라고 불리는 이 기법은 인체의 아주 상세한 엑스선 영상을 제공하며, 겉으로는 건강해 보이는 신체에서 심각한 질병의 초기 증상을 포착하는 데 쓰인다고 알려졌다. 하지만 의사들은 대부분 아무 전조 증상도 없는 사람을 스캔하는 것에는 득보다 실이 많다고 여긴다. 실제로 미국 식품의약국Food and Drug Administration, FDA에서는 CT 장비 업체가 아무 증상이 없는 사람을 대상으로 기계를 홍보하지 못하도록 제한했다.[14] 정상 결과에도 오해의 소지가 있으며, '위양성(실제로는 질병이 없으나 질병 징후가 나오는 경우)'이 나오면 불필요하고 위험한 추가 검사로 이어질 수 있기 때문이다. 부모에게는 휴대전화가 이와 별반 다르지 않다. CT 스캔과 마찬가지로 휴대전화도 불안을 자극하는 동시에 해석하기 어려운 정보를 산더미처럼 제공한다.

아이의 디지털 기기 활용을 감독해야 할 타당한 이유는 수없이 많지만, 그 과정에서 걱정스러워 보이는 징후를 감지했다고 해도 조심스럽게 접근할 필요가 있다. 예를 들어 아이끼리 주고받는 문자메시지나 소셜 미디어에서 하는 농담을 훑어보는 부모는 자기 딸과 몇몇 친구가 아주 유창하게 욕설을 구사한다는 사실을 알고 깜짝 놀라게 된다. 이 정보는 몇 가지 다른 방식으로 받아들여질 수 있다. 우선

여자〈아이〉의 심리학

딸의 험한 입이 나쁜 행실을 증명하는 빙산의 일각이라고 걱정하며 어쩌다가 자신이 도덕 교육에 실패했는지 한탄하고, 딸을 의심의 눈으로 바라보면서 관계가 어색해질 수 있다. 아니면 무례하게 굴고 한계를 시험하는 행동을 청소년의 정상적이고 건강한 발달 징후로 여기며, 자신이 10대였을 때 탈의실이나 버스 뒷자리, 수업 시간에 주고받던 쪽지로 화려한 입담을 뽐내던 기억을 떠올릴 수도 있다.

자신의 10대 시절 추억을 미화하고 싶은 마음이 들 수도 있겠지만, 부모님들이 그냥 우리가 집 밖에서 뭘 하고 다니는지, 우리가 친구들과 어떤 식으로 대화하는지, 심지어 우리가 어디 있는지 알 방법이 없었다는 것이야말로 우리 세대와 아이들 세대의 가장 큰 차이점이라는 사실을 알아두면 도움이 된다. 아마 그래서 우리 부모님들은 잠도 더 편안히 주무셨을 것이다.

이런 관점을 염두에 두면 자녀가 온라인에서 욕설을 사용한 증거를 발견했을 때 자신이 찾아낸 **정보**와 그것을 찾아낸 **장소**를 분리해서 대응할 수도 있다. 이를테면 이런 식이다. "어른이 없을 때 너랑 네 친구들이 욕을 좀 할 수도 있어. 그건 괜찮아. 하지만 너는 지금 네가 스마트폰을 사달라고 할 때 지키기로 한 '할머니가 보시면 곤란한 것은 온라인에 올리지 않는다'는 규칙을 어기고 있잖아. 엄마 아빠 때문에 온라인에서 욕을 못 쓴다고 친구들한테 말해두고 싶으면 그렇게 해도 돼."

물론 이 방법에는 부모가 아이의 디지털 기기 사용을 감독하고 있다는 사실을 투명하게 밝힌다는 전제가 필요하다. 나는 해야 할 일을 세세히 정해주는 심리학자는 아니지만, 딸의 디지털 활동을 확인하려거든 딸에게 미리 알리는 편이 낫다고 생각한다. 우선 당신에게 아이의 휴대전화나 컴퓨터를 확인할 권리가 있다고 미리 알리는 것은 딸이 온라인에서 좋지 않은 선택을 하고 싶어질 때 다시 생각하도록 유도할 과속 방지턱 역할을 하기 때문이다. 더불어 미리 얘기해두면 당신이 걱정스러운 정보를 발견했을 때 거리낌 없이 아이와 얘기를 나눌 수도 있다. 쉽게 말해 CT 스캔에서 간에 반점이 나왔다면 당신은 그걸 얼마나 걱정해야 하는지 또는 걱정할 필요가 없는지 빨리 알고 싶을 것이다. 딸의 디지털 활동 내역에서 뭔가 심상치 않은 것을 발견했다면 딸과 얘기를 나누는 것이 당신의 불안을 해결하는 데 가장 좋은 방법일 확률이 매우 높다.

CT 스캔 비유를 생각하다 보면 자연스럽게 딱히 말썽을 부리지 않는 10대 아이의 디지털 기기 사용을 감독해야 하는가 하는 의문이 생겨난다. 이는 뉴스를 얼마나 자주 챙겨 볼 것인가 하는 문제와 같이 개인이 결정해야 할 부분이다. 하지만 핵심은 같다. 바로 모르는 게 약일 때도 있다는 것이다.

아이의 디지털 생활을 감독한다는 까다로운 문제에 단순한 해법이 있었다면 내가 진작 알려주었을 테다. 하지만 지금으로서는 수십 년간 경험을 쌓은 임상 심리학자로서 아이의 삶에 가장 강력하고 지속적으로 영향을 미치는 요소는 자신을 돌보고 사랑해주는 어른 한 명 이상과의 돈독한 관계라고 단언할 수 있다. 현대를 살아가는 부모로서 우리는 아이의 디지털 생활을 감독하면서 보내는 시간이 아이와의 유대를 방해하거나 그 자리를 차지하지 않도록 주의를 기울일 필요가 있다.

아이와의 관계를 지키기 위해서는 아무리 딸의 디지털 활동을 감시해도 딸과 오해 없이 직접적으로 대화할 통로를 유지하지 않으면 아이를 보호할 수 없다는 사실을 기억해야 한다. 한편 아이와 연결되어 있다는 느낌을 받기 위해 디지털 감시라는 수단에 지나치게 의존하는 부모에게 나는 항상 아이와의 관계를 리부팅해야 한다고 조언하고, 필요하다면 상담사의 도움을 받으라고 권한다. 더욱이 우리는 자신이 온라인에서 알아낸 정보가 아무런 득도 없이 부모로서 느끼는 불안을 가중할 뿐 아니라 가정에서 불필요하게 날 선 대화가 오갈 가능성이 있다는 점에 주의해야 한다.

시간표에 여유 두기

나는 매일 작은딸을 동네 초등학교까지 걸어서 데려다주고, 아이가 학교에 들어가면 대개 나처럼 아이를 배웅하러 온 다른 부모들과 수다를 떨며 집까지 10분 거리를 걸어 돌아온다. 어느 봄에는 우리 집 근처에 살고 나처럼 딸 둘을 키우는 아빠와 몇 번 아침 대화를 나누게 되었다. 당시 그 집 첫째는 우리 동네에 있는 초등학교에, 둘째는 차로 15분 거리의 어린이집에 다녔다. 이들 부부는 초등학교에 들어가려면 아직 1년 정도 남은 둘째를 새 학기가 시작되는 이번 가을에 초등학교 병설 유치원으로 옮길지, 아니면 지금 다니는 어린이집을 1년 더 다니게 할지 결정을 내려야 하는 상황이었다.

한 문제를 놓고 10분씩 우리는 그들 가족의 딜레마를 두고 고민했다. 양쪽 선택지 모두 장단점이 있었고, 얘기를 나눌수록 어느 한쪽이 아이에게 더 좋다고 잘라 말하기 어렵다는 점이 분명해졌다. 그래서 결국 나는 이렇게 물었다. "둘 중에 가족이 좀 더 편해질 방법, 그러니까 시간표에 여유가 생길 방법이 있나요?"

"네, 있죠." 이웃 아빠가 말했다. "둘이 같은 학교에 다니게 하면 아무래도 편할 거예요. 방학 날짜나 휴교일도 같고, 차를 타고 둘째를 데리러 가지 않아도 되니까요."

나는 이렇게 대답했다. "어느 쪽이든 아이에게는 비슷비슷하고, 유치원을 옮겨서 엄마 아빠가 더 편해진다면 제 생각에는 그쪽이 가족 전체에게 더 좋은 선택인 것 같아요."

솔직히 나는 이 교훈을 힘들게 몸으로 겪으며 배웠다. 개인적으로는 아주 바쁘게 지내는 것을 좋아한다. 하지만 아쉽게도 내가 선호하는 활동량은 내게 부담을 주는 수위를 넘나들 때가 많다. 아직 초보 엄마이던 시절, 나는 매주 최대한 많은 계획을 쑤셔 넣지 못해 안달이었다. 딸들에게 미술 수업을 한 번 더 듣게 하려고 시간을 쪼갰고, 하필 남편도 집에 없는 날 밤에 강연을 나가려고 급히 베이비시터를 구했다. 학교에 생일 파티 간식을 보내야 할 때면 몸에 좋고 맛있으면서 엄마가 직접 만든 음식을 보내야 한다고 혼자 법석을 떨었다. 나는 그렇게 정신없는 나만의 방식으로 접시 10장을 한꺼번에 돌

여자아이의 심리학

리는 묘기를 부리려 했고, 어느 정도는 잘되고 있는 것 같았다.

갑자기 아이가 토할 때까지는.

아니면 차 시동이 걸리지 않거나.

아니면 베이비시터가 갑자기 못 온다고 하거나.

그러면 접시들이 와장창 떨어지고, 내 활동량 눈금은 '부산함'에서 '유해함'으로 순식간에 넘어갔다. 반쯤 공황에 빠진 나는 꽉 짜인 시간표와 아픈 아이 돌보기를 양립시키려 하고, 차 한 대로 우리 가족의 빡빡한 일과표를 소화할 방법을 궁리하고, 급하게 대타로 아이를 봐줄 사람을 찾으려고 애썼다.

이렇게 야단스레 엄마 노릇을 한 지 3년쯤 지났을 무렵, 나는 동료와 교과서를 공동 집필하면서 처음으로 일상적 번거로움에 관한 연구를 접하게 되었다.[15] 나는 늘 심리학 분야의 논문을 읽지만, 현실의 삶에 진짜 변화를 일으키도록 내게 영감을 준 연구는 손에 꼽을 정도밖에 없다. 일상에서 일어나는 사소한 문제로 인한 스트레스가 큰 어려움에 직면했을 때 느끼는 스트레스만큼, 또는 그 이상으로 중대할 수 있다는 이 새로운 연구는 내 경험과 딱 들어맞았다. 우리 두 딸 중 하나가 독감에 걸렸을 때 문제는 아이가 아프다는 것 자체가 아니었다. 모든 가족 구성원의 일과가 너무 빡빡해서 아이의 독감이 시간표에 눈사태를 일으킨다는 점이 문제였다. 생각해보면 너무 당연한 얘기였지만, 일단 여유 있게 일과를 짜는 법을 배우고 나니(물론 그럴 여유조차 없는 가족이 있다는 사실은 나도 잘 안다) 그런 약간의 여유가 뜻밖의 불가피한 일상적 스트레스에 매우 효과적인 해결책임을 알게 되었다. 그 후로 나는 "이번 주 시간표에 이걸 끼워 넣을 수 **있을까?**"라고 스스로 묻는 것을 그만두고 그 대신 "꼭 **그래야 할까?**"라고 물으려고 노력하고 있다.

물론 스스로 계산한 일정이 정확할지는 알 수 없고, 나는 걸핏하면 한도까지 꽉꽉 채우는 옛날 버릇으로 돌아가곤 했다. 하지만 그럴 때마다 삶은 내게 다시 교훈을 주고, 나는 우리 가족의 활동량 기준치를 우리가 실제로 성취할 수 있는 총량의 75퍼센트로 잡는 것이 딱 좋다는 사실을 깨달았다.

수용 능력에 여유를 남긴 채로 움직이면 가족 구성원 전체의 불안과 스트레스가 줄어든다. 항상 어수선하던 분위기가 비교적 차분해지고, 일이 잘못되어도 위기를 맞는 대신 귀찮음만 감수하면 된다. 이제는 뭔가 건강한 음식을 만들 시간이 넉넉히 있는데도 겸연쩍어하며 가게에서 산 미니 도넛을 학교에 보낼 때도 있다(사실 애들은 이쪽을 더 좋아한다). 덕분에 이제는 아이가 아파도 재앙이 닥치지 않고, 나는 그냥 해야 할 일을 비어 있는 시간으로 옮긴 다음 아이를 돌보며 집에서 영화를 볼 수 있게 되었다.

상황이 문제없이 흘러갈 때 시간이 있으면 즉흥적 즐거움을 누릴 여유도 생겨난다. 비가 쏟아지던 어느 날 둘째가 궂은 날이면 늘 하던 대로 학교까지 차를 타고 가는 대신 우비에 장화 차림으로 걸어가면 재미있겠다는 말을 불쑥 꺼냈다. 다행히도 나는 아이를 데려다주고 집에 돌아와서 출근 복장으로 갈아입을 시간이 있었기에 흔쾌히 그러자고 했다. 물웅덩이를 첨벙거리며 걷던 등굣길이 얼마나 재미있었던지 아이는 3년이 지나도록 그날 얘기를 종종 꺼냈다.

아이들과 보내는 시간은 짧고, 아이를 아끼는 부모는 모두 그 시간을 최대한 활용하려고 조바심을 낸다. 그러다 보면 뭔가를 꽉 **채워야**만 시간을 제대로 쓰는 것이라고, 특히 함께 스포츠에 몰두하거나 교습을 받거나 집에서 귀여운 컵케이크를 만드는 등의 체계적 활동을 해야 한다고 생각하기 쉽다. 하지만 나는 내 본성을 거슬러가며 시간을 **비워야**만 시간을 최대한 즐길 수 있다는 사실을 받아들이려고 의식적으로 노력한다. 늘 꽉 채우고 싶은 본능을 억누르고 가족의 시간표를 의도적으로 넉넉하게 짜는 것이야말로 삶의 스트레스를 줄이고 즐거움을 누릴 기회를 늘리는 확실한 전략임이 계속 증명되고 있기 때문이다.

돈이 스트레스를 부른다

시간표에 여유를 두는 선택이 가족의 삶에 따르는 불가피한 위기의 충격을 효과적으로 흡수하는 것과 마찬가지로, 최근 연구에 따르면 부모가 실제 가족의 경제적 능력보다 더 검소하게 살기를 택하면 아이가 느끼는 압박감이 감소한다고 한다. 가난이 아동에게 극심한 스트레스를 준다는 것은 익히 알려진 사실이다.[16] 하지만 지난 10년에 걸친 연구에서 부유함 또한 아동과 청소년에게 생각만큼 늘 좋기만 한 것은 아니라는 점이 명백히 밝혀졌다. 실제로 심리학자 수

니야 루타르Suniya Luthar와 그의 동료들은 경제적으로 넉넉한 부모를 둔 아이들에게서 더 빈번히 나타나는 감정적 문제를 상세히 기록했다.[17]

루타르 박사의 연구를 살펴보면 놀랍게도 유복한 가정에서 태어난 청소년은 소득수준이 낮은 가정의 아이들보다 우울증, 불안, 약물 남용을 경험할 확률이 더 높았다.[18] 예상을 벗어났으나 증거가 확실한 이 결과를 설명하기 위해 전문가들은 풍족한 환경에서 자라는 것이 아이들에게 성취에 대한 강력한 압박으로 작용한다는 점에 주목했다.[19] 나아가 소득이 높은 부모는 더 오래 일하느라 아이의 보육을 유모, 가정교사, 방과 후 과외 활동에 맡기는 경향이 있으므로 부유함 때문에 부모와 자녀의 물리적·심리적 거리가 멀어질 수 있다는 연구 결과도 나왔다.[20]

한편 심리학자 테레스 룬드Terese Lund와 에릭 디어링Eric Dearing은 최근 부유함이 청소년에게 미치는 악영향을 바라보는 새로운 관점을 내놓았다.[21] 이들은 단순히 넉넉한 집안 출신이라는 사실 자체가 청소년에게 문제를 일으키는지, 아니면 부유한 부모만이 고를 수 있는 선택지가 자녀의 정신 건강에 영향을 미치는지를 파고들었다. 이 문제를 다루기 위해 이들은 이전의 연구에서 하나로 뭉뚱그려져 있던 두 가지 변수, 즉 부모의 소득수준과 가족이 선택한 거주지를 따로 떼어 살펴보았다.

룬드와 디어링이 경제적 수준과 거주 지역이 다양한 표본 가정들을 관찰한 결과, 윤택함 자체는 본질적으로 건전한 정신적 발달에 아무런 해를 끼치지 않는 것으로 나타났다. 하지만 가족이 사는 동네

여자〈아이〉의 심리학

의 경제적 수준은 **실제로** 생각보다 큰 영향을 미친다는 사실이 밝혀졌다. 놀랍게도 가장 부유한 동네에서 자라는 여자아이들은 중산층 지역에 사는 소녀들보다 불안과 우울 증세를 호소할 확률이 두세 배가량 높았다. 마찬가지로 최고급 주택가에 사는 남자아이들이 중산층 동네의 또래 아이들보다 문제를 일으킬 확률 역시 두세 배 높았다.

여기서 또 다른 심리학의 기본 원칙이 등장한다. 스트레스를 받으면 여자아이는 자기 안으로 무너지고 남자아이는 밖을 향해 말썽을 부린다는 것이다. 다시 말해 부유한 동네의 여자아이와 남자아이에게는 서로 다른 문제가 있지만, 이들이 안은 문제(무너지는 소녀, 말썽 부리는 소년)의 본질은 모두 각자의 부모가 살기로 선택한 지역과 관련된 압박감 탓에 고통받는다는 데 있다는 뜻이다. 그렇다면 이 연구에서 가장 적은 스트레스를 받는다고 나온 집단은 누구일까? 바로 부유한 부모와 함께 중산층 지역에서 거주하는 아이들이었다.

이 주목할 만한 연구 결과는 두 가지 중요한 시사점을 제시한다. 첫째, 중산층 지역에 사는 부유한 부모는 자신의 경제적 능력보다 생활수준을 낮춤으로써 가족의 생활에 경제적 여유를 두기로 선택했다는 점이다. 이들의 집은 실제로 경제력이 허락하는 수준보다 더 작고 덜 호화롭겠지만, 이들에게는 지붕 교체처럼 예기치 못하게 목돈이 필요할 때 감당할 수 있는 현금이 있다. 물론 상류층 지역에 살면서 새 지붕이 필요하면 얼마든지 바꿀 수 있을 만큼 부유한 가족도 있다. 하지만 가용 소득수준의 최대치를 써서 가장 비싼 동네에 사는 가족도 적지 않다. 지붕을 교체할 일이 생기면 이들은 자녀들과 함께 재정 부족으로 스트레스를 받기 쉬울 것이다.

둘째, 소득에 비해 검소하게 생활하는 부모의 자녀는 자기 미래에 대해서도 스트레스를 덜 받는다는 점이다. 사람은 거의 누구나 성인이 되었을 때 최소한 자신의 어린 시절 이상으로 안락하게 사는 삶을 목표로 삼는다. 이 말은 곧 윤택하게 자라난 청소년이 돈이 많이 드는 자신의 생활 방식을 자기 힘으로 유지할 방법을 찾아내야 한다는 압박감을 느낄 수도 있다는 뜻이다.

임상 심리학자로서 나는 일부 부유한 집안 출신의 야심 있는 청소년들이 미래의 직업적 성공에 집착하며 몇 가지 한정된 직업(주로 경영이나 금융 분야)에만 관심을 두고 미국 내에서 자신이 살 곳으로 몇몇 대도시만 생각한다는 사실을 알고 깜짝 놀랐다. 이와는 대조적으로 중산층 출신 10대는 자신이 할 만한 일, 자신이 살 만한 곳으로 훨씬 넓은 범위를 고려하는 경향이 짙었다. 여러 해에 걸쳐 아이들을 상담하면서 부유한 가정의 아이들이 소박한 삶을 사는 아이들보다 자신의 미래에 대해 심한 압박과 스트레스를 받는다는 모순을 느끼고 당황한 적도 여러 번 있었다.

이런 식으로 바라보면 중산층 지역에 사는 넉넉한 가정에서 태어난 아이들이 왜 가장 스트레스를 적게 받는지 이해할 수 있다. 이들은 성인이 된 이후의 성공을 좁은 의미에서 정의된 목표로 여기지 않기에 자신의 미래를 크게 걱정하지 않는다. 덧붙여 이들은 스트레스를 줄여주는 윤택함의 장점, 즉 재정적 안전장치가 있다는 데서 오는 느긋한 분위기, 지출을 감당하려고 굳이 야근할 필요가 없는 부모의 존재, 학자금 대출 없이 대학을 졸업할 수 있게 해주는 집안의 지원을 모두 누릴 수 있다.

경제적으로 선택의 여지가 있을 만큼 운 좋은 부모로서 이 연구에서 귀중한 교훈을 얻고 싶다면 먼저 자신의 선택을 돌아보아야 한다. 어디서 거주할지, 휴가를 어떻게 보낼지, 어떤 차를 탈지, 그 외에도 어떤 방식으로 자녀의 주변에서 돈을 쓸지를 결정하는 것은 물론 지극히 개인적인 선택이다. 온 세상의 뉴스를 얼마나 자세히 확인할지, 내 아이의 디지털 기기 사용을 얼마나 철저히 감독할지를 정하는 것도 마찬가지다. 이런 일들은 한 번으로 끝나지 않고 살면서 끊임없이 해야 하는 선택이다.

이러한 결정을 새로운 관점으로 바라보기만 해도 우리는 자기 자신과 아이의 불안을 어느 정도 예방할 수 있다. 정보를 손에 넣을 때, 활동 계획을 세울 때, 개인적으로 풍족함을 즐길 때 우리는 무턱대고 많을수록 좋다고 여기는 함정에 빠지기 쉽다. 놀랍게도 때로는 적게 알고, 적게 행하고, 적게 쓰기로 결정함으로써 우리는 실제로 자신과 아이가 느끼는 스트레스를 줄일 수 있다.

부모로서 우리는 자기 자신과 아이를 위해 삶에서 느끼는 불안을 관리하려고 노력해야 한다. 부모의 감정적 긴장은 가정에 불안을 조성할 수 있기 때문이다. 긴장된 분위기가 감도는 집에서는 별다른 문제가 없는 날에도 아이가 편안한 느낌을 받기 어렵고, 부모 역시 아이에게 문제가 생겼을 때 차분하게 대처하기 어렵다. 다음 장에서는 종종 스트레스의 원인이 되는 주제를 살펴보기로 하자. 아이들은

자라면서 모두 또래 동성 친구와의 관계에서 한 번쯤 불편한 감정을
느끼기 마련이다.

UNDER PRESSURE

CHAPTER

3

동성과의
관계

대체로 여자아이의 교우 관계는 나쁜 쪽보다 좋은 쪽으로 작용한다. 어린 시절부터 우리 딸들은 아무 문제가 없으면 여자 친구들과 즐겁게 놀고, 문제가 생겼을 때도 친구를 만나 위안을 얻는다. 여자아이의 사교 생활은 **대부분** 스트레스와 불안을 완화하는 데 도움이 된다. 하지만 이 장에서는 그렇지 않은 **나머지**에 초점을 맞추려 한다. 성장 과정에서 여자아이는 거의 반드시 자신의 동성 또래 한 명 이상과의 관계에서 괴로운 감정을 경험하게 된다.

일단 전통적으로 여자아이들의 친구 관계에서 긴장감을 형성하는 몇몇 원인부터 시작해보자. 다음으로는 판도를 완전히 뒤집은 소셜 미디어의 영향력, 그리고 아이가 온라인 활동 탓에 늘 긴장하며 지내는 일이 없도록 부모가 할 수 있는 일을 살펴보겠다. 마지막으로는 여자아이들 사이에서 벌어지는 경쟁, 스트레스와 배신이 넘치는 세계를 들여다보도록 하자.

수줍음은 불안과 다르다

4월의 어느 흐린 날, 한 30대 부부가 곧 5학년에 올라가는 딸 문제로 상담실을 찾아왔다. 전화로 약속을 잡을 때 엄마인 토니는 딸 앨리나가 사회적 관계를 맺는 데 늘 어려움을 겪는다고 설명했다. 앨리나는 지금 다니는 작은 초등학교에 단짝 친구 두 명이 있기는 하지만, 부모는 가을에 딸이 어떻게 적응할지 벌써 걱정된다고 했다. 우리가 사는 셰이커 하이츠에서는 4학년까지 있는 저학년 초등학교들이 우드버리 스쿨이라는 커다란 학교로 합쳐지고, 학군 내 5, 6학년 아이들은 모두 이 학교에 다닌다. 5학년만 10개 반이기에 앨리나는 친한 친구들과 같은 반이 되지 못할 수도 있었다.

첫 번째 상담에서 애덤과 토니 부부는 상담실 소파에 나란히 앉아 번갈아가며 딸이 어떤 아이인지 내게 설명했다.

"앨리나는 쉽게 안정감을 느끼지 못하는 아기였어요." 토니가 다정한 목소리로 설명했다. "까다롭고 민감했죠. 사실 저희도 2년 뒤에 정말 무던한 남동생이 태어나기 전까지는 앨리나가 얼마나 예민한 건지 잘 몰랐지만요."

"앨리나는 아주 어릴 때부터 사회적 불안 증세를 보였어요." 애덤이 다급히 덧붙였다. "아기 때부터 낯선 사람이 다가오기만 해도 울음을 터뜨렸고, 조금 커서도 멀리 사는 저희 부모님이 오시면 제 다리 뒤로 숨곤 했죠. 반대로 둘째는 사람을 너무 좋아해서 탈이에

여자(아이)의 심리학

요." 애덤은 흐뭇한 표정으로 말을 이었다. "걔는 생일 파티 가는 것도 좋아하고, 주말에도 우리가 허락만 하면 친구 집 세 군데를 돌면서 놀다 들어올 애거든요."

바로 토니가 이어받았다. "좀 외향적으로 변했으면 해서 우리가 등을 밀어주려고 하면 앨리나는 더 뻣뻣하게 굳어버려요. 그럴 때면 어떡해야 할지 모르겠어요. 다른 아이들이랑 노는 것 자체를 불편해하는 것 같아요."

"저랑 통화하면서 말씀하셨죠." 나는 토니에게 말했다. "앨리나에게 친한 친구가 두 명 있다고요. 그 친구들하고는 어떻게 지내나요?"

"네, 같은 학교에 다니는 조와 에린이 있어요. 셋이 아주 친해요. 어린이집 시절부터 친구였고요. 그런데도 주말에 친구를 집에 초대해 자고 가라고 하는 게 어떠냐고 하면 앨리나는 늘 싫다고 해요."

매우 걱정스러워하며 애덤이 말했다. "저희 나름대로 앨리나의 불안을 해결해보려고도 했지만 별 도움이 안 됐어요. 사실 오히려 더 심해진 것 같아요."

궁금해진 내가 물었다. "어떤 방법을 쓰셨는데요?"

걱정과 좌절이 뒤섞인 표정으로 고개를 저으며 애덤이 말했다. "자신감을 심어주려고 애썼고, 용기를 내야 한다는 말도 자주 했어요. 그런데 효과가 전혀 없는 것 같더라고요."

토니도 말을 보탰다. "새로운 사람을 만나면 얼마나 긴장되는지는 저도 알아요. 저도 가끔 그러니까요. 하지만 딸의 사회적 불안이 점점 심해지는 것 같아 걱정이에요. 계속 이렇게 가면 중학교에서는 어떨지 상상도 안 가요. 선생님께서 앨리나가 긴장을 통제할 수 있게 좀 도와주시면 좋겠어요."

"저희가 함께 상황을 바람직한 방향으로 이끌 수 있을 거예요." 내가 대답했다. "하지만 먼저 문제를 조금 다른 방식으로 바라보는 일부터 시작해야 할 것 같네요. 저는 앨리나에게 사회적 불안 증세가 있는 게 아닐지도 모른다는 생각이 들거든요. 그러니 그냥 따님이 수줍은 기질을 타고났다고 가정해보면 어떨까요."

아이를 둘 이상 키우는 부모는 모두 아기가 저마다 다른 성향을 타고난다는 사실을 깨닫게 된다. 온화한 아기도, 까칠한 아기도, 쾌활한 아기도, 엄청나게 활발하고 늘 꼼지락거리는 아기도 있다. 오랜 기간에 걸쳐 진행된 연구를 통해 신생아는 미리 프로그램된 기질을 지니고 태어나며, 아기들은 대부분 셋 중 한 가지 유형에 해당한다는 사실이 밝혀졌다.[1] 이 세 가지 유형에는 대체로 기분이 좋고 새로운 것에 빠르게 적응하는 순한 아이, 생리적 일과가 불규칙하고 변화를 싫어하며 짜증을 쉽게 내는 까다로운 아이, 반응이 크지 않고 새로운 경험에 적응하는 데 시간이 오래 걸리는 더딘 아이가 있다.

이러한 유형 분류에서 우리가 알아야 할 중요한 점이 하나 있다. 세 가지 모두 지극히 정상이며, 어떤 유형의 아기든 모두 균형 잡힌 성인으로 성장한다는 사실이다.

"10년 전이라면 말이죠." 내가 운을 떼웠다. "우리는 앨리나의 현재 상황을 두고 **불안**이라는 말을 쓰지 않았을 거예요. 아마도 '더딘 아이'라는 말을 썼겠죠. 완전히 정상이지만 수줍음이 많은 아이를 그렇게 표현하기도 하거든요."

그런 다음 나는 4개월 이상의 영아를 대상으로 한 획기적 연구에서 새로운 것은 무엇이든 좋아하는 아기가 있는가 하면 익숙지 않은 사람과 상황에 부정적 반응을 강하게 보이는 아기도 있다는 사실이 밝혀졌다고 설명했다.[2] 놀랍게도 영아기에 측정한 뇌파를 토대로 아이의 수줍음을 예측할 수도 있다.[3] 경계심 많은 어린이로 자라게 될 아기의 경우 색 있는 탁구공의 배치를 바꿔서 보여주면 부정적 감정 반응과 관련된 우측 전두엽 부위가 밝아지고, 활발한 아이로 자랄 아기에게는 정반대의 신경학적 패턴이 나타난다.

"말씀하신 걸 듣고 생각해봤어요." 내가 말했다. "앨리나는 태어날 때부터 새로운 상황에서 머뭇거리는 아이가 아니었나 싶어요." 토니와 애덤은 이 말이 원래 알고 있던 딸의 성향과 잘 들어맞는다는 듯 고개를 끄덕였다. "정말 다행스러운 점은 앨리나가 친구 관계를 쌓고, 즐기고, 지킬 줄 안다는 거죠."

"맞아요." 토니가 미소 지었다. "걔는 조와 에린을 정말 좋아해요. 그 아이들도 앨리나를 좋아하고요."

"다음 단계는 앨리나가 새로운 곳에 가거나 새로운 사람들을 만나야 할 때 대처하는 방법을 배우도록 돕는 거예요. 저는 따님이 익숙하지 않은 것을 더 편안하게 받아들일 수 있게 되리라고 믿어 의심치 않아요. 하지만 그렇게 하려면 우리는 앨리나의 기질과 맞서는 게 아니라 거기에 맞출 필요가 있어요."

"노력해볼게요." 애덤이 의욕적으로 말했다. "그래서 저희가 어떻게 하면 되죠?"

"오늘부터 앨리나가 새로운 상황에 대한 자신의 반응을 관찰하고 받아들일 수 있게 도와주세요. 반 친구의 생일 파티에 가보는 게 어떠냐고 제안했는데 아이가 긴장하는 것 같거든 이렇게 말해보세요. '파티에 가는 게 망설여지는 모양이네. 그게 네 1차 반응이구나.'" 편안하고 배려심 있는 말투의 본을 보이려고 노력하면서 나는 말을 이었다. "'조금 이따가 2차 반응도 있을지 한번 보자. 이 생일 파티 초대 건을 얼마 동안 생각해보면서 마음이 바뀌는지 어떤지 알아보기로 하자.' 물론 앨리나가 불편하다고 느끼는 상황을 피하도록 돕는 건 곤란하죠. 그러면 점점 새로운 일을 시도하기 어려워질 뿐이니까요. 하지만 가능한 한 아이가 자기 방식대로 새로운 일에 다가갈 수 있게 도와주시는 게 좋아요."

사실 나는 사람들이 스스로 원치 않는 1차 반응을 바꾸도록 도와주려고 애쓰느라 인정하기 싫을 만큼 많은 시간을 허비했다. 나중에 생각해보니 그런 노력은 완전한 시간 낭비였다. 변화를 불편해하는 사람들은 대개 반사적 회피 본능에 가까운 1차 반응을 보이는 경향이 있다. 그런 본능은 매우 신속하게 활성화되며, 중간에 멈추기 어렵다. 1차 반응은 원래 이런 것임을 이해하고 나면 두 가지 선택만 남는다. 첫째는 본능과 싸우는 것, 둘째는 회피반사가 일어나도록 놔두고 받아들인 다음 어떻게 되는지 보는 것이다.

이제 나는 사람의 본능적 첫 반응에 맞서는 것은 그저 쓸모없는 데에서 그치지 않는다고 생각한다. 그건 실제로 해로울 수도 있다. 이

여자〈아이〉의 심리학

는 내가 티아라는 10대 소녀를 도우려다가 배운 교훈이다. 티아는 어색하거나 힘든 상황으로 인해 가슴이 조여드는 일이 없어져야만 자신의 불안이 '낫는' 것이라고 믿었다. 익숙한, 그리고 아마도 타고났을 생리적 반응을 느낄 때마다 티아는 그것을 자신의 불안이 여전히 통제 불가능한 상태라는 신호로 받아들였다. 티아에게는 안된 일이지만 그녀의 가슴은 잠깐씩이기는 하나 하루에도 몇 번씩 조여들었다. 자신에게 불가능한 목표를 부여한 탓에 티아는 스스로 자신의 신경을 통제하는 데 실패했다고 생각하면서 무기력하고 절망적인 시간을 보내야 했다.

티아가 꾸준히 차분함을 유지하도록 도운 몇 주간의 노력이 아무 효과도 없었다는 것이 분명해지자 나는 방법을 바꿔보기로 했다. 어느 날 나는 이렇게 말했다. "네 가슴이 조여드는 느낌이 사라지지 않을지도 모른다고 그냥 받아들이면 어떨까? 그리고 그걸 지나치게 걱정하는 대신 그저 무슨 일이 생겼다고 알려주는 정상적 경계신호라고 생각하면?"

티아는 이 생각을 기꺼이 받아들이고 한 걸음 물러서서 가슴속 답답함이 실제로 자신에게 어떤 신호를 보내는지 생각해보기로 했다. 흥미롭게도 우리는 곧 티아의 가슴 통증이 학교 쪽지 시험 같은 외부적 위협에 반응해 일어나기도 하는 한편, 누군가에게 짜증이나 화가 날 때처럼 불편한 내부적 경험을 경고하는 역할도 한다는 사실을 알게 되었다.

우리가 티아의 1차 반응에 무덤덤하면서도 원인을 궁금해하는 태도를 취하기로 하자마자 연쇄적으로 발생하던 스트레스가 딱 멈췄다. 그 대신 티아의 신체적 불편함은 그저 자기 주변 또는 내면의 무언가가 자신의 경보 체계를 작동했음을 알리는 신호가 되었다. 다음 단계는 애초에 티아의 예민한 경보를 발령시킨 원인이 무엇인지 알아보는 것이었다. 무엇이 신경 쓰였는지 알아내고 나면 티아는 자신이 어떤 2차 반응을 보일지 차분히 생각할 수 있었다. 우리가 상담하는 기간 내내 티아의 가슴이 조여드는 증상은 결국 사라지지 않았다. 하지만 티아는 자신에게서 일어나는 반사적 1차 반응에 더는 겁을 먹지 않고 자신의 불안을 자극하는 다양한 원인에 훨씬 여유 있게 대처할 수 있게 되었다.

이런 관점을 토니와 애덤 부부에게 알려주고 싶었던 나는 이렇게 덧붙였다. "길게 보면 오히려 앨리나가 자신의 조심스러운 기질을 **소중히 여기도록** 도와주는 편이 바람직할 수 있어요. 따님도 자기 기질을 못마땅하게 생각할 이유가 없고, 부모님도 아이가 지나치게 불안해할까 봐 걱정하지 않아도 돼요." 미국 문화에서는 새로운 상황에 소매를 걷어붙이고 적극적으로 뛰어드는 사람이 칭송받지만, 어떤 식으로 나아갈지 정하기 전에 살펴보고 기다리는 사람에게도 장점은 많다.

"앨리나와 5학년에 올라가는 얘기를 하실 때는 남동생과 달리 앨리나가 새로운 상황에 바로 뛰어들지 않는다는 점을 지적하면서도 아이가 안심하도록 도와주실 수 있다고 생각해요. 앨리나는 직접 뛰어들기 전에 시간을 들여 저울질하기를 좋아하잖아요. 따님에게 그런 접근 방식이 전혀 잘못되지 않았고, 네 마음이 편해질 때까지 엄마 아빠가 곁에서 도와줄 수 있다고 알려주세요. 학년이 바뀌고 우드버리에 들어갈 때는 특히 더."

토니가 물었다. "망설여도 괜찮다고 말했다가 아이가 더 소심해질 가능성은 없을까요?"

"사실은 아마 그 반대일 거예요." 내가 설명했다. "부모님이 아이 등을 밀면 아이는 발에 힘을 주고 버티게 돼요. 하지만 앞으로 나아가기 전에 시간을 들여도 괜찮다는 말은 아이가 긴장을 푸는 데 도움이 되죠. 앨리나에게 본능적으로 경계하는 1차 반응이 가라앉고 나서 2차 반응이 찾아오기까지 그리 오래 걸리지 않을 거라고 설명해주는 것도 좋아요. 그 2차 반응은 궁금한 기분이나 참여해보고 싶은 기분, 재미있는 일을 놓치기 싫은 기분일 수도 있다고요."

"확실히 그게 맞는 방향일 것 같네요." 애덤이 동의했다. "하지만 앨리나에게 불안 문제가 있는 건 아닌지 확실히 알 방법이 있을까요? 저희는 궁극적으로 딸이 친구를 잔뜩 사귀었으면 좋겠거든요."

나는 이렇게 대답했다. "지금까지 앨리나에 관해 말씀하신 내용은 충분히 정상 범주에 들어가요. 요즘 사회적으로 불안에 관한 염려가 많아졌다는 건 저도 알지만, 굳이 딸이 씨가 되는 상황을 무릅쓸 필요는 없다고 생각해요. 우리가 앨리나를 어딘가 고장 난 아이처럼 대하면 앨리나는 **그 사실 자체**를 불안하게 여기기 시작할지도 몰라요. 따님은 아마 앞으로도 남동생 같은 파티광이 되지는 않겠지만, 낯선 상황을 더 편안하게 받아들이는 법은 틀림없이 배울 수 있어요."

나는 첫 번째 상담을 마무리하며 토니와 애덤을 안심시키려고 수십 년에 걸쳐 진행된 연구에서 시간이 흐르면 아이들의 성격이 실제로 더 유연해진다는 사실이 밝혀졌다고 설명했다.[4] 그 연구에서 심리학자들은 아동이 적응하고 발전하도록 돕기 위한 필수 요소를 알아냈다.[5] 바로 아이의 타고난 기질을 바꾸려 하지 않고 거기에 맞춰 도움을 주는 부모다.

숫자가 갈등을 부른다

애덤이 순전히 아이를 아끼는 좋은 의도에서 앨리나가 '친구를 잔뜩' 사귀면 좋겠다고 진심을 담은 소망을 표현했을 때 나는 하고 싶은 말을 꾹 참았다. 많은 부모가 딸에게 이런 사교성을 바란다는 점은 나도 잘 알지만, 내 경험상 그리고 연구에서 밝혀진 바에 따르면 여자아이는 한두 명의 확실한 친구가 있을 때 가장 행복하다.[6] 미더운 친구 두어 명과 이어가는 관계는 여자아이들의 사교 생활에서 예측 가능성을 높여 스트레스를 줄여준다. 진짜 단짝이 있거나 소규모 친구 집단에 속한 여학생은 주말에 누구를 만날지, 인생에서 고민이 생겼을 때 누구에게 도움을 청할지 고민할 필요가 없다.

수가 적더라도 만족스러운 친구 집단에 아이가 속해 있다면, 딸에게 마당발이 되라고 설득하느라 에너지를 낭비할 필요가 전혀 없

여자〈아이〉의 심리학

다. 오히려 부모 생각과는 좀 다르더라도 아이에게 아주 잘하고 있다고 말해주자. 소수로 뭉쳐 다니는 여자아이들은 가끔 자신이 촌스럽거나 소외당한다고 여겨질까 봐 걱정하기도 한다. 그래서 더 큰 집단에 속한 반 친구를 질투하고 자신도 '인기' 있었으면 좋겠다고 바라는 일도 있다. 실제로 인기는, 특히 여자아이들이 소속감을 중시하고 자신이 어디에 속할지 말지를 두고 조바심치는 중학교에서는 아주 중요한 것으로 여겨질 수 있다.

하지만 문제는 숫자가 갈등을 부른다는 데 있다.

사교상의 불협화음은 거의 항상 네다섯 명 이상으로 구성된 집단 내부에서 벌어진다. 이런 문제는 여자아이들이 앙칼지거나 심술궂거나 배타적이어서 벌어지는 것이 절대 아니다(가끔 실제로 그런 식으로 행동하기도 하지만). 그건 단순히 인간은 **어느 연령대에서든** 서로 공평하게 좋아하는 5명 이상의 집단을 꾸리는 것이 불가능하기 때문이다. 그런데도 10대는 채 익지도 않은 사회성으로 그런 집단을 만들려 한다.

대규모 친구 집단에 속한 여자아이는 온갖 종류의 예측 가능한 스트레스 요인에 맞닥뜨린다. 작은 집단은 대개 서로 신중히 고른 친구들로 구성되는 반면, 여자아이들이 여러 명 뭉칠 때는 다양한 형태의 타협이 이루어진다. 집단에 속한 아이 가운데 두세 명이 서로 더 친해서 자기들끼리 세운 계획에 나머지 아이들을 항상 부르고 싶지 않다고 생각할 수도 있다. 결국 다른 친구들을 다 부르기로 하면 이들은 거기에 불만을 느낀다. 반대로 다른 아이들을 부르지 않으면 몇

몇 친구를 빼놓은 것을 뒷감당해야 할 처지에 놓인다. 아니면 집단 내에 앙숙 관계인 두 아이가 있을 수도 있다. 이런 일은 매우 흔히 일어나고, 그 말은 곧 파벌에 속한 나머지 아이들이 어쩔 수 없이 중재자 또는 상담역을 맡거나 둘 중 한쪽 편을 들어야 한다는 압박을 받는다는 뜻이다.

이런 상황에서 약도 되고 독도 되는 요소 하나는 여러 연구에서 밝혀진 대로 여자아이들이 특히 남의 감정을 배려하는 경향이 강하다는 점이다. 연구 결과에 따르면 여자아이는 남자아이보다 공감력이 강하며, 이런 차이는 생물학적 요소가 아니라 부모가 딸과 아들을 교육하는 방식에 의해 생겨난다.[7] 아들과 비교해 딸은 꾸준히 "다른 사람이 어떻게 느낄지 생각해봐라"라는 말을 들으며 자라고, 그 결과 딸은 자기 친구가 대인 관계에서 어려움을 겪으면 자신도 일부나마 그 고통을 느끼게 된다.

그렇기에 상황이 아주 좋을 때조차 우리 딸들의 지극히 평범한 교우 관계에는 놀라울 만큼 큰 스트레스와 불안이 뒤따른다. 작은 집단에 있는 여자아이는 몇 안 되는 친구들과 자칫 사이가 틀어지면 친구 없는 처지가 될까 봐 걱정하기도 한다. 큰 집단에 속한 여자아이들은 파도처럼 계속 밀려드는 갈등에 애를 먹는 일도 많다. 심지어 아이 자신은 별다른 문제가 없는 하루를 보냈더라도 그렇지 못한 친구에게 공감하느라 균형을 잃을 수도 있다.

소속 집단의 규모와 관계없이 부모는 딸이 또래 관계에 으레 따르기 마련인 우여곡절을 잘 넘기도록 도울 수 있다. 인간관계의 마찰

여자(아이)의 심리학

에 잘 대처할 줄 알면 친구들과 즐겁게 보내는 시간이 늘어나고 최근 일어난 사교상의 소동에 신경 쓰는 시간은 줄어든다. 앞서 언급했듯, 아이들은 상황이 좋지 않을 때 부모의 반응을 보고 자신이 얼마나 걱정해야 할지 결정하므로 아이를 돕고 싶다면 여자아이들이 사이좋게 지내지 못할 때도 있다는 점을 우리가 먼저 자연스럽게 받아들일 필요가 있다. 친구 사이에 반목이 존재한다는 사실 자체에 부모가 당황하면 아이도 따라서 당황하게 된다. 부모는 대인 관계의 불화를 살면서 당연히 일어나는 일로 인정할 줄 알아야 아이가 갈등을 효과적으로 헤쳐나가는 법을 배우도록 도울 수 있다.

건전한 갈등 대처의 기본 원칙

여자아이들은 집단으로 갈등에 대처하는 능력이 약하다. 인간은 원래 집단으로 갈등에 대처하는 데 소질이 없기 때문이다. 부모가 자신도 모르는 것을 딸에게 가르칠 수는 없는 법이다. 예전에는 나도 "중1짜리 애들한테는 약도 없다"라고 단언했고, 가끔 여자아이들(그리고 어른들)이 불화에 효과적으로 대처하는 능력을 키우도록 돕는 노력이 쓸모없다고 느낀 적도 있지만, 최근에는 생각이 많이 바뀌었다.

갈등은 피할 수 없지만, 잘못된 대처는 그렇지 않다. 같은 공간에 의식 있는 사람을 두 명 이상 두면 언젠가는 마찰이 일어나리라는 점을 먼저 인정한다면 사람 사이의 불화를 좀 더 자세히 이해하는 데 에너지를 쏟을 수 있게 된다. 갈등에 대처하는 방법 중에는 바람직한 것과 그렇지 않은 것이 있다. 흔히 쓰이는 갈등 대처법 가운데 불건전한 유형은 세 가지, 건전한 유형은 딱 한 가지 있다는 점을 인지하면 이 복잡하고 애매한 주제가 훨씬 간단해진다.

세 가지 불건전한 갈등 대처법은 매우 알아보기 쉽다.[8] 첫째는 불도저 유형, 둘째는 발깔개 유형, 셋째는 가시 달린 발깔개 유형이다. 불도저는 사람들을 치어버림으로써 갈등에 맞서고, 반대로 발깔개는 사람들이 자신을 짓밟도록 내버려둔다. 가시 달린 발깔개는 죄책감을 무기로 사용하거나, 피해자인 척하거나, 일대일의 다툼에 제삼자를 끌어들이는 등의 수동-공격적 전술을 동원한다. 여자아이들은 종종 가시 달린 발깔개 기술을 다양하게 구사한다. 딸들은 자라면서 자신의 분노를 인정하고, 받아들이고, 직접적으로 표현하는 법을 배우지 못하는 경우가 적지 않기 때문이다. 이 점을 생각하면 여자아이들이 자신의 어두운 충동을 간접적으로 표현하는 것도 놀랄일은 아니다.

갈등에 건강하게 대처하는 방법을 나타내는 상징물은 기둥이다. 기둥은 남을 밟는 일 없이 홀로 우뚝 선 모습을 나타낸다. 하지만 갈등이 일어났을 때 기둥이 되기란 매우 어렵다. 특히 그런 1차 반응을 보일 수 있는 사람은 거의 없다. 다행히 우리가 불도저든 발깔개든 가시 달린 발깔개든 자신의 1차 반응을 인식하고 관찰하되 그에 따라 행동에 나서지 않는다면 대개는 찬찬히 생각해서 2차 반응으로 기둥이 될 방법을 찾아낼 수 있다.

어느 월요일 아침, 로럴 스쿨의 중2 여학생 리즈가 복도에서 나를 붙잡더니 시간을 좀 내줄 수 있는지 물었다. 때마침 내 시간이 빌 때와 리즈의 자습 시간이 겹쳐서 우리는 그날 이른 오후에 상담실에서 만나기로 약속을 잡았다.

"무슨 일이니?" 리즈가 맞은편 의자에 앉자마자 내가 물었다. 로럴에는 교복이 있지만, 학생들은 어떻게든 각자 자신의 개성을 드러내는 방식을 찾는다. 그날 리즈는 운동부 소속 학생들이 흔히 하는 대로 체육복 상의에 스포츠 양말을 신은 운동화 차림이었다.

리즈는 내담자의 손이 심심하지 않도록 내가 해리 포터 사무실에 놔두는 장난감 중 한 개를 집어 들더니 말했다. "제가 활동하는 배구 동아리 멤버인 여자애 한 명하고 찝찝한 일이 있었는데요, 선생님 조언을 좀 들을 수 있을까 해서요."

"물론이지." 내가 말했다.

"걔랑은 꽤 오래된 사이고, 우리는 친구예요. **단짝**은 아니지만 꽤 친해요. 걔는 로럴에 다니지는 않아도 우리 학교 애들을 많이 알고, 주말에는 둘 다 아는 친구들이랑 같이 놀기도 하죠."

리즈는 말을 이었다. "작년에는 걔 생일 파티에도 갔어요. 그런데 두어 주 전에 동아리에서 저한테 오더니 자기 엄마가 올해는 생일 파티를 하지 말자고 하셨다고 하더라고요. 집안에 다른 행사가 너무 많아서 안 되겠다고요. 저는 그런가 보다 하고 아무 생각도 안 했어요. 그런데 토요일 저녁에 걔가 생일 파티에서 찍은 게 틀림없는 사진을 SNS에 왕창 올린 거예요." 아까보다 훨씬 화가 난 말투로 리즈가 덧붙였다. "걔가 꼭 저를 초대할 의무는 없죠. 저도 알아요. 그런데 왜 굳이 저한테 파티를 열지 **않을** 거라고 말해야 했는지 이해가 안 돼요."

"그러게." 나는 맞장구를 쳤다. "네가 왜 속상한지 알겠어."

"그래서 어떡해야 할지 잘 모르겠어요. 오늘 저녁 연습 때 걔를 만날 텐데… 너무 마음이 불편해요."

나는 리즈의 불편한 마음에 공감하며 그런 일이 생겨서 정말 안 됐다고 말해주었다. 그런 다음 리즈가 까다로운 상황을 타개하도록 돕기 위해 사람들이 갈등에 대처할 때 주로 쓰는 나쁜 방법 세 가지와 좋은 방법 한 가지를 쭉 설명했다.

"당연히 우리는 기둥 대처법을 생각해내려고 애써야 하지만, 가끔은 다른 선택지를 네 안에 담아두지 말고 꺼내놓는 게 도움이 될 때도 있어." 밝은 말투로 내가 물었다. "네가 불도저가 돼서 걔를 밀어버린다고 치면 어떤 식으로 할래?"

"솔직히 그 생각도 했어요. 연습 때 걔한테 가서 대놓고 험한 말을 하고 싶은 마음도 좀 있거든요."

"그렇겠지. 너는 상처받고 화가 났으니까 당연히 되갚아주고 싶은 마음이 들 테지. 만약 네가 발깔개가 되기로 했다면 어떤 모습일 것 같니?"

장난스러운 분위기를 읽은 리즈는 이렇게 대답했다. "그냥 축 처져서 돌아다니다가 울면서 잠들거나 뭐 그럴 것 같네요."

"맞아. 그럼 가시 달린 발깔개 방식을 쓴다면 어떻게 할래?" 나

여자(아이)의 심리학

는 재미있어하며 물었다.

"방법이야 엄청 많죠." 이제 우리 게임을 완전히 즐기기 시작한 리즈가 말했다. "어디부터 시작해야 할지 모를 정도로요!"

"한번 얘기해봐."

"음, 우선 배구 동아리 친구들이나 학교 애들한테 걔 흉을 보는 방법이 있고요. 애들을 몇 명 초대해 즐겁게 노는 사진을 찍어 올린 다음 걔가 그 사진을 보도록 태그할 수도 있죠. 아니면 그 일에 관해 서브트윗을 해도 되고요."

"서브트윗이 뭔데?"

"트위터에서 직접적으로 이름을 거론하지 않으면서 누군가를 욕하는 거예요. 그래도 다들 그게 누구 얘긴지는 알고요. 이런 식으로 트윗하는 거죠. '솔직한 애라고 생각했던 친구가 사실은 그렇지 않다는 걸 알게 되면 정말 실망스럽지 않니?'"

"그거 아프겠다!" 나는 잠시 말을 멈췄다가 덧붙였다. "정말 SNS가 가시 달린 발깔개한테는 금광이나 마찬가지네."

리즈는 천천히 힘주어 "아, 그럼요"라고 말하며 완벽히 찬성한다는 듯 짧게 고개를 끄덕였다.

"수많은 다른 사람을 다툼에 끌어들이는 데 그것보다 간단한 방법이 또 없고, 누구를 간접적으로 공격하기에도 안성맞춤이겠구나."

"확실히 그래요." 이제 의자에서 몸을 앞으로 기울인 리즈가 동의했다.

"좋아. 우리의 못된 충동을 밖으로 꺼내놨으니 이제 기둥이 되는 법을 생각해볼까? 어떻게 하면 걔를 무시하지 않으면서 자신을 굳게 지킬 수 있을까?"

리즈가 입을 열었다. "글쎄요. 연습 때 걔한테 이런 식으로 말할 수 있을 것 같아요. '네가 파티 열었던 것 봤어.'" 리즈는 차분한 어조로 말을 이어나갔다. "'그건 괜찮아. 하지만 나한테 파티를 하지 않을 거라고 말할 필요는 없었잖아.'"

"그거 괜찮네! 말을 더 짧게 해보는 건 어떨까? 기둥이 되려고 할 때는 네 쪽에서 대화를 시작하되 끝내지 않으면 더 효과적일 수도 있거든."

"그러면 그냥 '네 파티 사진 봤는데, 기분이 좀 상하더라'라고만 해도 될 것 같아요."

"그래. 그 정도면 좋은 출발점이 될 것 같네. 뭔가 생각지 못한 일이 일어난 것일 수도 있으니까. 어쩌면 그 아이 엄마가 깜짝 파티를 열어주려고 계획했는데 누구누구를 초대해야 할지 모르셨다든가. 네 친구가 사과할 만한 행동을 했다면 네 기분을 알려주는 건 그 애가 네게 사과할 기회를 주는 것이기도 해."

"그렇겠네요." 리즈가 고개를 끄덕이며 말했다. "사실 제가 사정을 전부 아는 건 아니니까요."

"질문하는 것도 기둥이 되는 좋은 방법이야. 그러니 이렇게 물어볼 수도 있지. '결국은 파티를 했나 보더라. 내가 뭔가 네 기분을 상하게 했니?'"

"네, 그 정도는 할 수 있을 것 같아요. 괜찮네요."

　　　　　　　　　　　　　　여자(아이)의 심리학

이제 마무리할 시간이었다. 리즈가 자리를 뜨기 전에 나는 지금부터 당장 속상하거나 화가 나는 일이 있을 때마다 쉽고 빠르게 기둥 대처법을 생각해낼 수 있으리라 생각지는 말라고 조언했다. 더불어 나조차도 여전히 발끈하면 가시 달린 발깔개가 되려는 충동부터 든다는 얘기를 솔직히 털어놓았다. 그러면 나는 이 유쾌하지 않은 진실을 혼자 간직하며 때로는 화가 났을 때 하고 **싶은** 수동-공격적 행동을 마음껏 상상하기도 한다. 하지만 행동에 나설 때는 기둥이 되려고 최대한 노력한다.

여자아이들의 친구 관계에는 불가피한 스트레스가 따른다는 점을 생각하면 우리는 딸이 느끼는 사교상의 긴장을 덜어주는 역할을 해야 한다. 부모가 먼저 인간관계에는 불화가 따른다는 점을 받아들이면 아이도 또래 친구들 사이의 갈등은 필연적이라는 사실을 수용하도록 도울 수 있다. 나아가 내 딸이든(남의 딸이든) 아이 또한 인간인 만큼 가끔 불도저나 발깔개, 가시 달린 발깔개처럼 행동하고 싶은 충동을 느낀다는 점을 인식할 필요가 있다. 그래야 실제로 아이들 사이에 갈등이 생겼을 때 다양한 대처법에 관해 딸과 허심탄회한 대화를 나눌 수 있다.

아이가 온라인에서 종종 벌어지는 친구 사이의 불화를 부모와 기꺼이 공유한다면 온라인에서는 기둥이 되는 것이 거의 불가능하다는 사실을 알려주는 편이 좋다. 기둥 대화법은 어조에 크게 의존하기 때문이다. 사실 "왜 내가 네 파티에 초대받지 못했는지 얘기 좀 할 수 있을까?"라는 똑같은 말이 전달하는 어조에 따라 공격적으로도(불도저), 한심하게도(발깔개), 비꼬는 투로도(가시 달린 발깔개), 당당하게도(기둥) 들릴 수 있다. 온갖 이모티콘을 다 동원해도 인간의 목소리에 담긴 미묘함을 다 전할 수는 없는 법이다. 기둥으로 행동해야 할 때라면 반드시 얼굴을 마주 보고 대화를 나눠야 한다는 점을 딸이 이해할 수 있도록 도와주자.

아이가 또래 간 갈등에 대처하도록 도와줄 때는 처음부터 제대로 잘하는 사람도, 항상 잘하는 사람도 없다는 점을 알려주면 도움이 된다. 하지만 아이들은 연습을 통해 자기 마음이 편해지는 방식으로 사람 사이의 불화에 대처하는 법과 사교상의 갈등을 불러일으키기보다 잠재우는 전략을 활용하는 법을 배울 수 있다.

원하는 싸움을 고를 자유

일주일 뒤 리즈가 다시 상담실로 찾아왔다. 리즈가 갈등에 건강하게 대처하는 법에 관한 내 조언을 워낙 거리낌 없이 선뜻 받아들였기에 이렇게 빨리 다시 찾아온 리즈를 보고 나는 깜짝 놀랐다.

"그래서… 어떻게 됐니?"

"솔직히 말해서요." 리즈가 말했다. "잘 안 됐어요. 연습 때 걔를 봤는데, 뭔가 잘못됐다는 걸 금방 알겠더라고요. 준비운동을 하는 내내 저를 피하더니 훈련 도중에도 저랑 눈을 마주치지 않으려고 했어요."

"그 애가 왜 그랬다고 생각해?"

"제 생각엔 저를 빼고 파티를 열어서 죄책감을 느끼기는 하지만 그렇다고 사과할 생각도 없어서 그러는 것 같았어요."

"그래서 걔한테 뭐라고 한마디 했니?"

"아뇨, 그냥 그러고 싶지 않았어요. 그런데 지금은 제가 그 일 전체에서 발깔개가 된 느낌이 들고, 이것도 좀 뭔가 아닌 것 같아요."

나는 리즈가 하는 말의 요점을 알아들었고, 지난번 대화로 미루어볼 때 어쩌다 리즈가 그런 기분이 됐는지도 이해할 수 있었다. 하지만 여전히 방법은 있었다.

"있잖니." 내가 말을 꺼냈다. "실은 이 문제를 다루는 데 선택지가 하나 더 있어." 리즈는 궁금한 동시에 회의적인 표정을 지었다. "감정적 합기도를 시도해보는 거야."

리즈의 표정이 완전히 회의적인 쪽으로 변했다.

"어른들은 대개 여자애들에게 자신을 지킬 줄 알아야 한다고 가르치지. 그렇게 할 줄 아는 것도 물론 중요해. 그리고 지난주에 우리가 대화를 나누고 나서 네가 그 친구에게 반응하지 **않으면** 발깔개가 되고 만다고 생각했다는 것도 알겠어." 리즈는 눈썹을 추켜세우더니 고개를 끄덕였다. "하지만 전략적 회피라는 방법도 있어."

리즈는 아무 말 없이 기대에 찬 표정으로 나를 바라보았다. 나는 이를 계속하라는 허락의 뜻으로 받아들였다.

"그러니까 이런 거야. 복싱이나 레슬링 같은 격투기에서는 다른 사람을 주먹으로 치거나 힘으로 제압하는 방식으로 싸우지. 그런데 합기도 같은 무술에서는 누가 너한테 덤벼들 때 가장 먼저 할 일이 그 사람의 경로에서 몸을 피하는 거야. 그렇게 하면 너는 해를 입지 않고, 상대방이 균형을 잃게 할 수 있어."⁹

리즈는 고맙게도 계속 귀를 기울이고는 있었지만 내 비유가 말도 안 된다고 여기는 표정을 감추지 못했다.

"조금만 더 참고 들어봐." 내가 말했다. "이상한 소리로 들린다는 건 나도 알지만 이런 식으로 생각해봤으면 좋겠어. 바보 같은 다툼에 **네 시간을 들일 가치가 없다**는 결정을 내리면 실제로 네가 유리한 위치에 서게 된다는 거야."

회의적이던 리즈의 얼굴이 아주 밝아졌다.

그때부터 우리는 파티에 초대받지 못한 일에 얼마나 신경을 쓸지, 그리고 애초부터 그렇게 친한 사이도 아니던 동아리 친구와의 관계를 회복 또는 발전시키기 위해 에너지를 얼마나 소비하고 싶은지 정하는 것은 오로지 리즈 본인뿐이라는 사실에 관해 이야기를 나누었다. 나는 리즈에게 그녀가 그 문제에 열린 태도를 취하지 않기로 결정하더라도 전폭적으로 지지하겠다는 뜻을 표했다.

리즈는 동아리 친구에게 맞설 필요가 없다는 생각에 안도하는 것 같았다. 계속해서 우리는 연습에서 리즈가 조심스럽되 예의 바른 태도를 유지하는 한편, 가시 달린 발깔개가 되어 다른 친구들에게 그 아이를 비난하고 싶은 유혹에 저항해야 한다는 데 뜻을 모았다. 나는 리즈에게 그 아이와 계속 문제가 생기면 다시 나를 찾아오라고 말했다. 그때도 리즈는 어떻게 대처하고 싶은지 얼마든지 결정할 수 있고, 그동안에는 소득 없는 기 싸움을 피하기로 선택하면 기력을 아낄 수 있을 터였다. 이 계획에 동의하면서도 리즈는 미심쩍어하는 눈치였다.

"이 계획이 정말로 걔가 저를 짓밟게 내버려두는 게 아니라고 확신하세요?"

"파티에 초대받지 못했다고 구석에서 훌쩍훌쩍 울거나 다음 파티에 초대받겠다고 걔한테 잘 보이려고 하면 그게 바로 너를 짓밟도록 놔두는 거지."

리즈는 동의했다.

"여기선 말이야." 내가 덧붙였다. "너는 이 상황에 네 관심을 얼마나 쏟아야 할지 신중하게 선택하는 것뿐이란다. 걔가 한 행동을 무시하거나 잊어버리자는 게 아니고. 잊지 않고 담아둘 테지만, 지금으로서는 걔가 더는 네 시간을 차지하지 못하게 하는 거지. 걔가 너한테 문젯거리를 던졌다고 해서 네가 꼭 그걸 붙잡을 필요는 없어."10

예전에 나는 여자아이와 상담할 때, 누군가에게 무시당하거든 자신을 지키기 위해 굳세게 버티고 조금이라도 부당하다고 느끼면 맞서 싸우라고 무조건 격려하는 경향이 있었다. 이는 내 딸들을 포함한 모든 여자아이가 남의 헛소리를 용납하지 않는 당당한 젊은 여성으로 자라도록 돕겠다는 내 의식적 다짐과 일치하는 방식이었다. 하지만 나중에야 우리가 아이들에게 하는 조언은 책임감 있는 성인 여성이 대인 관계 문제에 대처할 때 쓰는 방법과 차이가 있다는 점을 깨달았다. 우리는 전장을 골라 싸운다. 언제 누구와 싸울지, 싸움에 나설 가치가 있을지 따진다. 그리고 사소하거나 의미 없는 분쟁은 종종 고개를 끄덕이고 거짓 미소를 지으며 처리해버린다. 우리 시간은 그보다 나은 일에 쓰여야 하기 때문이다.

사실 정면 대결은 잘 풀리더라도 심리적 소모가 크다. 일부 사회적 갈등은 관심이라는 산소가 부족해지면 저절로 사라지기도 한다. 물론 우리 딸들이 누군가와 반드시 맞서야 할 때도 있다. 그 순간이야말로 우리 딸들이 남의 권리를 존중하는 동시에 자기 권리를 효과적으로 주장하는 기둥이 되어 갈등을 성공적으로 해결할 가능성을 극대화할 수 있도록 우리가 도움을 주어야 할 때다. 하지만 공공연히 맞설지 말지는 자신의 선택에 달렸다는 점도 아이에게 알려줄 필요가 있다. 실제로 아이에게 부당함과 모욕에는 **반드시** 맞서야 한다고 가르치면 뜻지 않게 딸의 스트레스를 가중하는 결과로 이어질 수 있다. 입을 다물고 때를 기다리는 것은 항복과는 다르다. 어른이라면 때로는 신중함이야말로 더 나은 형태의 용기라는 것을 알기에 우리 딸들에게도 이를 알려주어야 한다.

24시간 계속되는 또래 스트레스

디지털 기술 덕분에 이제 우리 딸들은 다양한 환경에서 사회생활을 하며, 앞서 언급했듯 실생활과 사이버공간 양쪽에서 갈등을 겪는다. 그런데 간혹 온라인에서 별문제가 없을 때조차 여자아이들은 소셜 미디어 활동에서 감정적 소모를 겪을 수도 있다.

디지털 시대라는 성장 환경은 분명히 오늘날 청소년에게서 관찰되는 스트레스와 불안 수준 급상승의 주요 원인 중 하나로 꼽힌다. 현재까지 수집된 증거를 보건대 스마트폰 탓에 우리 아이들이 심리적 문제가 있는 동영상 중독자로 변한다는 주장은 과장된 면이 있어 사실이 아니지만, 곳곳에 스며든 디지털 기술이 우리 삶의 방식을 바꾸어놓았다는 데는 의심할 여지가 없다.[11] 이러한 변화가 다 긍정적이지는 않으며, 어른들은 여전히 인터넷 세상에서 아이를 키운다는 것의 의미를 파악하느라 애를 먹고 있다.

부모인 우리가 디지털 환경이 아이의 대인 관계에 미치는 영향을 더 잘 이해할수록 온라인 세상에서 아이가 겪는 긴장감을 완화하도록 도울 채비를 더 단단히 갖출 수 있다.

전문가들은 청소년이 새로운 기술 자체에 푹 빠지는 것이 아니라 어쩌다 보니 사용하게 된 기술의 반대편 끝에 있는 또래 아이들에게 푹 빠지는 것이라고 지적한다.[12] 원래부터 10대는 친구에게 집착하는 시기다. 20, 30년 전 우리도 요즘 아이들과 똑같이 친구와 조금이라도 더 자주 연락하지 못해서 안달이었다.

이 말을 듣고 이렇게 생각할지도 모르겠다. '좋아, 알겠어. 하지만 요즘 10대만큼은 아니지. 걔들은 거의 휴대전화를 몸에 이식한 수준이고, 영양가라고는 요만큼도 없는 친구 말 한마디라도 놓칠세라 기겁을 하잖아? 우리는 그 정도로 친구한테 중독되지는 않았어.'

하지만 솔직히 우리도 그랬다. 또래에게 집착하던 자신의 과거에 접속하려면 먼저 우리 시대에 동원했던 연락 수단을 기억해낼 필요가 있다. 나로 말하자면 유선 전화기를 몇 시간이나 귀에 대고 있느라 귀가 뜨겁고 축축하고 약간 아프기까지 했던 기억이 절로 떠오른다. 심지어 거의 저녁마다 어느 시점이 되면 귀가 너무 불편해져서 결국 수화기 너머 친구의 말을 끊고 "잠깐, 조금만 기다려. 수화기 좀 반대쪽으로 옮길게"라고 말하던 기억도 난다. 그러면 친구 역시 "어, 나도"라고 대답했다.

그리고 통화 중 대기 기능이 처음 나왔을 때를 기억하는지? 그게 상황을 **완전히** 바꿔놓았다. 그 기능이 생기기 전에는 저녁마다 한창 통화하다 보면 엄마가 끼어들어 이렇게 말씀하셨다. "이제 전화 끊어. 누가 우리 집에 연락할 수도 있잖니." 나는 조금 버티다 결국 전화를 끊었고, 이제 친구들과 완전히 연락이 끊어져 시무룩해진 채로 숙제를 하러 방에 들어갔다. 그러다 통화 중 대기 기능이 등장하자 나는 가족 전화교환원을 자청해 부모님이 전화를 걸거나 받아야 하는 상황이 오면(오직 그럴 때만) 전화를 넘기겠다고 약속하고 저녁 내내 전화기를 독차지했다.

정말로 우리는 요즘 아이들과 전혀 다르지 않았다. 그저 그때는 기술이 빈약했을 뿐이다.

항상 서로 연결되어 있으려는 청소년의 강렬한 욕구가 전혀 새롭지도 이상하지도 않다는 사실을 인정하고 나면 조금 다른 문제를 인식할 수 있게 된다. 자기 또래와 연결된 상태는 상당한 스트레스를 유발하기도 한다는 것이다. 나 역시 친구들과 통화하기를 좋아한 만

여자 '아이'의 심리학

큼 그에 따른 갈등이 적지 않았다.

유선전화라는 한정된 기술만으로도 우리는 용케 자신이 출연하는 청소년 드라마 최신화의 대본을 쓰는 동시에 시청까지 하는 묘기를 부렸다. 한데 모여서 다른 친구의 대화에 귀 기울이고, 첫 번째(두 번째나 세 번째일 수도 있고) 통화한 친구에게 다시 전화하려고 전화를 끊자마자 다른 친구에게 걸려온 전화를 받으며 정신없이 연결을 유지하고, 통화 중 대기를 써서 회선을 바꿔가며 한꺼번에 두 명과 대화하기도 했다. 밤이 되어 마침내 엄마가 전화기를 빼앗았을 때(당연하지만 통화 중 대기가 생긴 뒤에도) 겉으로는 툴툴거리던 내 마음 한구석에는 틀림없이 약간의 안도감이 숨어 있었다.

여자아이들의 친구 관계는 예나 지금이나 끈끈하다. 통신수단이 예전보다 훨씬 발달한 만큼 이러한 관계가 그 어느 때보다 복잡하고 소모적으로, 눈에 띄게 스트레스를 유발하는 방향으로 기울었을 뿐이다. 옛날에 우리는 단순히 선택의 여지가 없었기에 친구들과의 상호작용을 잠시 멈추고 꼭 필요한 휴식을 취할 수 있었다. 하지만 우리 딸들은 사교 활동의 일시 정지 버튼을 눌러 의식적 구획화를 실천해서 꼭 필요한 휴식을 취하려면 우리 도움이 필요하다.

필요한 도움을 주는 것은 상당히 간단하지만, 딸이 얼마나 기꺼이 도움을 받아들이는지를 기준으로 이 방식의 성공 여부를 판단해서는 안 된다. 청소년의 디지털 기기 사용을 제한하는 것은 자녀에게 환영받기 어려운 선택이지만, 아이가 좋아하지 않는 결정을 내리는 것 또한 부모가 해야 할 중요한 역할에 포함된다.

어떤 규칙을 만들든 그 규칙을 가족 전체가 지키도록 하면 반감을 줄일 수 있다. 10대 자녀 못지않게 기기 사용에 푹 빠진 부모가 많으므로(나를 포함해서) 기기 사용 제한을 거는 것은 부모 본인에게도 도움이 된다. 기기 사용에 반대한다기보다 다른 활동을 권장하는 것이라고 명확히 밝히면 디지털 미디어에 쓰이는 시간에 선을 긋기가 더 쉬워질 수도 있다. 부모가 아이의 삶에서 기기 사용에 침식되지 않도록 보호하고 싶어 할 만한 활동에는 가족과 얼굴 마주 보며 대화하기, 일정 시간 숙제에 집중하기, 신체 활동하기, 취미 만들기, 야외에서 놀기, 빠르게 잠들기, 밤새 깨지 않고 푹 자기 등이 있다. 말할 필요도 없이 디지털 기반의 사회적 상호작용은 이런 활동을 할 시간을 빼앗는다.

어떤 규칙을 만들어서 지킬지 결정하는 과정에 아이가 직접 참여하게 하자. 저녁 식탁에는 전화기를 가져오지 않는다거나, 매일 밤 지정한 시간이 되면 디지털 기기를 끈다거나, 소셜 미디어를 잠시 중단하고 의미 있는 활동을 하는 등의 규칙은 비교적 간단하다. 하지만 규칙을 만들고 지키기 까다로울 때도 있다. 10대들은 종종 각자 집에서 디지털 기기를 이용해 함께 숙제를 하기도 한다. 이런 상황에서는 숙제를 하면서 친구들과 연결되어 있는 것이 숙제를 하는 데 도움이 되어 스트레스가 줄어드는지, 아니면 오히려 늘어나는지 스스로 구분하는 방법에 관해 아이와 이야기를 나눌 필요가 있다.

영리한 해결책을 생각해내는 10대의 창의력을 과소평가하지 말자. '방해 금지 모드'를 설정해 끊임없이 땡땡거리는 문자 알림을 끄

여자(아이)의 심리학

고, 사이트 차단 소프트웨어를 활용해 자신이 가장 좋아하는 소셜 미디어 사이트의 유혹을 막으면 숙제하는 시간이 훨씬 짧아진다는 사실을 스스로 알아내는 여학생도 많다. 여학교에서 일하는 동료 한 명은 몇몇 고3 여학생이 기말고사 기간에 소셜 미디어를 끊기 위해 아주 기발한 방법을 쓴다는 얘기를 들려주었다. 이 아이들은 서로 비밀번호를 알려주고 친구가 암호를 바꾸게 한 다음 시험이 끝나면 원래대로 돌려놓는 방법을 썼다.[13]

하지만 소셜 미디어가 기쁨보다는 스트레스를 주거나 좋지 못한 선택의 원인이 될 때 아이가 알아서 자제할 거라고 손 놓고 있어서는 곤란하다. 나는 특히 자기 아이가 소셜 미디어 때문에 감정 소모가 심할 때 이를 바로 눈치채고 일시적으로라도 디지털 기기 사용을 제한하거나 며칠간 스마트폰의 인터넷 연결을 차단하는 부모들에게 찬사를 보내고 싶다. 내가 아는 부모 중에 이 일을 해낸 이들은 모두 같은 이야기를 했다. 처음에는 소셜 미디어 사용을 줄일 생각이 전혀 없는 아이의 격렬한 저항에 부딪혔다. 그러다 조금 지나면 아이는 오랜만에 훨씬 느긋해 보이고 예전처럼 행복한 모습으로 돌아왔다고 한다.

디지털 기기 사용은 우리 딸들이 깨어 있는 시간을 앗아갈 뿐 아니라 잠자는 시간까지 훼방한다. 아이가 필요한 만큼 수면 시간을 넉넉히 확보해주려면 밤늦게 소셜 미디어를 사용하는 습관을 재조정할 필요가 있다.

수면 대 소셜 미디어

우리 딸들은 대체로 잠을 충분히 자지 못하며, 이는 여자아이들의 높은 불안 수준을 설명하는 가장 단순하면서도 강력한 원인이다. 잠은 인간의 공통된 특징이지만, 청소년기 여자아이는 남자아이보다 적게 자는 경향이 있다.[14] 사춘기가 시작되면서 10대 아이들은 수면 위상 지연sleep phase delay[15] 으로 불리는 자연현상을 겪으며 밤에 늦게까지 깨어 있어 아침에는 늦잠을 자기가 더 쉽다. 7세 동생은 등교하기 몇 시간 전에 일어나는 반면, 13세 된 딸은 제때 일어나지 못해 통학 버스를 놓치는 이유도 이러한 생리적 변화 때문이다. 여자아이는 평균 12세(남자아이는 14세)에 사춘기에 들어선다.[16] 유감스럽게도 이 말은 갓 중학교에 들어간 우리 딸들이 10시나 11시에 잠들지 못할 때가 많다는 뜻이다. 이른 수업 시간을 고려할 때 10대에 실제로 필요한 9시간(잘못 읽은 게 아니라 **9시간** 맞다)의 수면을 확보하는 여학생은 거의 없다고 봐야 한다.[17]

수면 부족과 불안의 상관관계를 이해하는 데는 복잡한 과학적 근거가 필요 없다. 사람은 잠을 푹 자면 웬만한 일은 다 잘 받아넘길 수 있지만, 잠이 모자라면 기진맥진하고 불안정해진다.[18] 충분한 휴식을 취한 고2 학생에게는 그저 조금 귀찮을 만한 일, 이를테면 지금 필요한 교과서를 학교에 두고 왔다든가 하는 사건이 지칠 대로 지친 10대에게는 심각한 공황 발작의 원인이 될 수도 있다.

여자아이들은 흔히 카페인과 의지력으로 잠을 줄일 수 있다고 생각한다. 하지만 청소년을 자주 대하는 임상 심리학자는 상담실에 불안을 호소하는 여자아이가 찾아오면 먼저 매일 밤 잠은 얼마나 자고 있는지부터 묻는다. 규칙적으로 7~8시간 미만으로 잠을 잔다는 대답이 나오면 수면 부족부터 해결하기 전에는 불안을 치료하기는커녕 평가조차 할 수 없다. 이는 실내에서 두꺼운 파카 세 벌을 껴입고 덥다고 불평하는 상황과 다를 바 없다. 이럴 때 차가운 물 한 잔을 가져다주어 문제를 해결하려는 것은 무의미한 시도다. 피로에 찌든 아이가 쉽게 불안을 느낀다고 한다면 호흡법은 해결책이 아니다.

여자아이가 밤에 푹 자지 못하는 원인은 여러 가지다. 우리 딸들은 대부분 방과 후에도 바쁘고, 밤이 이슥해질 때까지 숙제할 짬을 내지 못하기도 한다. 마침내 잠자리에 들지만 잠들지 못하는 경우도 허다하다. 이럴 때 범인은 주로 소셜 미디어다.

온라인 사교 활동은 여러 측면에서 아이의 수면을 방해한다. 다들 알다시피 투과형 액정에서 나오는 빛은 하루가 끝나갈 무렵 자연적으로 생산되는 수면 호르몬인 멜라토닌을 억제한다.[19] 이런 이유로 누구든 잠깐이라도 디지털 기기를 이용한 다음 즉시 잠들기는 지극히 어렵다. 멜라토닌 억제의 악영향을 줄이기 위해 디지털 기기 화면에서 나오는 빛을 조절하는 앱의 도움을 받는 아이도 많다. 하지만 빛은 문제의 일부일 뿐이다.

나는 여자아이들에게 소셜 미디어에서 본 **내용** 때문에 밤에 잠이 오지 않는다는 얘기를 자주 듣는다. 잠시 온라인 사교 활동을 멈추고 부지런히 숙제를 끝내는 데 성공한 여학생이 있다고 치자. 그 아이가 이제 느긋하게 온라인 친구들의 근황을 확인하면서 하루를 마무리하려는 장면은 쉽게 상상이 가능하다. 한밤중에 상사에게서 온 걱정스러운 이메일을 발견한 어른이 천장을 바라보며 잠 못 이루는 것처럼, 잠깐 소셜 미디어를 확인하다가 하필 반에서 자기가 못 견디게 싫어하는 여학생이 하필 자기가 짝사랑하는 남학생과 사귄다는 소식을 알게 된 여자아이는 몇 시간이고 잠을 설친다.

사람은 누구나, 그리고 수면 위상 지연의 영향을 받는 청소년은 특히 빨리 잠들고 푹 자는 신체 기능을 지킬 필요가 있다. 그러려면 잠드는 것을 우리가 뜻대로 조절할 수 있는 스위치가 아니라 서서히 잠이 오게 하는 경사로의 끝에 마침내 도달하는 것으로 바라볼 필요가 있다. 잠이 들려면 인간은 신체적·정신적으로 긴장을 풀 시간이 꼭 필요하다. 그러기 위해서 우리 딸들은 잠자리에 들기 전 최소 30분 동안 책을 읽거나 좋아하는 텔레비전 프로그램을 보는 등 소셜 미디어와 관계없이 긴장을 풀 만한 방법을 마련해야 한다. 덧붙여 청소년의 침실에, 특히 밤 동안 디지털 기기를 둬서 좋을 일은 거의 없다. 연구에 따르면 10대 청소년은 잠이 들었다가도 밤새 친구들에게 오는 문자메시지 소리에 깨는 일이 드물지 않다고 한다.[20]

잠자리에 들기 전 일정 시간 아이를 소셜 미디어에서 떨어뜨려 놓으면 두 가지 효과를 동시에 거둘 수 있다. 첫째, 또래와의 끊임없는 교류를 잠시 멈추게 함으로써 스트레스를 낮추고, 둘째, 불안에 완충 효과가 있는 만큼 필수적인 수면을 더욱 편안하게 취하도록 도울 수 있다. 실제로 청소년을 추적 관찰한 최근 연구에서 야간 휴대 전화 이용은 수면 기능을 저하하고, 그로 인해 자존감과 일상적 문제에 대한 대처 능력이 동시에 떨어진다는 사실이 밝혀졌다.[21] 요약하자면 수면 부족은 정서적 취약성을 낳고, 우리 딸들이 온종일 긴장을 느낄 확률을 높인다는 말이다.

타인과의 비교에 따르는 큰 대가

10대 청소년은 누구나 자신을 남과 비교한다. 우리도 어릴 때 그랬고, 지금은 우리 아이들이 똑같이 행동한다. 하지만 언제 어디서나 소셜 미디어 접속이 가능해지면서 10대 아이들은 이제 자기 또래의 철저하게 다듬어진 이미지와 자신을 비교하고, 밤낮으로 이를 되풀이하게 되었다. 이런 비교가 우리 딸들에게 좋은 쪽으로 작용할 가능성은 거의 없다. 왜냐하면 아이는 자기가 아는 자신, 있는 그대로의 복잡하고 불완전한 자신을 또래가 공들여 꾸미고 다듬어 내놓은 2차원 온라인 이미지와 견주기 때문이다. 이는 오랫동안 사람이 살던 집을 가구 전시장과 비교하는 것이나 마찬가지다. 겉모습만 두고 따진다면 가구 전시장이 매번 이길 게 뻔하다. 그리고 소셜 미디어는 애초부터 겉모습만 중시하도록 만들어져 있다.

이런 사실을 잊은 아이들은(그리고 때로는 어른도) 다른 사람들이 올린 포스트를 샅샅이 살피면서 스스로 부족하다고 느끼는 데 많은 시간을 소비한다. 어쩌면 당연하지만, 소셜 미디어에서 더 행복하고 더 예쁘고 더 인기 있어 보이는 또래의 이미지를 보는 것은 여자아이의 자존감에 악영향을 미친다는 연구 결과가 나왔다.[22] 여자아이들은 타인과의 온라인 비교에 남자아이보다 더 심하게 영향을 받는다는 사실도 밝혀졌다.[23] 이는 아마도 우리 문화가 여성에게 외모에 우선순위를 두라고 가르치기 때문이 아닐까. 우리가 남과 비교해 자신을 평가하려는 아이의 정상적 욕구를 계속 막을 수는 없지만, 아이가 스트레스를 줄이는 방식으로 온라인 세상을 바라보는 관점을 확립하도록 도울 수는 있다.

최근에 나는 커피를 사러 갔다가 소셜 미디어에서 펼쳐지는 청소년의 사회적 비교가 얼마나 복잡해질 수 있는지 새삼 깨닫는 경험을 했다. 어느 날 동네 카페의 긴 줄 끄트머리에 서 있는데, 친구 쇼나가 줄 앞쪽의 자기 자리에서 빠져나와 내 뒤에 와서 섰다. 다정하게 인사를 나누자마자 쇼나가 말했다. "널 만나다니 참 별일이네. 어젯밤에 너한테 뭘 좀 물어볼까 하고 거의 전화를 집어 들 참이었는데, 전화까지 할 만큼 큰일은 아닌 것 같아 그만뒀거든. 지금 잠깐 괜찮아?"

"물론이지." 나는 대답했다. 진심으로 하는 말이었다. 나는 보통 친구들과 있을 때는 직업 관련 이야기는 잘 하지 않지만, 친구들이 내 의견을 물으면 기꺼이 도우려 한다.

"대니얼 말인데…." 쇼나는 목소리를 낮춰 나도 잘 아는 그녀의 13세 된 딸 이름을 꺼냈다. "어제 난리도 아니었어." 쇼나는 생각을 정

여자〈아이〉의 심리학

리하느라 잠깐 멈췄다가 말을 이었다. "걔가 학교에 같이 다니는 친한 친구들이 있는데 더 인기 있는 애들 틈에 끼고 싶어 하거든. 그런데 어젯밤 대니얼 방에서 우는 소리가 들리는 거야. 처음에는 무슨 일인 지 말을 안 하려고 하더라고. 그러고는 조금 이따 말을 쏟아내더라. 대니얼이 나한테 자기가 포스팅한 사진을 보여줬어. 자기 방에서 찍은 셀카였지. 솔직히 아주 귀엽게 찍었더라고. 근데 인기 있는 그룹의 어떤 여자애가 그 포스트를 캡처해서 단체 메시지로 반 애들 몇 명한테 돌린 거야. 그리고 메시지로 대니얼이 '너무 가식적'이라고 했대. 대니얼 친구 중 한 명이 그 메시지를 대니얼한테 전달했고. 그 애야 순수하게 좋은 뜻에서 그랬겠지만, 우리 애는 엄청나게 충격받았지."

쇼나는 좀 더 자세히 설명했다. "대니얼은 어떻게 된 일인지 나를 이해시키려 애쓰면서 자신의 셀카가 그 인기 그룹 여자애가 올린 셀카 몇 장보다 '좋아요'를 더 많이 받았다는 걸 보여줬어. 상황이 어떻게 돌아가는 건지 이해가 잘 안 되니 도대체 뭐라고 말해야 할지 모르겠더라." 나는 공감을 표하려고 고개를 끄덕이며 전에도 비슷한 얘기를 여러 번 들었다고 말했다.

"어젯밤에는 말이야." 쇼나가 덧붙였다. "대니얼이 너무 속상해서 학교에 못 가겠다고 하더라고. 다행히 오늘 아침에는 좀 기분이 나아져서 크게 투덜거리지 않고 학교에 갔어. 꼭 안아주고 타일러서 보내긴 했지만 뭘 더 해주면 좋을지 잘 모르겠어."

"그런 일이 있었다니 유감이네." 나는 말했다. "단기적으로는 그

인기 있는 여자애가 아주 치사한 행동을 했고, 인기 순위는 더 낮더라도 진정한 친구들과 지내는 편이 대니얼에게 더 좋을 거라는 점을 네가 말해주면 어떨까 해."

"이미 그렇게 했고, 약간은 도움이 된 것 같았어."

"장기적으로는 소셜 미디어에 '진정성' 같은 건 존재하지 않는다는 사실을 주제로 네가 대니얼과 깊은 대화를 나눌 필요가 있지 않나 싶어."

우리는 클리블랜드에서는 보기 드문 온화하고 맑은 2월 날씨를 즐기려고 밖으로 나왔다. 주차장에 세워둔 내 차에 기대 커피를 홀짝이며 나는 말을 계속했다. "여자애들은 온라인에 뭘 올리고 사람들이 그걸 어떻게 받아들일지를 엄청나게 신경 쓰거든. 사람들이 자길 어떻게 볼지 걱정하는 게 원래 10대가 하는 일이고, 걔들이 몇 발짝 떨어져서 큰 그림을 보도록 돕는 게 우리가 할 일이지."

"그렇네." 쇼나가 말했다. "하지만 나는 차라리 소셜 미디어를 없애버리면 속이 시원하겠어. 대니얼이 거기다 에너지를 낭비하는 게 싫어."

"이해해. 하지만 어차피 딸하고 나눠야 할 대화의 계기를 소셜 미디어가 마련해줬다고 생각하면 어떨까?"

쇼나는 계속하라는 듯 고개를 끄덕였다.

"우리는 여자애들이 서로 소셜 미디어 속 모습이 '참'인지 '거짓'인지 평가하는 데서 벗어나 사람들은 누구나, 10대든 어른이든 다 자신을 특정한 모습으로 보이게 하려고 공들여 꾸민다는 사실을 인식하도록 도와줄 필요가 있다는 말이야.”

“그러게, 맞네.” 쇼나가 말했다. “나도 페이스북에서는 웃기고 재치 있는 사람으로 보이려고 노력하거든. 내 속내를 다 털어놓지도 않을뿐더러 가끔은 말투가 좀 아니다 싶으면 내용을 고쳐서 다시 올리기도 해.”

“맞아.” 내가 말했다. “다들 그렇게 하고, 그것 자체는 문제가 아냐. 10대들이 픽셀로 이루어진 2차원 공간이 현실의 사람 전체를 정확하게 나타낸다는 말도 안 되는 생각을 받아들일 때 비로소 문제가 되는 거지.”

“그렇지. 그런데 대니얼한테 이 얘기를 어떻게 꺼내지?”

“나한테 방금 한 얘기를 하면 될 것 같아. 네가 온라인에 뭘 올릴지 선택할 때는 그 뒤에 숨은 의도가 있고, 너로서는 그럴 만한 이유가 있다고. 그건 다른 사람들도 마찬가지라고 알려줘.”

아이들은 실제로 어른이 소셜 미디어란 그저 커다란 가구 전시장일 뿐이라고 짚어주는 말을 들으면 기분이 나아진다. 10대의 소셜 미디어 사용을 연구한 사회학자 질 월시Jill Walsh의 말에 따르면 청소년은(물론 대다수 성인도) ‘하이라이트 필름’을 보여주기 위해 소셜 미디어를 쓴다고 한다.[24] 사진 수백 장을 찍어 가장 잘 나온 한 장을 올린다는 말이다. 이들이 온라인 속 자신의 모습을 꾸미고 다듬는 것은 ‘좋아요’와 댓글을 얻기 위해서지 사람들에게 실제 상황을 전달하기 위해서가 아니다.

청소년의 온라인 활동 방식을 비판하고 싶은 마음이 들기 쉽지만, 아마도 우리가 10대일 때 소셜 미디어가 존재했다면 우리도 딸들과 똑같은 방식으로 그걸 활용했을 게 틀림없다. 우리가 아이들에게 해야 할 것은 비판이 아니라 지지다. 이는 10대 딸이 또래 아이들의 하이라이트 필름을 들여다보며 조바심을 내고 자신도 비슷한 것을 꾸며보려고 애쓰면서 느끼는 스트레스와 열등감을 줄이기 위해 신중한 대화가 필요하다는 뜻이다.

월시 박사는 10대 청소년이 자신에 관한 이야기를 하기 위해 소셜 미디어를 이용하므로 부모는 딸들이 그러한 서사를 대상으로 일종의 문학적 비평을 하도록 이끌어줄 수 있다고 분석했다. "우리는 10대 딸에게 이렇게 물을 수 있습니다. '그 사진을 보고 어떤 생각이 들었어?', '이 사진을 왜 찍었을까?' 또는 '누구에게 보여주려고 한 사진일까?' 같은 질문을 하고, 이미지 뒤에 숨은 의도에 관해 토론해보는 거죠."[25] 이런 질문을 한다고 해서 딸이 소셜 미디어를 끊거나 남과 비교하는 행위를 그만둘 가능성은 거의 없다. 애초에 그건 현실적 목표가 아니다. 우리의 목적은 사실 매우 간단하다. "네가 온라인에 올린 포스트가 너라는 사람을 온전히 대변하지 못하듯, 네가 온라인에서 보는 내용 또한 멋지면서도 어수선한 또래 아이들의 복잡한 모습을 다 보여주지 않으며 보여줄 수도 없다"라는 점을 딸에게 일깨워주는 것이다.

경쟁에서 마음의 안정을 찾는 법

　여자아이들 사이에서도 경쟁은 벌어지고, 이런 경쟁은 온라인 (자신의 셀카가 얼마나 많은 '좋아요'를 받았는지 확인하던 대니얼처럼)과 오프라인 양쪽에서 일어난다. 어떤 전장을 택하든 여자아이들은 동성 친구들과 잘 지내고 싶은 소망과 친구보다 잘하고 싶은 소망을 조화시키는 데 애를 먹으면서 또래 경쟁으로 속을 태우기 쉽다. 당연하게도 이런 진퇴양난의 상황은 스트레스를 유발하는 강력한 원인이 된다.

　두어 해 전 어느 월요일 오후, 소아청소년과 의사이자 오래 알고 지내던 동료에게 이런 음성 메시지가 왔다. "방금 케이티라는 고2 학생에게 당신 상담소를 알려줬어요. 2주 동안 복통을 호소했는데, 우리 쪽에서 원인이 될 만한 건 전부 배제해서 결국 스트레스 탓인 게 거의 확실해졌거든요. 하루 이틀 사이에 케이티 아버지가 예약을 잡으려고 연락하신대요. 그건 그렇고 선생님도 케이티가 맘에 들 거예요. 아주 재밌는 아이거든요."

　조금 뒤에 케이티의 아버지에게서 전화가 왔고, 나는 서둘러 케이티를 보내라고 말했다. 복통이 너무 심해져서 아이가 며칠이나 조퇴를 했다고 들었기 때문이다. 대기실에서 케이티를 만나자마자 나는 소아청소년과 동료가 한 말이 무슨 뜻인지 알아차렸다. 케이티는 자신이 창의적이며 자신감 있다는 사실을 차림새로 드러냈다. 우리 동네 여학생들이 암묵적 교복처럼 입는 스키니진과 몸에 딱 달라붙는 티셔츠 대신 케이티는 무늬 있는 레깅스와 중고 옷 가게에서 건진 보물이 틀림없는 빈티지 A라인 원피스를 차려입었다.

우리는 신속하게 본론으로 들어갔다.

"너희 아버지는 전화로 본인이 아는 한 너한테 별문제가 없다고 말씀하셨어. 그런데 배가 아파서 너무 힘들어한다고."

케이티는 마치 나와 오래 알던 사이처럼 허물없이 대답했다. "저도 어떻게 된 일인지 모르겠어요. 다 괜찮은 것 같은데, 2주 전쯤 갑자기 배가 아프기 시작했거든요. 주치의 선생님은 의학적 원인을 찾지 못하셨고요."

"배가 아프기 시작할 무렵 뭔가 스트레스를 주는 일이 생기지는 않았니?" 내가 물었다. "우리 몸은 스트레스가 심하면 가끔 고장이 나기도 하지만, 고장 나는 방식은 사람마다 달라. 나는 너무 무리하면 눈에 염증이 생기지만, 눈이 말썽을 부리기 전까지는 내가 한계에 다다랐다는 사실을 깨닫지 못하거든."

케이티는 잠깐 생각하더니 이렇게 말했다. "2주 전에 학교 신문부 고문 선생님이 내년 편집자 지원 마감일을 발표하셨는데… 지원 과정이 썩 탐탁지 않았어요." 케이티는 잠시 말을 멈췄다. "솔직히 말해서 순순히 인정하고 싶지는 않지만 그 일이 생각보다 더 신경 쓰였나 봐요."

케이티는 자신이 중3 때부터 학교 신문부에서 활동했고, 나중에 언론 분야에서 일하기로 마음먹었다는 얘기를 들려주었다. 학년이 끝날 무렵이 되면 고2 신문부원들은 다음 해 편집자 자리에 지원할 자격을 얻고, 케이티는 편집장을 맡고 싶었다고 한다. 케이티가 다니는 학교는 남녀공학이지만, 신문부원은 거의 여자였고 그중에는 케이티와 친한 학생도 많았다.

케이티는 이렇게 설명했다. "저희는 서로 경쟁하고 싶지 않아서 각각의 자리를 놓고, 그러니까 편집장, 스포츠 담당, 논평 담당, 특집기사 담당에 누가 지원할지 서로 정하기로 했어요. 저는 편집장에 지원하고 싶었는데, 왠지 몰라도 친구들은 그 자리에 매디를 골랐죠. 매디는 무척 좋은 친구고 아마 잘해내겠지만, 저도 정말 한번 해보고 싶거든요. 이제 어떻게 해야 할지 모르겠어요. 편집장은 하고 싶고, 제가 지원해서 합격이라도 하면 친구들이 저한테 화를 낼 게 뻔하니까요. 친구들을 신경 쓰지 않는다고 해도 편집장으로서 최악의 한 해를 보낼 게 틀림없어요. 사실 신경 안 쓸 수도 없고요."

"지원해도 망하고 지원하지 않아도 망하는 상황이란 얘기 같네."

"아주 망조가 들었죠." 케이트가 웃으며 답했다. "배가 아픈 것도 무리가 아니네요."

우리 딸들은 부모에게 원하는 것을 쟁취하라는 격려를 받으며 자랐지만 사회적으로 용납되는 방식으로 또래와 경쟁할 방법을 찾느라 힘겨워한다. 엄격한 경쟁에는 늘 어느 정도의 건강한 공격성, 즉 남보다 잘하려는 의욕이 따르기 마련이다. 하지만 여자아이는 자신의 경쟁심과 평생 받아온 상냥해야 한다는 가르침 사이에서 타협점을 찾지 못할 때도 많다. 그렇기에 여자아이는 친구와의 경쟁이 우정에 타격을 줄까 봐 남자아이보다 훨씬 심하게 걱정할 수밖에 없다. 그래서 우리 딸들은 종종 수면을 잔잔하게 유지하면서 물장구칠 방법을 알아내려고 애쓴다.

야심 있는 여학생들이 주변에 냉혹한 불여우로 비치는 것을 피하려고 온갖 수단을 동원하는 모습을 보면 감탄과 걱정이 교차한다. 뭔가를 잘해냈을 때 여자아이는 자신이 실제로 얼마나 노력했는지를 감추거나 전부 드러내지 않으려 한다. 실제로는 시험을 아주 잘 봤는데도 시험 결과에 실망한 척하기도 한다. 자신의 성공을 용서받으려 하는 아이도 있다. 내가 아는 한 테니스 코치는 재능 있는 선수 하나가 한 시즌 내내 결정타를 날릴 때마다 사과하는 것을 말려야 했다는 얘기를 들려준 적이 있다. 아니면 케이티와 친구들처럼 처음부터 경쟁 자체를 피하려고 복잡한 계획을 짜기도 한다.

우리는 공격적 경쟁자와 공격적인 사람의 차이점을 짚어줌으로써 딸이 경쟁에서 스트레스를 덜 느끼도록 도울 수 있다. 아이가 어릴 때 함께 게임을 하면서 둘을 구별하는 기준을 가르치는 것도 방법이다. 어린 딸이 이기게 해주고 싶은 마음은 알겠지만, 그렇게 하면 오히려 남을 이기는 것이 박정한 짓이라는 인상을 심어줄 수도 있다. 아이를 봐주거나 이겨놓고 고소해하는 대신 진심으로 게임에 임하는 동시에 딸이 영리하게 수를 두거나 점수를 따면 격려하고 축하해주자. 당신에게 졌다고 아이가 의기소침하면 이런 식으로 위로하면 된다. "어른과 겨루는 건 쉽지 않은 일이야. 하지만 언젠가는 네가 이길 테고, 그때가 되면 너는 진짜 실력으로 나를 이겼다고 확신할 수 있

여자(아이)의 심리학

지. 그러면 너는 정말 기분이 좋을 거고, 나도 뿌듯할 거야."

경쟁하는 동안에는 맹렬히 집중하다가 경기가 끝나면 놀랍도록 너그러워지는 훌륭한 여성 프로 선수를 예로 드는 방법도 있다. 집에서 딸들과 올림픽 수영 경기(내가 가장 좋아하는 종목)를 볼 때면 나는 종종 이런 말을 한다. "저 여자 선수들 좀 봐. 물에서는 상어 같아. 그런데 물 밖으로 나오면 서로 진심으로 응원해주지." 딸에게 시험이나 오디션을 볼 때 혹은 실력을 겨루고 경쟁할 때처럼 가상의 수영장에 뛰어들 때는 전력을 기울이라고 가르치자. 하지만 일단 물에서 나오면 물속에서 일이 어떻게 돌아갔든 간에 친구를 칭찬하고 응원해줬으면 좋겠다고 일러두는 것도 잊지 말자.

시샘은 불가피하다

자신이 이기고 있는 상황에서 경쟁자를 칭찬하는 것은 쉽지만, 일이 잘 풀리지 않을 때는 어려운 법이다. 특히 여자아이는 친구에게 무척 헌신적인 경향이 있어 자신이 진심으로 아끼고 좋아하는 친구의 성공을 분하게 여기는 것은 격렬한 고통의 원인이 된다. 케이티와의 상담이 이 점을 잘 보여준다.

내 상담소에 찾아오게 된 문제의 원인을 쭉 살피던 케이티는 신문부 고문 선생님에게 상황을 귀띔할 수도 있다는 생각을 해냈다. 그 선생님은 마침 케이티가 존경하고 믿는 분이라고 했다.

"믿음직한 분이세요. 분명 우리가 공정하게 경쟁하기를 바라실 테고요. 물론 자리마다 두 명 이상이 지원하기를 원하실 테니, 그렇게 되려면 각자 의무적으로 두 개 이상씩 지원하라고 해둘 필요가 있다고 말씀드려야겠어요. 그러면 누가 어떤 자리를 맡을지 선생님이 결정하게 되잖아요. 우리가 아니라." 눈에 띄게 안도한 얼굴로 케이티가 덧붙였다. "그게 훨씬 낫겠네요."

케이티의 아이디어는 아주 좋은 방법이었다. 나는 케이티에게 내키면 일이 어떻게 됐는지 알려줘도 좋고, 배가 계속 아프면 또 예약을 잡아 다시 와도 된다고 말하며 내 전화번호를 건넸다.

2주 뒤 우리는 케이티의 요청과 부모님의 지원으로 다시 만났다. 케이티는 신문부 고문 교사와 얘기해보겠다던 계획을 잘 이행해 편집장과 논평 담당 편집자 자리에 지원했다. 하지만 실망스럽게도 케이티는 논평 편집자로 지명되었다.

"제 친구 트리시가 편집장을 맡게 됐어요. 걔는 잘해낼 거예요." 케이티는 눈을 내리깐 채로 말했다. "하지만 저도 정말 하고 싶었거든요. 중3 때부터 그 자리를 위해 노력해왔는데…"

눈물을 글썽이며 케이티가 덧붙였다. "논평 편집자가 된 것 자체는 괜찮아요. 하지만 솔직히 제일 힘든 부분은 제가 트리시를 엄청나게 질투한다는 거예요. 늘 같이 다니면서도 옆에 있으면 마음이 편치 않아요. 스스로 아무렇지 않게 받아들여야 할 것 같은데, 본심은 그렇지 않으니까요."

"내 얘길 들어봐." 케이티의 양심을 달래주고 싶어서 나는 말했다. "경쟁심이 항상 이성적이진 않아. 감성적으로 느낀다고 해서 죄책감 느낄 필요는 없어. 그건 크게 되고 싶은 의욕에 따라오는 부산물 같은 거거든."

케이티의 시선을 느끼며 나는 설명을 이어갔다. "네가 원하는 자리를 손에 넣은 친구를 질투하거나 화를 내도 괜찮아. 그런 감정은 네가 그 친구를 좋아하고, 존중하고, 심지어 친구가 잘돼서 기쁘게 여긴다는 사실을 지워 없애지 못해."

"맞아요. **진심**으로 개가 잘돼서 기쁘기도 해요. 트리시도 무척 들떠 있고요."

"이상하게 들리겠지만, 트리시를 시샘하는 마음과 축하하는 마음을 동시에 품어도 문제 될 건 없어. 질투 탓에 네가 친구에게 매정하게 **행동**한다면 그때는 죄책감을 느껴야겠지만."

"아, 그건 아니에요. 절대 그럴 일은 없어요." 케이티가 서둘러 말했다.

나는 케이티가 그런 아이라고 생각하지 않는다는 것을 보여주려고 힘차게 고개를 끄덕였다.

"트리시하고는 괜찮지만, 그냥 개한테 화가 나 있는 저 자신에게 화가 치밀어요."

"있잖니." 내가 말했다. "나는 네가 자신을 그렇게 몰아붙이지 않았으면 좋겠어. 네가 비판해야 할 건 네 행동이지 네 생각이나 감정이 아니야. 뭔가를 해내겠다고 굳게 마음먹고 나아가다 보면 그럴 때가 있어." 나는 케이티의 투지가 마음에 든다는 사실을 알려주고 싶어서 다정한 미소를 지었다. "일이 뜻대로 풀리지 않을 때 비참하거나 약간 억울한 기분이 드는 건 당연한 거야. 그렇다고 자책하거나 우울해할 필요는 없어. 그런 감정을 스스로 인정하고 그냥 계속 나아가면 돼."

친한 친구를 시샘하는 것도 괴롭지만, 여자아이에게는 자기가 아는 또래 아이의 최신 유행 옷차림, 멋진 여름휴가 계획, 규칙에 느슨한 부모님을 부러워하는 마음도 못지않게 고통스럽다. 부모로서 우리는 딸이 학교 친구들을 따라잡도록 전부 맞춰줄 수도 없고 그래서도 안 되기에 딸이 또래와 자신을 비교하며 스트레스를 받는 모습을 지켜볼 수밖에 없을 때도 있다.

하지만 가치관이나 가족 예산 문제를 양보할 수는 없을지라도 아이가 느끼는 시샘이 불가피하다는 점을 인정함으로써 불편한 마음을 달래줄 수는 있다. 예를 들어 이렇게 말해보자. "남들이 가진 좋은 것을 원하는 마음은 자연스러운 거야. 가끔은 나도 비싼 차를 보면 그런 기분이 들거든. 하지만 나는 내 우선순위를 오랫동안 스스로 결정해온 어른이니까 그런 부러움을 참는 게 그리 어렵지 않지. 당분간 너는 너 대신 우리가 내린 결정에 따를 수밖에 없고, 그게 답답할 수도 있다는 사실은 나도 알아. 하지만 결정권이 네게 넘어갈 날도 멀지 않았어."

여자아이와 동성 친구의 관계는 매우 즐거울 수도, 걱정스러울 수도 있다. 남자아이와의 관계도 크게 다르지 않다. 우리가 딸에게 가르치는 건전한 갈등 해소 방식은 모든 인간관계에 널리 적용된다. 두 소녀가 한 소년의 관심을 얻으려고 서로 다투고 있다면 또래 여자아이와의 경쟁을 헤쳐나가는 법에 관한 우리의 조언이 유용하게 쓰일 것이다. 하지만 남자아이로 인해 여자아이가 스트레스와 불안을 겪는 상황은 이뿐이 아니다. 이제 남자아이와의 관계라는 험한 바다를 항해하는 우리 딸들을 어떻게 도와야 할지 알아보기로 하자.

이성과의
관계

로럴 스쿨에서 나는 학생들과의 일대일 상담 외에도 아이들이 흔히 겪는 어려움에 관해 단체로 대화를 나누는 특별한 기회를 누리고 있다. 학생들이 중3이 되면 우리는 매주 한 번씩 모여 고등학교에 올라가면서 겪는 사회적·감정적·지적 문제를 다룬다. 이 정기 면담을 통해 나는 각 반 아이들과 안면을 익혀 나중에 고1부터 졸업 때까지 두 달마다 이어질 정기 상담의 토대를 마련한다.

　2017년 가을 학기에는 상급생인 고등학교 여학생들과의 첫 면담이 11월에 잡혔다. 지난 학년 이후 처음 만나는 자리인 만큼 기대가 컸다. 중3 학생들과 만날 때 나는 대개 수면에서 약물 남용에 이르기까지 건강과 안전 관련 핵심 주제를 두루 다뤄볼 수 있도록 미리 주제를 정한다. 하지만 고등학생들과 만날 때는 계획을 더 느슨하게 잡는 편이 낫다. 그래서 우리가 토론할 만한 주제를 몇 가지 준비해 가되 늘 뭔가 특별히 다루고 싶은 문제가 있는지 아이들에게 먼저 묻는다.

11월 말, 오전에 여고생 65명이 학교 대강의실에 모였다. 모두 앉기에는 책걸상이 부족했지만, 늘 그렇듯 거리낌 없이 책상다리를 하거나 다리를 뻗고 바닥에 앉은 아이가 많았다. 아이들이 함께 다루고 싶은 시급한 문제는 없다고 해서 나는 어른들 사이에 최고의 화두이던 주제를 꺼냈다. 당시 매체의 헤드라인은 온통 '미투 운동'으로 도배되었고, 위력에 의한 성폭력에 대해 전례 없는 대규모 공개 조사가 벌어지고 있었다. 나는 성희롱의 본질과 그런 일을 겪었을 때 자신을 보호하는 방법에 관해 학생들과 얘기를 나눠보면 도움이 되리라 생각했다.

그래서 나는 이렇게 물었다. "미투 운동 얘기를 해보는 건 어떨까?"

"좋아요!" 아이들은 합창하듯 한목소리로 대답했다. 그러더니 다음 50분 동안 자신이 알고 지내는 남학생이나 공공장소에서 마주친 낯선 사람에게 성과 관련된 공격적 행위를 이미 당했다며 놀랍고도 자세한 이야기를 줄줄 풀어냈다. 나는 완전히 말문이 막혔다. 스스로 10대 여자아이들을 알 만큼 알고, 직업상 아이들이 매일 어떻게 지내는지도 가까이에서 관찰하고 있다고 여겼지만 많은 여학생이 일상적으로 어떤 일을 겪는지 솔직히 전혀 알지 못했다.

우선 그날 우리가 나눈 대화의 주제는 남자아이와의 유익한 우정이나 연예 관계가 아니었다는 점을 밝히고 넘어가야겠다. 더불어 여학생들도 또래 남학생과의 긍정적 관계 이야기는 꺼내지 않았다. 그런 관계에는 내 도움이 필요 없기 때문이다. 내가 알기로 로컬 스쿨

여자(아이)의 심리학

에도 믿음직스럽고 유쾌한 이성 친구나 헌신적이고 다정한 남자 친구가 있는 여학생이 많지만, 우리 토론은 남자아이와의 관계에서 불편하고 불안한 기분을 느낀 경험에 중점을 두었다. 로럴 스쿨 여학생들과 나눈 대화 주제처럼 이 장에서는 남자아이가 여자아이의 스트레스와 불안을 가중하는 원인이 되는 일부 상황에 초점을 맞출 예정이다.

남자아이가 여자아이의 삶에 도움이 될 때도 많다는 데는 의문의 여지가 없다. 실제로 남자가 얼마든지 훌륭하게 행동할 수 있는 존재임을 우리 자신과 딸들이 인식한다면 선을 넘는 행동은 일부 남자아이의 자발적 선택일 뿐이지 여자아이가 그런 결과를 불러들이는 것이 아니라는 사실을 이해하는 데 도움이 된다.

일상적 무례함

초반에는 이야기가 천천히 진행되었지만, 학생들이 다른 아이의 경험에 살을 붙이면서 흐름이 빨라졌다. 가장 먼저 나선 한 여학생은 학교 밖에서 알게 된 남자아이들이 아무렇지 않게 '창녀'나 '걸레' 같은 명칭을 내뱉는다고 했다.

"걔들은 말이죠." 다른 아이가 끼어들었다. "정말 아무 데나 그런 말을 갖다 붙여요. 누가 걷다가 발이라도 걸리면 걔들은 이래요." 그 아이는 목소리를 낮게 깔고 조롱하는 투로 말했다. "발 걸렸대요.

완전 걸레네!"

"그러다 맞받아치기라도 하면 세상 유치하게 굴어요." 세 번째 학생이 어이없다는 듯 덧붙였다. "우리가 예민하게 반응하는 거래요. 자기는 그냥 농담한 거라면서요. 물론 가끔 남자애들하고 장난을 치기는 하지만…."

"걔들은 우리 엉덩이도 만져요." 바닥에 책상다리를 하고 앉아서 손에 낀 반지를 만지작거리던 아이가 말했다. 몇몇 여학생이 고개를 끄덕여 그 말을 확인해주었다.

"뭐?!" 나는 놀람과 못마땅함을 숨길 생각도 하지 못하고 대답했다.

"진짜예요." 짙은 색 머리를 길게 기른 아이가 딱 잘라 말했다. "단체 사진을 찍을 때면 남자애들은 우리 엉덩이에 손을 올려도 아무 문제가 없다고 생각한다니까요."

"정말?" 내가 말했다. "하지 말라고 하면 안 돼?"

"말할 수야 있죠." 머리 긴 아이가 대답했다. "하지만 걔들은 대개 그냥 재수 없게 굴거나 우리가 과민 반응을 하는 거라고 하거든요."

교실 뒤쪽에 앉아 있던 한 학생이 손을 들더니 자기가 예전에 다니던 학교에서 알던 남자아이에게 문제를 제기한 적이 있다는 얘기를 들려주었다. "저는 친구 여러 명하고 놀고 있었는데, 친구 중에 한 남자애가 제 뒤로 몰래 와서 브래지어 끈을 잡아당기는 거예요. 진짜 재밌겠다고 생각했나 봐요. 그만하라고 했더니 심하게 화를 내더라고요." 그 아이는 잠깐 말을 멈췄다가 덧붙였다. "소셜 미디어에서도

여자(아이)의 심리학

저를 차단하고, 저한테 말도 걸지 않았어요."

"와…." 충격을 받아 잠시 할 말을 잃은 나는 공감을 표하며 이렇게 물었다. "그 친구를 잃게 돼서 마음 아프진 않니?"

"네, 괜찮아요. 특히 걔가 그런 식으로 행동할 거라면요." 그러더니 조금은 슬픔이 묻어나는 목소리로 덧붙였다. "하지만 솔직히 걔가 그렇게까지 반응할 줄은 생각도 못 했어요."

경험담은 계속 이어졌다. 아이들은 안면 있는 남학생이 자신이 인사할 때마다 포옹하려고 한 이야기, 모르는 남자들이 쇼핑몰에서 끈질기게 따라다녀 불편할뿐 아니라 위협마저 느낀 이야기를 풀어냈다. 반복되는 핵심은 남자들이 선을 넘는 **동시에** 여자아이가 이런 영역 침범에 항의할 권리가 없다는 듯이 굴었다는 점이다.

"한 번은 제가 속한 청소년 단체에서 시내에 지역 봉사 활동을 하러 갔어요." 책상에 앉아서 다리를 앞뒤로 흔들던 여학생이 입을 열었다. "거기서 저는 도로 공사 인부 몇 명한테 캣콜링catcalling(지나가는 여성에게 남성이 휘파람을 불거나 성적인 말을 던지는 행위)을 당했죠. 소름이 쫙 끼치더라고요. 그래서 저는 봉사 활동 장소에서 떠날 때 같이 있던 남자애들한테 다른 길로 가면 안 되느냐고 물어봤어요. 문제가 뭐냐고 묻길래 저는 사실대로 말했죠. 그랬더니 걔들이 저더러 멍청하게 군다는 거예요."

사실 로럴 스쿨 여학생들의 이야기를 듣고 내가 그렇게까지 놀랄 필요는 없었다. 평소에는 여학생만 있는 환경에서 지낸다고 해도 이들이 학교 바깥의 남학생이나 성인 남성에게 당한 성희롱 경험담

은 조사를 통해 미국 전역에서 확인된 사례와 유사했다. 미국대학여
성협회American Association of University Woman 설문 조사에서 중2부터 고2까
지 여학생 가운데 거의 절반은 **교내**에서 누군가가 자신을 성적인 방
식으로 만지거나, 움켜쥐거나, 꼬집거나, 의도적으로 자신에게 몸을
비빈 적이 있다고 응답했다.[1] 같은 설문에서 여학생들은 같은 학교 남
학생들이 여학생의 공책에 남자 성기를 그려 넣거나, 가슴을 평가하
거나, 옷 속을 들여다보거나, 여학생의 성생활에 관한 헛소문을 퍼뜨
린 사례를 보고했다.

로럴 스쿨 학생들의 이야기와 설문 자료를 보면 두 가지 문제점
이 분명해진다. 청소년 사이에서 성희롱이 흔히 벌어진다는 점, 그리
고 여자아이들은 자신이 그에 대해 불만을 표해서는 안 된다고 여기
도록 일상적으로 압력을 받는다는 점이다. 실제로 이 설문에서 자신
이 겪은 성희롱을 다른 사람에게 말한 상당수 여학생은 그 성희롱이
그냥 장난이라거나, 별일 아니라거나, 그 일을 잊어버리든지 최소한
계속 신경 쓰지 말라는 말을 들었다는 사실이 밝혀졌다.

우리 모임에서는 아마도 훨씬 걱정스러운 부분인 세 번째 문제
점이 드러났다. 대부분의 여자아이가 자신이 겪은 성희롱에 수치심
을 느끼고 자기 잘못도 있을지 모른다고 여긴다는 점이다. 많은 여학
생이 자기 경험담을 얘기하고 싶어 한다는 점은 명백했지만, 우리 대
화에는 암암리에 미묘한 기류가 흘렀다. 아이들은 그냥 자신이 겪은
불쾌한 일을 내게 이야기하는 것이 아니라 자신의 성희롱 경험을 **고
백**하는 듯한 분위기였다. 이 똑똑한 여학생들은 어느 정도는 자신이

뭔가 잘못해서 부당한 대우를 받게 되었다고 여기는 듯했다.

수업이 거의 끝나갈 때까지 나는 거의 듣고만 있었다. 자신이 겪은 일을 서로 드러내놓고 얘기하는 것 자체가 아이들에게 도움이 된다는 사실은 분명했지만, 나는 일부 여학생이 품고 있는, 말로 하지는 않았으나 뚜렷이 존재하는 일종의 수치심을 수업이 끝나기 전에 짚어 줘야 한다고 생각했다. 다행스럽게도 교실 앞쪽에 앉아 있던 학생이 우리 앞에 책임 문제를 제기했다.

"그런데요." 그 아이는 부끄러운 듯 말했다. "우리도 가끔은 레깅스를 바지 대신 입고 다니는 건 **사실**이라서요."

"그렇지." 그 학생이 만들어준 기회를 고맙게 여기며 내가 말했다. "하지만 한 가지는 분명히 하고 넘어가자. 남자아이나 성인 남성이 너희를 모욕했을 때, 너희는 **전혀** 잘못이 없다는 거야. 남자들이 가끔 부적절한 말이나 행동을 한다는 사실은 너희 옷차림이나 생김새, 파티장이나 클럽 등 너희가 있는 장소와 아무런 상관이 없어. 성희롱은 누군가가 남을 비하해서 우쭐해지려고 할 때, 바로 그럴 때만 일어나는 거야. 그렇게 단순한 일이지. 이제 내가 그 점을 증명해 볼게."

그렇게 말한 다음 나는 불과 두어 달 전에 있었던 내 경험담을 풀어놓기 시작했다. 직업과 관련된 한 행사에서 나는 전문가다운 정장을 입고 방금 만난 남성 몇 명과 이야기를 나누던 중이었다. 대화를 시작하고 얼마 되지 않아서 그중 한 남성은 내가 10대 여자아이에 관한 책을 쓴 저자라는 사실을 알고 마침 그 책이 자기 아내의 침대

옆 협탁에 있다는 얘기를 꺼냈다. 그러더니 망설이는 기색도 없이 도발적인 말투로 내게 말했다. "남의 집 침실**깨나** 들락날락하셨겠네요."

"어휴!" 내 얘기를 들은 학생들이 말했다. "그래서 어떻게 하셨어요?"

"얼어붙었지. 상대방이 선을 넘을 때 문제는 바로 그거야. 상호작용의 방향이 갑자기 홱 틀어져서 균형을 잃고 당황하게 되거든."

"그래서 아무 일도 없었어요? 그냥 내버려두셨다고요?" 아이들은 크게 실망한 듯한 표정으로 물었다.

"실은 말이지." 내가 대답했다. "같이 얘기하던 다른 남자분들이 바로 나서서 지적해줬어. 아주 고마웠지. 그 말을 한 사람도 금세 괜한 말을 했다고 후회하는 눈치였고, 내가 직접 불만을 표할 필요도 없었으니까." 이야기를 들려주던 나는 이 수업을 아이들에게 도움이 될 만한 방향으로 마무리할 방법을 떠올렸다. "수업을 마치기 전에, 성희롱을 당하면 누구에게 이야기하면 좋을지, 부적절하게 구는 남자애가 있을 때 어떻게 하면 서로 도울 수 있을지 얘기해보기로 하자."

여자아이가 성희롱에 대처하도록 돕는 방법

학생들과의 대담을 마치고 나오면서 나는 10대 소녀들이 일상적으로 맞닥뜨리는 성희롱을 어른들이 해결해주기는커녕 제대로 인식조차 하지 못하고 있다는 사실을 통감했다. 더불어 우리 딸들에게 저속하고 모욕적인 욕설과 불쾌한 접근에 대처할 효과적 전략이 필요하다는 점도 더욱 분명해졌다. 여자아이는 성희롱에 스트레스를 받고 종종 맞닥뜨리는 영역 침범 행위에 위협을 느낀다. 아이가 성적 가해행위로 인해 생기는 긴장과 불안에 대처하도록 돕고 싶다면 먼저 그런 이야기를 공개적으로 할 수 있는 분위기를 조성할 필요가 있다.

부모는 딸이 겪는 성희롱을 과소평가하기 쉽다. 딸들은 종종 부모에게 알리기를 꺼리기 때문이다. 로럴 스쿨 학생들과의 대담에서 알게 모르게 흐르던 수치심의 기류를 곱씹어보면서 나는 성희롱이라는 행위가 얼마나 교묘한지 더 깊이 깨닫게 되었다. 다른 사람이 우리를 바라보는 시선은 우리가 자신을 바라보는 관점에 영향을 미친다. 이런 영향력은 긍정적으로 작용하기도 한다. 능력 있는 친구나 동료가 조언을 구하려고 당신에게 전화를 했다면 당신은 전화가 걸려오기 전보다 더 똑똑하거나 유능해진 기분이 되어 기대에 부응하려고 노력한다. 하지만 부정적 영향도 있다. 친구가 개인적인 일을 숨기려든다면 자신이 생각만큼 친구에게 믿음직스럽지 못한 사람인가 하는 의구심이 들지도 모른다.

모멸적 방식으로 대우받은 10대 소녀는(사실 성인 여성도 마찬가지) 한 명에게라도 그런 대접을 받아 마땅한 사람으로 비쳤다는 생각에 위축되기도 한다. 애초에 성희롱 대상이 되었다는 사실 자체가 자신의 평가를 깎아내린다고 믿는 아이는 불쾌한 경험을 남에게 말하지 않으려고 할 수도 있다.

딸은 부모가 어떻게 반응할지 걱정스러워 남자아이와 겪은 갈등을 털어놓지 않으려 할지도 모른다. 부모가 그런 이야기를 듣고 속상해할 거라는 아이의 추측은 아마 정확할 것이다. 거기서 그치지 않고 딸은 자신이 겪은 성적 가해행위를 부모에게 말하면 **스스로** 제 무덤을 파는 결과(예를 들어 "애초에 왜 그런 애랑 어울려 다녔어?", "네가 먼저 여지를 주지 않은 거 확실해?", "그때 뭘 입고 있었니?" 같은 말)를 부를까 봐 겁을 내기도 한다. 아니면 부모의 보호 본능이 발동해 아이 생각에는 문제를 더 악화할 뿐인 방향으로 부모가 개입하려 드는 상황을 두려워할 수도 있다. 이런 점을 염두에 둔다면 우리는 아이가 먼저 성희롱이라는 주제를 꺼낼 때까지 손 놓고 기다려서는 안 된다.

중1 또는 그 이전에 딸에게 학교에서 남자아이들이 어떻게 행동하는지, 일관되게 여자아이를 존중하는지 물어보는 방법을 고려해보자. 딸이 이미 겪거나 목격한 일을 들려준다면 그런 이야기를 알려줘서 무척 고마우며, 남자아이들의 행동으로 곤란한 일이 생긴다면 스스로 대처할 수 있도록 얼마든지 도와주겠다는 뜻을 밝히자. 아이가 질문에 깜짝 놀라거나 입을 다물어버리면 남자아이가 여자아이에게 선 넘는 행동을 하기도 한다는 이야기를 들었다고 말해주고, 이런 문제로 도움을 청한다면 네가 후회하는 일이 없도록 돕겠다고 안심시켜주자. 이런 말을 덧붙이는 것도 좋다. "성희롱은 피해자와는 아무런 상관이 없고, 전적으로 가해자에게 책임이 있는 행위야." 성적 가해행위를 밝은 곳으로 끌어낼수록 여자아이가 자신이 받은 부적절한 대우에 느끼는 불필요한 수치심을 최소화할 수 있다.

　　　　　　　　　　　　　　　여자〈아이〉의 심리학

이런 대화를 시작할 때는 아이가 보기에 애매한 상황에 관해서도 얼마든지 얘기해도 괜찮다는 점을 분명히 밝혀두도록 하자. 서로 이성적 관심을 주고받던 남자아이가 나중에 공격적인 태도를 보인다면 어떻게 해야 할까? 레깅스를 입고 쇼핑몰에 갔는데 남자들이 엉덩이 모양을 품평하는 소리가 들린다면?

이런 대화를 나누면서 부모가 제공할 만한 지침 중에는 매우 명쾌한 것도 있다. 예컨대 누구든 남에게 무례하거나 추잡하게 굴어도 되는 경우는 절대로 없다는 것은 아이에게 일러두어야 할 보편적 규칙이다. 하지만 부모조차 답을 내기 어려운 까다로운 문제도 있다. 13세 딸의 아빠였던 내 친구 하나는 내게 이런 말을 했다. "남자들이 내 딸한테 캣콜링을 한다는 생각만 해도 치가 떨리는데, 애한테 옷을 어떻게 입으라고 주의를 주면 혹시 그런 일이 생겨도 네 탓이라는 말로 들릴까 봐 걱정돼. 어떡해야 하지?"

"나도 잘 모르겠어." 나는 말했다. "하지만 우선은 네가 방금 한 말을 딸에게도 한 다음 너와 딸이 어떻게 하면 좋을지 함께 생각해보면 좋을 것 같아."

딸이 동성애자나 양성애자라고 해서 남자아이들에게 성희롱을 당할 일이 없으리라 지레짐작해서는 안 된다. 연구 자료를 살펴보면 이성애자가 아닌 여학생들이 이성애자 동급생과 같은 수준 이상의 성희롱을 겪는다는 사실을 알 수 있다.[2] 더불어 성희롱을 당하는 여학생은 모두 강도 높은 심리적 스트레스와 낮은 자존감을 보인다는 점,[3] 그리고 동성애자나 양성애자, 성적 지향이 아직 유동적인 여학생에게서는 이런 영향이 더욱 증폭되어 나타난다는 점이 연구에서 밝혀졌다.[4] 중학교나 고등학교에서 성소수자로 산다는 것 자체도 만만한 일이 아니다. 이미 스트레스가 존재하는 상태에서 성적 지향에 대한 성희롱까지 겪으면 상황은 더욱 힘들어진다. 게다가 동성애자나 양성애자, 또는 자신의 정체성을 아직 탐색 중인 학생은 성적 모욕이나 조롱, 헛소문 혹은 더 심각한 공격에 피해를 봐도 또래 친구나 부모에게 도움을 청할 수 없다고 생각하는 경우가 있어 더욱 심각하다.

이성애자가 아닌 여학생이 수위 높은 성희롱을 당한다는 연구 결과에서 알 수 있는 중요한 점이 두 가지 있다. 하나는 성소수자 학생을 향한 적대적 행동에 대처하려면 우리 어른들이 더욱 특별한 노력을 기울여야 한다는 점이다. 다행스럽게도 학교 내 보호 장치와 가정의 강력한 지원이 성소수자 청소년이 성희롱에서 받는 부정적 영향을 완화한다는 사실이 연구를 통해 밝혀졌다.[5] 다른 하나는 여자아이나 젊은 여성이 성희롱을 당했다는 말을 들었을 때 절대로 무심코 피해자에게 잘못을 전가하는 일이 없도록 주의해야 한다는 점이다. 남자의 행동에 불만을 제기하는 여자아이는 종종 "네가 먼저 신호를 보내지 않았냐"라는 질문을 접하게 된다. 하지만 이성애자가 아닌 여학생도 일상적으로 성희롱을 겪는다는 사실을 보면 남자아이의 부적절한 행동은 선을 넘기로 마음먹은 남학생 본인의 책임일 뿐, 여자아이가 이성애적 연애 시장에서 어떻게 처신하는지와는 아무 관계가 없음이 분명히 드러난다.

일단 딸과 성희롱 문제를 솔직하게 얘기하는 데 성공하면 이제

여자(아이)의 심리학

그런 경험에 따르는 두려움에 관해서도 이야기를 나눠볼 수 있다. 캣콜링, 노골적 시선, 성적 발언은 결코 무해하지 않다. 남자아이가 영역을 침범할 때 여자아이가 불안해하는 데는 그럴 만한 이유가 있고, 그런 상황이 별일 아니라는 말은 어른이 여자아이에게 할 수 있는 **최악**의 조언이다. 남자아이와 성인 남성이 선을 넘을 때 여자아이가 느끼는 불안은 건전한 불안, 즉 스스로 위험을 감지하고 방어를 강화해야 한다는 자기 나름의 경고 신호와 같은 것이다.

딸에게 이렇게 말해보자. "남자가 부적절한 말이나 행동을 하면 겁이 나는 게 당연해. 당장 대단한 위험이 닥치지는 않더라도 여자는 다들 어느 정도는 '저런 식으로 구는 사람이라면 더 심한 짓을 하려 들지도 모르잖아?'라고 생각하게 되거든." 남성에게는 대개 여성보다 더 큰 문화적 영향력이, 그리고 거의 항상 더 강한 신체적 힘이 있다. 따라서 남자가 자신의 힘을 남용할 의지를 적극적으로 드러내면 여자아이와 성인 여성은 대부분 반사적으로 작용하는 원초적 공포를 느낀다. 그러니 이런 말을 덧붙여두는 것도 좋다. "남자가 그저 소름 끼치게 구는 것뿐이라고 해도 그 느낌을 무시하지 말고 그 사람과 거리를 두거나 다른 이에게 도움을 청했으면 좋겠어."

성희롱을 당했다고 부끄러워할 필요가 없으며 모멸적인 방식으로 대우받을 때 느끼는 불편한 감정에 주의를 기울여야 한다는 데까지 진도를 나갔다면 이제 성희롱은 사실 성적인 형태의 괴롭힘이라는 사실을 두고 딸과 이야기해볼 차례다. 괴롭히는 행위를 하는 주동자는 남을 위협하거나 비하하려고 사회적 또는 신체적 힘을 사용한다. 성희롱 가해자는 같은 역학 관계에서 추잡함을 수단으로 쓴다. 동일한 목적을 달성하려고 천박한 말과 추근거리는 행위를 동원하는 것뿐이라는 뜻이다.

여자아이는 어른들이 생각하는 것보다 훨씬 자주 남자아이에게 괴롭힘을 당한다. 여자의 적은 여자라는 문화적 선입견 탓에 보통은 반대로 생각하지만, 연구를 통해 여자아이는 같은 여학생보다 남학생에게 괴롭힘을 당할 가능성이 크다는 사실이 명확히 밝혀졌다.[6] 이는 남자아이의 경우 남학생과 여학생을 모두 대상으로 삼는 반면 여자아이가 남학생을 노리는 경우는 거의 없기 때문이기도 하다.[7] 남자아이는 여자아이보다 신체적·언어적 괴롭힘(예를 들어 모멸적 별명 붙이기)을 전술적으로 더 많이 사용한다. 게다가 일반적으로 여자의 무기라고 잘못 알려진 두 가지 공격법인 관계적 폭력(예를 들어 헛소문 퍼뜨리기, 따돌림)과 사이버 폭력 또한 남자아이가 더 자주 쓰는 방식이라는 사실이 몇몇 연구에서 밝혀졌다.[8] 여학생이 겪은 괴롭힘과 성희롱 피해를 비교한 연구는 두 가지 형태의 부당한 대우 모두 해로우나 성희롱이 괴롭힘보다 여학생의 성적에 더 큰 악영향을 미치며,[9] 피해 학생이 교사에게도 도움을 받을 수 없고 교내 공동체에서도 소외된다고 느끼게 한다는 사실을 보여준다.

장기간에 걸친 괴롭힘과 성희롱 연구를 살펴보면 우리가 해야 할 일 몇 가지를 알아낼 수 있다. 첫째, 앞서 언급했듯 부당하게 대우받은 아이가 수치심에 항의하지 못하거나 도움을 청하기를 꺼리는 일이 없도록 주의를 기울여야 한다. 둘째, 제삼자, 다시 말해 괴롭힘

여자〈아이〉의 심리학

이나 성희롱이 발생할 때 근처에 있던 목격자가 피해자 편을 들 수 있도록 힘을 실어주어야 한다. 이를 위해 아들, 딸 양쪽에게 이렇게 일러두도록 하자. "누군가가 못되게 굴거나 성적으로 부적절하게 행동하는 현장에 있다면 너는 행동에 나설 의무가 있어. 공격당하는 사람을 보호하거나, 무슨 일이 일어나고 있는지 어른에게 말해야 해. 둘 다 하면 더 좋고."

무엇보다도 우리는 딸이 잔혹함 앞에서 무력감을 느끼도록 내버려두어서도, 어른의 지원이나 적절한 개입 없이도 남자아이의 부적절한 행동에 잘 대처할 것으로 여겨서도 안 된다. 성희롱을 당하면 성인 여성조차 당혹감에 굳어지기 일쑤이므로 우리 딸들이 혼자서도 알아서 잘하리라 기대하지 말아야 한다.

공격-수비 패러다임의 악영향

남자아이에게 성적으로 공격적 태도를 보이는 여자아이도 있다. 남자가 여자를 성희롱하는 사례가 반대 경우보다 많기는 하지만, 부당한 대우는 일방통행이 아니다.[10] 연구 결과 여자아이는 직접 만날 때보다 디지털 환경에서 남자아이를 성희롱할 확률이 높게 나왔다.[11] 한 설문 조사에서는 6퍼센트의 여자아이가 남자아이에게 나체 사진을 보내라고 재촉했고,[12] 9퍼센트가 상대방 동의 없이 외설적 사진을 보냈으며, 5퍼센트가 온라인 환경에서 성적 행위를 하라고 남자아이를 압박한 적이 있다고 인정했다(해당 문항의 남자아이 비율은 각각 22, 8, 19퍼센트였다).

이런 조사 결과는 내가 상담에서 들은 몇몇 사연과도 일치한다. 아들을 둔 부모가 자신의 아들에게 노골적으로 덤벼드는 여자아이를 어떻게 하면 좋은지 내게 물은 적이 여러 번 있었다. 당연한 말이지만, 나는 이런 현상을 성평등으로 나아가는 긍정적 단계로 받아들여서는 안 된다고 생각한다. 일부 소년의 짐승 같은 진흙탕 놀음에 소녀들이 합류한다고 기뻐할 이유는 전혀 없다. 하지만 실제로 여자아이가 남자아이를 부당하게 대우할 때도 대체로 반대 경우만큼 심각한 부정적 영향이 발생하지는 않는다는 연구 결과에 잠시 주목할 필요가 있다. 남자아이에게 성희롱당하는 여자아이가 여자아이에게 성희롱당하는 남자아이보다 일관되게 더 큰 위협을 느끼는 원인은 아마도 남녀의 사회적 권력과 신체적 힘에 차이가 있기 때문일 것이다.[13]

최근 있었던 일을 예로 들면, 가까운 동료에게서 현재 상담 중인 12세 여자아이 문제로 내 조언을 듣고 싶다는 연락이 왔다. 규칙적으로 딸의 휴대전화를 확인하던 아이 부모가 딸이 같은 반 남학생에게 성기 사진을 보내라고 계속 졸랐다는 사실을 알고 내 동료에게 도움을 청했다고 했다. 여자아이는 그 대가로 자신의 가슴 사진을 보내겠다고 제안했다. 남자아이가 마침내 여자아이의 반복된 요구를 마지못해 받아들이자 여자아이는 약속을 지켰다. "어디부터 시작해야 할지 모르겠네요." 동료가 말했다. "이 안쓰러운 아이의 문제가 두 가지

여자(아이)의 심리학

로 늘어났거든요. 처음에는 왜 남자아이에게 나체 사진을 보내라고 졸라도 괜찮다고 생각했는지 근본적 원인을 알고 싶다고 그 애 부모님이 부탁해서 상담을 시작했어요. 그런데 그사이에 **여자아이**가 보낸 사진이 교내에서 폭발적으로 퍼지기 시작했대요. 학교에서는 다들 **남자아이**가 **여자아이**한테 자기 성기 사진을 보냈다는 데는 아랑곳하지 않고, 몇몇 아이는 SNS에 여자애를 걸레라고 부르는 글을 올리고 있어요. 여자아이는 이제 등교를 거부하는 중인데, 그 마음도 이해가 가요."

당연하게도 남에게 강압적으로 또는 모멸적으로 구는 것은 누구에게도 허용되지 않는 행위다. 남자아이에게 선을 넘는 행동을 하는 여자아이가 어떤 생각을 하는지는 나도 완벽히 설명할 수 없지만, 이 달갑지 않은 관계의 역전을 이해하는 데 도움이 될 관점은 하나 있다. 알면서 일부러 그러는 것은 아니지만, 어른들은 청소년에게 연예 관계에서 한 사람이 공격을 맡고 다른 사람이 방어를 맡는다는 인상을 준다. 우리는 이 잘못된 개념을 생각보다 훨씬 많은 곳에 적용하고, 그러는 과정에서 대개 남자아이는 점수를 내려는 쪽이고 그걸 막아내는 역할이 여자아이의 몫이라는 이미지를 퍼뜨린다.

여자아이가 성적 가해행위를 했다는 얘기를 들으면 나는 그런 현상이 이 해로운 전제의 부작용이라는 생각이 든다. 이런 공격과 수비 구도가 마음에 들지 않으나 다른 방법은 알지 못하는 여자아이는 압력을 가하는 쪽과 굴복하는 쪽 중에서 하나를 고르는 수밖에 없다고 생각하고 공수 교대를 하기로 마음먹는다. 이는 우리 딸들에게도 아들들에게도 전혀 이롭지 않지만, 이런 상황은 비정상적인 틀 자체를 해체하기 전에는 나아지지 않을 것이다. 청소년을 더 건강한 길로 이끌려면 먼저 어쩌다 우리가 이토록 골치 아픈 상황에 빠지게 되었는지 알아봐야 한다.

성별에 따라 다른 성교육

가정에서나 학교에서 우리가 청소년에게 그들의 싹트는 성적 호기심에 관해 얘기하는 내용을 가만히 살펴보면 묘한 패턴이 발견된다. 어른들은 여자아이와 남자아이에게 각각 다른 버전의 '교육'을 하는 경향이 있다. 여자아이에게 우리는 대체로 이런 식으로 말한다.[14] "연애 관계에서 네가 명심해야 할 중요한 규칙이 몇 가지 있어. 첫째, 네가 원하는 것보다 일이 더 진행되어버릴 수도 있는 나쁜 상황에 발을 들이면 안 돼. 둘째, 성병에 걸리지 않도록 조심해야 해. 셋째, 임신하지 않도록 주의해." 이런 말을 덧붙이는 어른도 있다. "아, 그리고 평판에도 신경 써. 헤프거나 쉬운 여자라는 말을 들으면 안 되잖니." 조사에 따르면 남자아이는 이와는 매우 다르고 훨씬 짧은, 대체로 다음과 같은 뜻을 담은 메시지를 듣게 된다.[15] "어이, 섹스를 할 때는 콘돔을 꼭 끼고 여자애한테 동의받는 거 잊지 마."

10대는 멍청하지 않다. 아이들은 성별에 맞춘 이 선전 문구 이면의, 말로 하지 않아도 명확한 속뜻을 이해한다. 남자아이는 사내란 모두 성욕이 강하므로 남자아이에게는 그런 욕구에 따라 행동할 자유를 주되 감염에 노출될 위험, 원치 않은 임신 가능성, 성폭행 혐의를 받을 위험에 대해서만 주의시키면 된다는 어른들의 말을 듣고 자란다. 하지만 여자아이가 듣는 말은 '안 되는 것' 목록뿐이다. 여러 해 동안 로럴 스쿨에서 성교육 프로그램의 일환으로 금지 사항 중심의 조언을 하던 나는 문득 내가 하는 말에 사실은 "얘들아, 어른들은 사실 너희가 성생활을 하지 않기를 바란단다"라는 뜻이 숨어 있다는 불편한 진실을 깨달았다. 그 문제를 더 깊이 생각하다 보니, 그리고 더욱 불편해지다 보니 "섹스하지 마라"라는 메시지 뒤에는 이런 뜻도 숨어 있다는 것을 알게 되었다. "그리고 얘들아, 청소년의 성생활을 규제할 책임도 너희에게 부탁해야겠다. 왜냐하면 남자애들에게는 부탁하지 않을 거거든."

여학생의 보호자로서 내가 청소년의 성생활에 이중 잣대를 들이대는 데 적극적으로 참여하고 있었다는 사실을 인정하기는 어려웠다. 심리학자로서 생각하면 이런 판에 박힌 성교육이 여학생들에게 상당한 심리적 스트레스를 준 것이 틀림없었다. 여자아이에게도 성적 욕구가 존재한다는 점을 인정하지 않음으로써 우리 어른들은 사실상 이렇게 말하는 셈이다. "어른들은 너희에게 성적 성향이 있다는 것 자체가 마음에 안 들어. 그러니까 우리는 그런 충동을 깡그리 무시하고, 그 대신 연애 관계를 운전으로 치면 남자아이들이 액셀을 밟을 때 너희에게는 브레이크를 밟으라고 가르칠 거야."

이러한 메시지는 여자아이가 섹스에 관심을 보이면 어딘가 크게 잘못된 것이라는 뜻을 전달하는 행위와 다름없다. 그렇다면 자기 몸과 마음이 원하는 것과 어른들이 하는 말 사이에 낀 10대 소녀는 어떻게 해야 할까? 결국 많은 여자아이가 자신의 정상적이고 자연스러운 욕구에 불안과 수치심을 느끼게 된다.

막 시작되는 딸의 성생활을 건강한 발달 과정으로 기꺼이 맞아들임으로써 가정에서 이 유감스러운 문화적 경향성을 이미 타파한 부모가 있을지도 모르겠다. 하지만 당신이 성에 눈뜨기 시작한 딸에게 긍정적이고 공평한 메시지를 보낸다 해도 딸은 바깥세상에서 다른 얘기를 듣고 오게 되어 있으므로 그 부분도 고려할 필요가 있다. 여성의 욕망에 대한 문화적 편견이 이미 우리 언어에 깊이 뿌리박혀 있다는 말은 굳이 할 필요도 없으리라. 우리가 쓰는 말에는 **걸레, 창녀, 헤픈 여자, 화냥년** 등 성적으로 개방적인 것처럼 비치는 소녀와 젊은 여성을 가리키는 불쾌한 단어가 적지 않다.

반면 바쁘게 애정 행각을 벌이는 남자를 묘사하는 단어는 드문데, 그중에 선수라는 말이 있다. 하지만 비슷한 여자아이를 묘사하는 단어들과 달리 선수라고 불리면 뿌듯해하는 남자아이가 많다. 정력이 넘치는 남성을 칭송하는 문화에서 자랐기 때문이다. 요즘 남성에게 쓰이는, 성적으로 가장 경멸적인 단어는 **개** 정도일 것이다.[16] 여자를 가지고 놀고 한 번에 여러 명을 사귀며 아주 짧고 육체적인 관계만 추구하는 남자를 가리키는 말이다. 하지만 남자아이가 개로 불리는 것이 여자아이가 걸레로 불리는 것만큼 치명적인지 여학생들에게 물어보면 모두 한목소리로 힘주어 "아니요"라고 답한다.

성적 이중 잣대는 우리 딸들의 심리적 건강에 매우 해로운 영향을 미친다. 〈여자아이는 해도 욕을 먹고 하지 않아도 욕을 먹는다 Damned If You Do, Damned If You Don't ··· If You're a Girl〉라는 제목이 붙은 연구 보고서에서는 10대 아이들의 성적 메시지를 둘러싸고 펼쳐지는 역학 관계를 조사했다.[17] 다른 연구들과 마찬가지로 여기서도 남자아이와 여자아이 모두 서로 나체 사진을 보내지만, 남자아이가 그렇게 하라고 여자아이를 압박할 가능성이 훨씬 크다는 점이 밝혀졌다.[18] 더불어 이 연구에서 여자아이는 자신이 어떻게 행동하든 남자아이들에게 폄훼된다고 대답했다. 나체 사진을 보내기를 거부하면 내숭쟁이라는 딱지가 붙고, 압력에 굴복해 사진을 보내면 걸레라고 불린다. 나체 사진을 보내라고 같은 반 남학생을 괴롭히던 여학생에 관해 내 동료가 들려준 얘기와 똑같이 이 연구에서도 남학생은 성적 메시지를 보내든 보내지 않든 "사실상 비판에서 면제"되었다.[19]

물론 성별과 관계없이 미성년자가 나체 사진을 보내는 것은 좋은 생각이 아니다. 그런 이유로 어른들은 여자아이에게 성적인 사진을 보내면 안 된다고 단단히 이르지만, 남자아이에게 사진을 요구하지 말라고 가르치는 일은 거의 없다. 하지만 남자아이들은 실제로 그런 요구를 한다. 한 연구에서는 12~18세 여자아이 3분의 2 이상이 남자아이에게 나체 사진을 보내라는 요구를 받은 적이 있고, 때로는 괴롭힘이나 위협을 당했다는 결과가 나왔다.[20] 남자아이가 여자아이에게 성적 메시지를 보내라고 조르는 것이 문제시되지 않는 현 상황을 보면 우리 어른들이 스스로 인식조차 하지 못한 채 남자아이가 공격하고 여자아이가 수비한다는 해로운 관계 유형을 받아들이고 더욱 공고히 하고 있다는 것을 알 수 있다. 우리는 여자아이에게, 아니 여 자아이에게만 청소년의 성 행동을 단속할 책임을 지운다. 이런 여러 요인 탓에 우리 딸들은 심리적으로 스트레스가 심해지고, 결국 보고 서 제목대로 해도 욕 먹고, 하지 않아도 욕 먹는 상황에 놓이게 된다.

평등한 성교육 도입하기

우리 아들딸을 공정하게 대하고 싶다면 성별에 특화된 성교육 을 내다 버리고 남녀 구분 없이 동일한 방식으로 접근해야 한다. 이 런 접근 방식을 찾기 위해서는 청소년의 성 건강을 전문으로 다루는 소아청소년과 의사인 메리 오트Mary Ott 박사의 다음과 같은 지적에 귀 기울일 필요가 있다. "우리는 10대 청소년이 의미 있는 관계를 맺 기를 바라고, 친밀감을 경험하기를 바란다."[21] 이를 위해 박사는 우리 가 "섹스를 위험 요소로 분류하지 않고 건강한 발달의 일부로 보는 관점에서 대화를 진행해야" 한다고 주장했다.

이 말을 실생활에 적용하려면 우리는 10대 초반에서 후반에 이 르는 아이들에게 이렇게 말해야 한다. "연애의 육체적인 면에 대해 생 각할 때는 네가 뭘 **원하는지**부터 곰곰이 생각해야 해. 어떤 일이 일어 나게 하고 싶은지, 어떤 것이 즐거운지, 어떤 게 기분 좋은지 잘 생각 해봐야 해." 부모 입장에서 아이와 이런 대화를 나누는 것이 항상 편

여자(아이)의 심리학

안하지는 않을 수도 있다. 게다가 이 두 문장이 나오는 순간 10대 딸이 대화를 끝내기 위해 차라리 달리는 차에서 뛰어내리고 싶다고 생각할지도 모른다는 점은 나도 인정한다. 그럼에도 이 말, 또는 이 비슷한 말은 꼭 해야 한다. 우리 사회에 만연한 성 문화로 인해 우리 딸들이 받는 스트레스를 덜어주고 싶다면 우리는 아이의 건강한 욕구를 인정하는 데서 그치지 않고 이를 진심으로 받아들여야 한다.

딸이 이 주제로 계속 대화할 준비가 되었다는 생각이 들거든 이렇게 덧붙이자. "어떤 일이 일어났으면 좋겠는지 감을 잡고 나서 다음에 생각할 것은 네 파트너가 어떤 일이 일어나기를 바라는지 확인하는 거야. 그러려면 대화를 해야겠지. 이걸 알아내려면 먼저 너희가 서로 잘 알아가는 과정이 필요하거든." 다시 말해 아이에게 자신의 연애 상대와 솔직하고 신뢰할 수 있는 관계를 맺는 것의 가치를 강조해야 한다는 뜻이다.

여자아이와 연애에 관해 얘기할 때 나는 항상 파트너라는 단어를 쓰며, 원치 않은 임신 같은 명백히 이성애적 상황을 다룰 때가 아니면 남자아이라는 말은 거의 쓰지 않는다. 누구에게나 두루 통하는 내 방식의 성교육은 이성애자든 아니든, 심지어 나이가 몇 살이든 관계없이 활용할 수 있는 연애의 기본 규칙을 알려주는 것이다. 어른들은 자기도 모르게, 아니 어쩌면 일부러 연애를 이성애적 용어로만 규정함으로써 동성애자나 양성애자 또는 자신의 정체성에 대해 아직 고민 중인 청소년을 열외 취급할 때가 무척 많다. 문제투성이이며 이성애 중심적인 공격-수비 사고방식을 버리는 것은 모든 이에게 이로

우며, 육체적 친밀함은 어떤 방식이든 즐겁고 서로 잘 조율된 행위여야 한다는 점을 기억하자.

여기서 내가 제시하는 예시는 짧고 간단하지만, 실제로 아이와 성관계에 관해 대화를 나눌 때는 여러 번 반복하는 것이 필요하다. 여기에는 두 가지 중요한 이유가 있다. 첫째, 이미 언급했듯 여자아이는 자신의 연애사를 부모와 공유하기를 꺼릴 때가 많다(이 주제를 끔찍하게 어색해하는 어른도 아주 많다!). 따라서 부모가 요점을 효과적으로 전달하려면 반응을 크게 기대하지 않으면서 대화에 발을 담갔다 뺐다를 반복하는 방식이 바람직하다. 운 좋게도 당신 딸이 자신의 연애사에 관해 기꺼이 얘기하고 싶어 한다면 딸에게 장단 맞추며 더 깊은 주제로 들어가도 된다. 하지만 당신이 "너무 당연하겠지만, 그래도 해둘 만한 가치가 있는 얘기를 하려고 해. 나는 너 스스로가 진정 즐길 수 있는 성생활을 하고, 네가 즐기고 있는지를 진심으로 신경 쓰는 파트너를 만나야 한다고 생각해"라고 말하며 대화를 시작하려고 노력했는데 차가운 반응이 돌아온다고 해도 좌절하지 말자. 당신이 어떤 식으로 생각하는지를 딸에게 알려주는 것만으로도 가치 있는 일이니 말이다.

둘째, 이 대화의 본질과 초점은 딸이 자라면서 달라진다. 아이가 어릴 때, 이를테면 6학년이나 중1 무렵이라면 자신이 원하는 것에 충실해지라는 개념을 확실하게 전체 관람가 등급으로 설명해줘야 한다. 같은 반 남학생이 6학년 사교 파티에서 자신의 친구와 둘이 춤추고 싶다고 공개적으로 말했다는 얘기를 딸이 언급한다면 가벼운 말투로 이렇게 물어보자. "어머, 좋겠구나…. 네 친구도 그러고 싶다고 하니?" 딸이 좀 더 크고 나면 딸이 즐겨 보는 드라마 줄거리, 딸이 듣는 노래 가사, 심지어 반 친구에 관해 딸이 하는 말을 계기 삼아 딸에게 즐겁고 평등한 연애 생활을 즐길 아이 자신의 권리를 강조할 기회를 만들 수 있다.

아주 가끔은 딸이 이런 대화를 주도하기도 한다. 하지만 아이가 나서지 않는다면 부모가 하는 수밖에 없다. 큰딸이 중1 무렵, 장을 보던 나는 계산대에서 딸과 같은 반인 렉시라는 여학생의 엄마 뒤에 줄을 서게 되었다. 학교 행사며 동네에서 자주 마주치는 그 엄마가 나는 무척 마음에 든다. 그날 나를 발견한 그녀는 내게 반갑게 말을 걸었다. "제가 재밌는 얘기 하나 해드릴게요! 며칠 전에 렉시가 뜬금없이 저한테 묻더라고요. '왜 여자애들한테는 창녀나 걸레 같은 욕이 있는데, 남자애들한테는 없어요?'" 식료품을 계산대에 올리면서 렉시 엄마는 말을 이었다. "저는 '좋은 질문이야!'라고 말하고 우리가 쓰는 말은 사람들이 믿는 문화적 가치관을 많이 반영한다는 점을 지적했죠. 애석하게도 우리 언어에는 성생활을 활발히 즐기는 여자를 가리키는 긍정적 단어가 없다고도 했고요."

"그런 질문을 한 렉시도, 그걸 기회로 우리 언어에 뿌리내린 성차별을 지적해준 렉시 엄마도 대단하네요." 그리고 나는 이렇게 덧붙였다. "우리 딸들이 여성의 건강한 성생활을 가리키는 좋은 단어를 찾아냈으면 좋겠네요. **우리** 때는 확실히 그런 말이 없었으니까요."

우리는 딸들이 자신의 연애 관계에서 강력한 주인 의식을 품기를 바란다. 즉 딸들이 스스로 즐기되 절대 착취당하거나 부당하게 대우받는 일이 없어야 한다는 뜻이다. 그러므로 이제 **그런** 대화를 어떻게 끌어낼 것인지 생각해보기로 하자.

승낙이 능사는 아니다

딸의 싹트는 애정 생활이라는 주제가 처음 등장할 때(대략 중학교 무렵) 긍정적 태도를 보이는 것은 건강한 연애의 다음 요소, 즉 '합의하기'를 다룰 토대가 된다. 이런 식으로 말을 꺼내보자. "너랑 네 파트너가 원하는 게 무엇인지 알아냈으면 그다음엔 네가 적극적으로 합의할 수 있는 지점이 어디까지인지 살펴볼 차례야." 이런 식의 대화에서는 주로 '승낙'에 관해 다룬다는(대개 고등학교 무렵) 사실은 나도 알지만, 청소년에게 성관계에 대한 지침을 제시할 때 널리 쓰이는 그 단어를 진지하게 다시 생각해봐야 한다. 간단히 말하면 즐거움을 공유해야 할 육체적 관계를 맺는 데 필요한 것이 승낙뿐이라면 기준이 지나치게 낮아진다는 뜻이다.

어른들은 종종 승낙이 지극히 중요하다고 강조하지만, 그 단어 자체는 한 사람이 다른 사람에게 무언가를 허가했다는 최소한의 기준을 표현하는 법률 용어일 뿐이라는 점을 우리 아들딸에게 가르칠 필요가 있다. 예를 들어 이런 식이다. "네가 누군가에게 너를 데이트에 데려가거나, 네 손을 잡거나, 뭐 그런 것들을 **허가**해야 한다면 뭔

여자<아이>의 심리학

가 잘못된 거야. 연애는 그것보다 훨씬 재미있어야 마땅하거든!" 더불어 아이가 "어… 알았어"라는 파트너의 대답을 성관계의 청신호로 받아들이는 일이 없도록 일러두는 것도 잊지 말자. 건강한 애정 생활의 핵심은 즐겁게 합의할 수 있는 영역을 찾아내는 데 있다. 연애의 세계에 청소년을 맞아들일 때 우리는 가장 낮은 기준이 아니라 가장 높은 기준을 가르쳐주어야 한다.

치과의사에게 신경 치료를 할 권한을 주는 것과 같은 상황에서는 물론 승낙 의사 표시가 중요하다. 그리고 아이가 다른 곳에서 듣게 될 이야기대로 성관계 파트너에게 명확한 승낙을 얻지 않으면 범죄를 저지를 위험이 있다는 점도 아이에게 설명해주어야 한다. 하지만 청소년과 성생활에 관한 얘기를 나눌 때 거기서 그쳐서는 안 된다. 허락만 있어도 적절한 기준이 충족된다고 받아들이면 우리가 치워버리려 했던, 불안을 불러일으키는 바로 그 공격-수비 구도를 강화하는 셈이 된다.

물론 승낙은 양방향으로 작용하지만, 약간 다른 각도에서 바라보자면 그 말을 할 때 우리는 대개 남자는 여자를 힘으로 제압할 수 있다는 사실을 염두에 두고, 계속 진행하기 전에 남자가 여자에게 승낙을 받아야 한다고 여긴다. 그러므로 어른들이 성행위에서 승낙의 중요성을 강조할 때 여자아이는 남자아이가 자신에게 뭔가를 하자고 압박할 예정이며, 자신은 남자아이들이 뭔가를 하거나 하지 못하도록 결정하는 문지기 역할을 해야 한다는 말로 이해하고 스트레스를 받는다. 하지만 파트너와의 적극적 합의를 기준으로 두고 이야기한다면 스트레스를 주는 상호작용을 즐거운 것으로 대체할 수 있다.

성적 자율권이 성 건강을 보호한다

자신의 연애 파트너와 서로 원하는 것에 대해 적극적 합의를 이루어야 한다는 점을 딸에게 분명히 이해시키고 나면, 다음 단계는 무엇일까? 이제 합의된 행위에 대처가 필요한 위험이 따르지는 않는지 확인해봐야 할 차례다. 이런 식으로 접근해보자. "너랑 네 파트너가 뭘 하고 싶은지 함께 정했으면 이제 너희가 겪을지도 모르는 위험 요소를 생각해야 해. 너희 계획의 의미를 너와 네 파트너가 각자 다르게 받아들인다면 누군가가 상처받진 않을지, 성병에 걸릴 위험은 없는지, 임신 가능성은 없는지 말이야."

육체적 관계의 즐거움을 논한 뒤에야 위험 관리를 언급하면 여자아이가 자신의 성 건강을 우선시하지 않을지도 모른다고 걱정하는 어른도 있다. 하지만 연구 결과는 이와 정반대였다. 자신의 성적 욕구에 익숙하지 않은 소녀일수록 육체적 관계에서 쉽게 타협하고, 진심으로 원치 않는 성행위를 받아들이고, 자신의 건강을 위험에 노출할 확률이 높았다.[22] 또한 전통적 성 역할, 즉 침실에서는 남자가 주도권을 잡고 여자가 따른다는 개념을 받아들이는 여자아이는 성별에 따른 전통에 의문을 표하는 아이보다 피임 기구를 사용하거나 성병을 예방할 대책을 세울 확률이 낮다는 사실이 연구에서 밝

혀졌다.[23]

네덜란드에서는 오래전부터 남녀 구분 없이 청소년의 성을 건강하고 자연스러운 것으로 간주하고, 가정과 학교에서도 이를 공개적으로 다룬다. 전문가들은 이런 문화적 환경과 피임 기구를 손쉽게 구할 수 있도록 지원하는 네덜란드 보건 체계 덕분에 네덜란드가 선진국 가운데 10대 임신과 출산, 낙태 비율이 가장 적은 국가로 손꼽힌다고 분석했다.[24] 이 비율이 가장 높은 국가는 미국이다. 실제로 미국과 네덜란드 여자 대학생을 대상으로 성교육과 성에 대한 태도에 관한 설문을 진행한 연구자들은 두 국가의 여성 사이에서 뚜렷한 차이점을 발견했다.[25] 예를 들어 네덜란드 여학생은 자신과 파트너가 "어디까지 가기를 원하고 어떤 피임법을 쓸 것인지 함께 계획을 세운다"라고 설명한 반면[26] 미국 여학생은 섹스를 할 가능성을 염두에 두고 미리 준비한다는 것은 "여자가 헤프다는 뜻"이라고 주장했다.[27]

핵심은 다음과 같다. 자신이 육체적 성생활을 즐길 자격이 **없다**고 여기는 소녀들은 스트레스와 불안으로 얼룩진 연애를 하게 된다. 이들은 애무를 나누는 동안에도 즐기기는커녕 자신의 평판을 걱정하느라 속을 태운다. 자신이 원하는 것, 원치 않는 것을 내세우기보다 남자가 모든 규칙을 마음대로 정하도록 놔둔다. 그리고 자신의 성 건강을 지키는 데 필요한 예방책을 실천하지 못하기에 이들의 성생활은 위험하고 걱정스러운 행위로 변질되어버린다. 하지만 딸이 자신의 피어나는 성적 호기심을 편안하게 받아들이도록 우리가 돕는다면 아이가 마땅히 누려야 할 안전하고 기분 좋은 애정 생활을 즐길 확률도 자연히 높아질 것이다.

섹스를 거절하는 여러 가지 방법

물론 남자아이가 아니라 여자아이에게만 이성애적 관계에서 일어나는 일을 규제할 책임이 있다고 가르쳐서는 안 된다. 하지만 딸이 자신의 파트너가 원하는 것보다 진도를 적게 나가고 싶을 때도 당연히 **있기 마련**이다. 유감이지만, 현재 이런 상황에 대처하는 법에 관해 여학생들이 받는 조언은 여전히 공격-수비 구도의 영향 아래에 있다. 우리는 당연하다는 듯 여자아이에게 성행위를 거절하는 유일한 방법은 명확하고, 직접적이고, 가감 없고, 꾸밈없이 "싫어"라고 말하는 것이라고 가르친다.

승낙을 강조하는 지침과 마찬가지로 이러한 조언은 부분적으로는 법률과 관련되어 있다. 데이트 강간이 성립되는지 아닌지는 종종 여성이 성교를 원하지 않는다는 의사를 얼마나 **명확히** 표현했는지로 갈리는 사례가 많으므로 이는 확실히 좋은 의도에서 나온 말이다. 또 내가 보기에 이 말은 딸에게 자신이 남자와 동등하다고, 특히 자기 몸과 관련된 문제에서는 거리낌이나 죄책감 없이 거부권을 행사할 자격이 있다고 가르치고 싶은 어른들의 간절한 소망에서 비롯된 것이기도 하다. 하지만 여자아이가 원하거나 원치 않는 바를 명확히 드러내는 방법은 그 밖에도 **많다**. 다른 모든 방법보다 대담한 "싫어"

를 우선시하라는 조언은 실생활에서는 실용적이지 않을 때도 있다.

최근 나는 대학교 내 상담 센터에서 일하며 통찰력이 뛰어난 동료와 점심을 먹다가 이 점을 다시 한번 깨닫게 되었다. 아시안 패스트 푸드점에서 만난 우리는 주문한 음식을 받아 쟁반을 들고 조용한 구석 자리에 앉았다. 먼저 서로 가족의 안부와 다가오는 여름휴가 계획을 물은 뒤 그녀는 갑자기 분위기를 바꿔 다소 절박한 어조로 말했다. "요즘 여기저기서 계속 내 눈에 띄는 현상이 하나 있는데, 당신 눈에도 그게 보이는지 알고 싶어." 목소리에 깊은 우려가 담겨 있었기에 듣는 나도 바짝 긴장했다. 동료가 말을 이었다. "지난 몇 년 동안 원치 않는 상대와 섹스를 하고 나서 마음이 상해 내게 도움을 청하러 오는 여학생이 점점 늘어나고 있어." 나는 계속하라는 뜻으로 고개를 끄덕였다. "그 애들은 당시에도 자신이 그러고 싶지 않다는 걸 알고 있었어. 그래서 두 가지 이유로 나를 찾아오더라고. 침해당했다는 기분이 들고, 왜 자기가 '싫어'라고 말하거나 다른 방법으로 거절을 표현하지 않는지 혼란스럽고 화가 난대."

내 동료는 전형적 시나리오를 내게 묘사했다. 대개 내담자는 남학생 클럽 같은 데서 주최하는 파티에 갔다가 한 남학생과 얘기를 나누고, 분위기가 무르익는다. 그렇게 점점 관계가 진전되어 둘은 성적 행위를 위해 둘 중 한 명의 방으로 가기로 한다. 여기까지도 상황은 여학생이 원하는 범위를 벗어나지 않는다. 자리를 옮겨 애무를 나누던 여학생은 문득 두 가지를 깨닫는다. 자신이 지금 삽입 성교까지는 원하지 않는다는 점, 그리고 현재 그녀의 파트너가 당연히 오늘 거사를 치를 것으로 생각한다는 강력한 비언어적 신호를 발산하고 있다는 점이다.

동료는 내담자들의 표현을 빌려 설명했다. "차마 상대를 거절할 수가 없어서 '그냥 눈 딱 감고 참기로' 마음먹고 관계를 했다고 하더라. 일단 남자와 침대에 들어가 섹스를 하기로 합의하면 깰 수 없는 사회적 계약에 서명한 거나 마찬가지라고 생각하는 것 같았어."

나는 동료에게 무슨 얘긴지 정확히 알겠다고 대답했다. 최근 똑똑하고 차분한 대학교 2학년 여학생이 거의 똑같은 문제로 나를 찾아왔기 때문이다. "깜짝 놀랐어." 나는 동료에게 말했다. "그 학생은 원치 않던 섹스를 했다는 점 못지않게 자신이 '페미니스트로서 실패했다'는 점에도 화가 나 있더라고." 동료가 열렬히 고개를 끄덕였다. "맞아. 그 학생들은 강한 여성이야. 소심하지 않다고. 그래서 자신이 목소리를 높였어야 한다고 생각하고 자기 자신에게 화가 난 채로 상담실을 찾는 거야. 하지만 대놓고 '싫어'라고 말하면 상대방의 감정을 상하게 하거나 캠퍼스 내에서 '남자를 갖고 노는 여자'로 욕 먹을까 봐 걱정돼서 자신이 원치 않는 행위에 그냥 몸을 맡기기로 한 거지."

물론 이런 상황에서 남학생은 상대가 명확한 거절의 말이 없다는 것을 승낙으로 받아들여서는 안 되고, 여학생은 자신의 솔직한 말에 상대방이 좋지 않은 반응을 보일까 봐 걱정할 필요가 없어야 한다. 다행히도 학생들이 성 윤리를 받아들이고 자신의 성적 파트너와 솔직하고 효과적으로 의사소통하는 방법을 배우도록 돕는 고등학교나 대학교도 많다. 하지만 우리 딸들이 운 좋게 단계마다 신경 써서 합의하는 파트너를 만나지 않았을 때 아무 말도 하지 못하는 사태는 없어야 한다.

우리는 앞으로도 딸에게 상황에 맞는 방법이라는 생각이 들 때는 순수하고 단순하게 "아니"라고 말해서 섹스를 거절할 권리가 있다고 조언해야 한다. 하지만 이 좋은 조언만으로는 충분하지 않을 때도 있다. 사실 아니라는 뜻을 분명하게 표현하는 방법은 여러 가지가 있고, 여학생이 섹스를 거절하는 방법이 하나밖에 없다고 생각하도록 놔둬서도 곤란하다. 여기에는 이유가 있다. 내 동료의 이야기를 살펴보면 여학생들이 단호하게 "싫어"라고 말하기를 꺼리게 되는 흔한 상황은 두 가지 경우였다. 첫째는 상대 남학생에게 상처를 줄까 봐 걱정될 때, 둘째는 거절했다가 적대적 반응을 불러일으킬까 봐 두려울 때였다.

실제로 모든 문화에는 거절에 관한 정교한 예법이 존재한다.[28] 남의 기대(그리고 특히 상대방이 술에 취했을지도 모르며 이제 곧 성교를 하게 되리라고 생각하는 사람이라면 더더욱)를 무너뜨리는 것은 작은 일이 아니기 때문이다. 일상적 상호작용에서 단도직입적 거절은 대개 상대에게 무안을 주기에 그리 흔하지 않다. 그 대신 사람들은 대부분 듣기 좋은 말과 섭섭함의 표현, 그럴듯한 이유나 핑계를 조합해서 요청을 거절한다.[29] 달리 말해 지인이 당신을 저녁 파티에 초대하면 당신은 틀림없이 "아뇨, 당신 파티에는 가고 싶지 않은데요"라고 대답하지는 않을 것이다. 오히려 이런 식으로 말할 가능성이 크다. "어머, 초대해주셔서 고마워요. 그런데 서운해서 어떡하죠. 그날은 제가 선약

이 있네요."

　꾸밈없이 "싫어"라고 말하는 것은 우리 딸들이 상대방의 감정이나 자신의 안전(예를 들어 파티에서 위험해 보이는 사람이 들이댈 때)을 걱정하지 않아도 될 때 통하는 방법이다. 이 점을 고려할 때 우리는 기본적인 "그냥 싫다고 해"라는 조언을 확장해서 자신이 원한다면 상대방과의 관계를 보호하면서도 확실하게 거절하는 방법을 우리 딸들에게 가르칠 필요가 있다. 딸에게 상호작용의 어느 시점에서든 얼마든지 이렇게 말해도 괜찮을 때가 있다는 것을 알려주자. "저기, 오늘 정말 좋았어. 그쪽이 어떻게 생각하는지 잘 모르겠지만, 나는 당장 섹스까지 가고 싶지는 않아."

　물론 예의 바른 거절이 애매한 부정으로 또는 협상의 시작으로, 심지어 긍정으로 잘못 받아들여질까 봐 걱정될 수도 있다. 하지만 솔직히 이 세 가지 가능성은 모두 상대가 상황을 의도적으로 잘못 읽었을 때만 벌어진다. 그렇기에 거절을 반복해야 하는 상황이라면 굳이 상대방의 감정을 걱정하느라 부담을 느낄 필요가 없다고 일러두는 편이 좋다. 이 시점에서는 상황을 잘 파악한 뒤 단도직입적 표현인 "싫어"로 다시 돌아갈지, 핑계를 대는 등의 다른 대인 관계 전략을 활용할지 판단하는 편이 바람직하다고 알려주자.

　실제로 젊은 여성을 대상으로 섹스를 피하는 전략을 조사한 연구자들은 핑계 대기(이를테면 몸이 좋지 않다든가, 임신이 걱정된다든가)가 널리 쓰이는 전략임을 밝혀냈다. 조사에 참여한 여성들은 파트너가 "정말로 기분이 상하는" 사태를 방지하기 위해 "충격을 줄이는" 것이 중요하다고 생각했다.[30] 이런 생각은 두 번째 시나리오, 즉 여성이 자신의 단호한 거절로 상대방의 분노가 자극될지 모른다고 여기는 상황으로 이어진다. 언어학자들은 "아니요"를 극도로 간접적으로 표현하는 관습이 우리 사회에 깊이 뿌리내리고 있다는 것을 고려할 때 직접적 거절, 특히 설명 없이 제시하는 거절은 종종 무례하거나 적대적인 행동으로 받아들여진다고 설명한다.[31] 페미니스트 언어학자인 데버라 캐머런Deborah Cameron은 수집된 증거를 살펴보면 가감 없이 "싫다"라고 말하라는 현재의 표준 성교육은 본질적으로 젊은 여성들에게 "거절을 극도로 공격적인 방식으로 언어화함으로써 접근을 거절당하는 남성의 모욕감을 더욱 자극하라고" 시키는 것이 아닌가 하는 의구심이 든다고 지적했다.[32] 그러지 않아도 남성이 자신의 거절을 잘 받아들이지 못할까 봐 걱정하는 젊은 여성에게 굳이 모욕적으로 들릴 가능성이 큰 방식으로 거절하라고 조언할 이유가 무엇이란 말인가?

동료와 나는 우리 상담실을 찾아오는 여학생들을 도울 방법을 생각해내기 전에 헤어지고 싶지 않아서 점심 식사 자리를 뜨지 못하고 미적거렸다. 동료는 내담자들과 앞으로의 성적 만남을 위한 계획을 두고 이야기를 나눴고, 설문 조사에 답한 여성들처럼 여학생들은 특정 시간에 친구와 만나기로 한 약속이 갑자기 '생각나서' 가봐야 한다든가 하는 가상의 탈출구, 즉 핑계를 미리 마련하거나 몸이 좋지 않아서 섹스를 하고 싶지 않다고 말한다는 아이디어를 자발적으로 제안했다고 했다. 동료와 함께 앉아 얼음이 다 녹은 음료를 끝까지 빨대로 빨아 마시면서 바라보니 동료도 나와 똑같이 그녀의 내담자들이 제안한 방법이 약간 껄끄러운 듯했다. 한편으로 우리는 여학생들이 원치 않는 성행위를 피하도록 어떻게든 도와주고 싶었고, 다른 한편으로는 섹스를 피하기 위해 핑계를 대라고 제안하기가 망설여졌다.

그 뒤로 몇 주가 지나도록 나는 그때 나눈 대화를 마음속에서 몇 번이고 곱씹었다. 계속 생각하다 보니 내가 이미 오래전부터 좋지 않은 일, 이를테면 파티에서 대마초를 피우게 되는 상황에서 빠져나오기 위해 핑계를 대는 데 부담을 느끼지 말라고 청소년들에게 조언해왔다는 사실을 깨달았다. 그렇게 한 이유는 "피우고 싶기는 한데 아빠가 내 머리카락으로 마약 검사를 한다지 뭐야"라는 식으로 핑계를 대면 10대 아이들이 사교상 불이익 없이 또래의 제안을 거절할 수 있었기 때문이다. 달리 말하면 까다로운 사회적 상황에서 완벽한 투명성을 기대하는 것은 거의 누구에게나 비현실적이라는 뜻이다. 나는 청소년이 거절 의사를 표현할 적당한 방법이 없어서 뭔가 위험한 일이나 스스로 원치 않는 일을 할 바에야 선의의 거짓말을 하는 편이 낫다고 생각한다.

그렇다고 해서 우리 딸들의 연애 파트너에게서 어떤 형태의 거절이든 있는 그대로 받아들여야 할 책임이 면제되는 것은 아니다. 하지만 여자아이가 처음부터 자기 파트너와의 의사소통이 얼마나 잘 이루어질지 항상 알 수는 없는 법이다. 그렇기에 우리는 딸들이 합의를 통한 바람직한 성생활과 가끔 찾아오는 예기치 못한 만남 양쪽에 모두 잘 대처하도록 도움을 줄 필요가 있다.

여자「아이」의 심리학

결과적으로 나는 우리가 여자아이들에게 하는 조언이 타당한지는 전적으로 결과를 보고 판단해야 한다는 결론을 내렸다. 여자아이가 잔뜩 달아오른 분위기에서 직설적으로 "싫어"라고 말하기 부담스럽다고 느낀다면 약간의 창의성을 발휘해 부드럽게 돌려 말하거나 핑계를 대는 방법이 있다고 조언해줘도 좋다고 생각한다. 그럴 때는 아이들에게 각기 다른 상황에서 다양한 방법을 써도 좋으나 반드시 자신의 뜻을 명확하게 표현해야 한다는 점을 강조해야 한다. "섹스할 기분이 아닌 것 같아"는 부적절해도 "오늘은 섹스하고 싶지 않지만, 다음에 다시 만났으면 좋겠어"는 적절하고, "내 친구를 만나러 가봐야 할 것 같아"는 곤란해도 "내 친구를 집에 데려다주기로 약속한 게 방금 생각났어. 지금 가봐야 해"는 괜찮다. 우리 딸들은 자신이 **진심으로** 원하는 것을 자신 있게 표현하고, 원치 않는 일을 자연스럽게 피할 실용적 방법을 갖춰야만 비로소 연애를 즐길 수 있다.

즉석 만남 문화의 진실

내 동료가 털어놓은 것과 비슷한 이야기를 계속 듣다 보면 최근 몇 년 동안 연애 관계, 특히 대학생들의 연애 트렌드가 크게 바뀌었다는 생각이 든다. 낭만, 구애, 헌신 대신 빠르고 간단한 성적 관계 위주로 돌아가는 '즉석 만남 문화'라는 말이 여기저기서 들려온다. 인기 영화와 텔레비전 쇼 또한 원나이트나 교제를 전제로 하지 않은 섹스, 섹스 파트너(감정적 애착 없이 정기적으로 섹스하는 상대)가 청춘남녀 사이에서 당연시된다는 인식을 퍼뜨리는 데 한몫했다. 실제 조사에서도 1980년대 후반에서 1990년대 초반 젊은이와 비교하면 현재 세대는 명백히 사귀는 사이가 아닌 가까운 친구나 가벼운 데이트 상대와도 섹스할 마음이 있다고 응답한 비율이 높았다.[33] 하지만 즉석 만남 문화의 실상은 대체로 그 떠들썩한 명성에 미치지 못한다.

대규모 설문 조사 결과를 살펴보면 20, 30년 전의 18~25세와 비교해 현재 세대는 18세 이후의 성교 파트너 수, 지난해의 성교 파트너 수, 성교 횟수 모두 감소한 것으로 나타났다.[34] 실제로 오늘날의 젊은이들이 앞 세대보다 섹스를 **덜** 한다는 뜻이다. 1980년대와 1990년대에 태어난 20~24세 가운데 18세 이후로 섹스를 하지 **않은** 비율은 15퍼센트였지만, 1960년대생들의 비율은 6퍼센트에 불과했다.[35] 이와 비슷한 설문 조사에 따르면 고등학생 중에 성 경험이 없다고 답한 학생 비율은 1991년에 46퍼센트에서 2017년 60퍼센트로 증가했다.[36] 왜 오늘날의 청소년이 앞 세대보다 성 문제에서 보수적으로 바뀌었는지 정확히 알 수는 없지만, 통계로 밝혀진 것처럼 현재 우리가 극도로 문란한 세대를 키우고 있다는 인식과 일치하지 않는다는 점만은 분명하다.

하지만 유감스럽게도 조사 결과를 보면 우리 딸들이(사람들 대부분과 똑같이) 언론의 선전을 그대로 믿는다는 점도 알 수 있다. 미국 전체에서 지난해 두 명 이상과 성행위를 한 18~19세 청소년 수를 어림해보라는 질문에 18~25세 응답자가 절반이 훨씬 넘을 것으로 추측했지만, 실제로는 27퍼센트에 불과했다.[37] 마찬가지로 대학에 다니는 동안 10명 이상과 즉흥적으로 키스에서 성교까지를 아우르는 성적 행위를 한 사람의 비율을 묻는 질문에서도 젊은 세대는 절반이 넘을 거라고 예측했지만, 실제 수치는 20퍼센트에 머물렀다.

세상의 낭만주의자 여러분에게 좋은 소식이 있다. 대학생들을 대상으로 한 최근 설문 조사에서 남학생 63퍼센트, 여학생 83퍼센트가 교제 없는 성적 관계보다 전통적인 연애 관계를 선호한다고 대답했다.[38] 다른 연구에서 이상적 주말이 가벼운 섹스를 즐기는 것이라고 답한 18~25세는 16퍼센트에 불과했으며, 나머지 84퍼센트가 진지한 관계라는 맥락에서 섹스 또는 아예 다른 활동을 선호한다고 말했다.[39]

대학생들은 원래 만난 지 얼마 안 되는 상대와 섹스를 한다는 사회 전반의 인식을 우리 딸들이 받아들이는 것은 그리 이로운 일이 아니다. 따라서 우리는 딸에게 매년 두 명 이상의 파트너와 즉흥적으로 만나는 학생은 극히 일부일 뿐이며 남녀 모두 원나이트보다는 의미 있는 관계를 선호한다는 점을 알려줄 필요가 있다.

즉석 만남 문화에 관한 통념을 믿는 것만으로 진짜 문제가 발생할 때도 있다. 감정적 애착이 없는 신체 접촉을 원하지 않는 여학생은 시대의 흐름(실제로는 존재하지 않지만)을 따르지 않는 자신에게 뭔가 문제가 있는 것은 아닌지 걱정하기도 한다. 아니면 가벼운 섹스가 불편한데도 그게 일반적이라고 여기고 동의하기로 마음먹는 여학생도 있다. 그런데 이렇게 가벼운 섹스를 불편하게 생각하는 이들은 어떻게 일을 저지를 용기를 낼까? 자주 쓰이는 방법이 술의 힘을 빌리는 것이다.

술기운 빌리기

사람은 대부분 잘 알지도 못하는 사람과 친밀한 신체 접촉을 하는 데 불안을 느낀다. 이때 불안을 손쉽게 억누르는 대표적 방법이 술에 취하는 것이다. 그러니 즉석 만남에 음주가 얽히는 것은 놀랄 일도 아니다. 여러 조사에서 대학생 사이의 가벼운 성적 접촉은 대개 술을 몇 잔 마신 뒤에 이루어지며, 술을 많이 마신 여학생일수록 즉흥적으로 신체 접촉을 할 확률이 높고[40] 진도를 더 많이 나가는 경향이 있다는 일관된 결과가 나왔다.[41]

흥미롭게도 음주와 즉석 만남의 상관관계는 남성보다 여성의 경우 훨씬 높게 나타난다.[42] 가벼운 섹스에 대한 불안을 잠재우려고 술을 마시는 여성도 있지만, 불안에 관련된 다른 방식의 설명도 있다. 전문가들의 주장에 따르면 성적으로 적극적인 모습을 보이고 싶은 여성은 술을 마시고 있을 때 우리 사회의 이중 잣대에서 조금이나마 벗어나는 기분을 느낀다.[43] 같은 맥락에서 여학생들도 자기 행동을 술 탓으로 돌릴 수 있다면 자신이 성적 모험으로 비난받는 일을 피할 수 있다고 생각하는지도 모른다.

음주와 가벼운 성적 행위는 서로 단단히 얽혀 있어서 어린 학생들은 두 가지 관계에 의문조차 품지 않을 때가 많다. 그러므로 왜 술과 즉석 만남이 붙어 다니는지를 여자아이가 잘 생각해보게끔 이끌어줄 책임은 우리 어른의 몫일 것이다. 2~3년 전, 내가 중3 여학생들과 단체 면담을 진행하고 있을 때 꼭 알맞은 기회가 제 발로 찾아왔다. 우리는 가끔 파티에서 무한정 제공되는 술, 그리고 술을 조심해야 하는 여러 이유에 관해 이야기를 나누고 있었다. 토론 도중 한 여학생이 영민하게 한 가지를 지적했다(만 14세면 이미 언변이 뛰어난 아이가 많다). "게다가 사람들이 술에 취하면 승낙 문제도 복잡하게 꼬여요."

"음, 그렇지." 내가 말했다. "하지만 일단 한 걸음만 물러나보자. 너희가 누군가와 애무를 즐길 예정이라면 술에 취해야 할 이유가 대체 뭘까?" 거기서부터 나는 이야기를 풀어갔다. "살면서 우리가 그냥 즐거워지려고 하는 일은 그리 많지 않아. 내가 보기에 그런 일에 들어가는 건 텔레비전 보기, 아이스크림 먹기, 그리고 애무하기 정도가 전부야!"

학생들은 내가 어디로 이야기를 끌고 갈지 대강 짐작하면서도 기꺼이 귀를 기울여주었다.

"누군가와 신체 접촉을 할 거라면 선생님은 너희가 그걸 온전히 **즐겼으면** 좋겠어. 이런 식으로 생각해보자. 내가 너희한테 아이스크림을 권했는데, 너희가 '좋아요. 먹을게요. 그런데 먼저 좀 취해야겠어요'라고 하지는 않을 거야, 안 그래? 아이스크림을 즐길 미각을 굳이 둔하게 할 이유가 없으니까. 애무를 할 때도 마찬가지야. 누군가와 신체 접촉을 하기 전에 술을 마셔야겠다는 생각이 든다면 뭐가 어떻게 돌아가고 있는 건지 생각해봤으면 좋겠어."

분위기가 가볍기는 했어도 학생들은 내가 하려던 말을 알아들었다. 이 이야기를 하면서 내가 이루고 싶은 목표는 두 가지였다. 첫째, 나는 아이들이 음주와 즉석 만남의 연결 고리에 의문을 품고 좀더 깊이 생각해보도록 유도하고 싶었다. 둘째, 나는 기회가 될 때마다 여자아이들에게 그들의 성생활이 즐거움으로 가득해야 마땅하다는 얘기를 하려고 애쓴다. 그런 메시지를 전하는 데 성공하면 아이들이 자신의 성적 호기심을 부끄럽게 여기는 대신 자연스럽게 받아들이도록 돕는 셈이다. 그리고 연애라는 영역에 침착하게 접근하는 여자아이는 친밀한 신체 접촉을 할 때 술기운을 빌릴 필요가 없다.

상업용 포르노가 끼치는 악영향

여러 면에서 요즘 젊은 세대의 성생활이 예전보다 보수적으로 변하기는 했지만, 한 가지 눈에 띄는 예외가 있다. 광대역 서비스가 널리 보급되면서 인터넷을 쓰는 사람은 누구나 손쉽게 노골적인 포르노를 접할 수 있게 되었다. 최근 조사에서 17세까지 남자아이 93퍼센트, 여자아이 62퍼센트가 포르노에 노출된다는 결과가 나왔으며,[44] 여기서 말하는 포르노는 몽환적 분위기의 성애 영화 같은 것이 아니다. 포르노가 성적 관계에 미치는 영향을 조사한 한 연구원의 말에 따르면 주류 상업용 포르노는 폭력과 여성 비하가 포함된, 거의

천편일률적인 줄거리를 중심으로 만들어진다.[45]

통계를 살펴보면 포르노 소비가 성적인 상황에서 벌어지는 일들을 바꿔놓고 있다는 사실이 드러난다. 포르노 소비는 현실적 성행위에 만족하는 비율이 감소하고[46] 제한 상영가 등급 영상에서 자주 나오는 행위, 이를테면 항문 성교 등이 증가하는 현상과 연관되어 있다.[47] 장기간에 걸쳐 여자 대학생의 성생활을 추적 조사한 연구에서 항문 성교 경험자는 1999년 26퍼센트에서 2014년 46퍼센트로 증가했다.[48] 연구에 참여한 여성들은 면담에서 자신의 파트너가 소비하는 포르노 내용과 그들이 잠자리에서 요구하는 행위의 직접적 연관성을 지적했다. 어떤 조사에서 참여자 한 명은 이렇게 설명했다. "남자들은 (…) 항문 성교를 하고 싶어 해요. 포르노에 자주 나오니까 그런 행위가 일반적이라고 생각하기 쉽지만, 사실 그렇지 않잖아요."[49] 조사에서 항문 성교를 시도해본 결과 좋았다고 대답한 여성도 물론 있지만, 대다수 여성은 부정적이거나 고통스러운 경험이었다고 답했다.[50]

포르노가 젊은 여성에게 미치는 악영향을 내게 더욱 와닿게 알려준 사람은 중1 무렵부터 알고 지내던 대학교 1학년 여학생이었다. 킴을 처음 만난 건 그녀의 부모님이 막 갈라선 뒤였다. 킴은 조숙하게도 자기 부모님에게 이혼 문제로 자신이 받은 충격을 상담받고 싶다고 부모에게 직접 요청했다고 한다. 나는 킴의 가정이 안정된 리듬을 찾을 때까지 몇 달 동안 규칙적으로 만났다. 그 이후로 킴은 고등학교를 졸업할 때까지 주기적으로, 그것도 늘 자발적으로 내게 근황을 보고했다. 늦가을 어느 날 킴에게서 추수감사절 단기 방학을 맞아 집에 돌아올 때 상담 예약을 잡을 수 있는지 묻는 음성 메시지가 왔다. 오랫동안 친분을 쌓은 사이기에 나는 킴이 어떻게 지내는지 꼭 듣고 싶었다.

상담실에 자리를 잡고 앉아 우리는 간단히 안부를 물었다. 스스로를 잘 관리하는 아이였던 킴은 조금 지쳐 보였다. 하지만 자기 말로는 대학에서 즐겁게 지내고 있으며 가족과도 별문제가 없다고 했다.

"무슨 일로 보자고 했니?" 내가 물었다.

킴의 얼굴이 어두워졌다. 갑자기 좌절하는 동시에 창피해하는 듯한 표정이었다. "저 아무래도 알코올의존증인가 봐요."

"알겠어." 나는 아무런 비난 없이 도움을 주고픈 마음만을 떠올리며 최대한 부드럽게 대답하고는 잠시 숨을 고른 후 이렇게 물었다. "왜 그런 걱정을 하게 됐는지 말해줄 수 있겠니?"

"입학 초기에는 별로 많이 마시지 않았어요. 가끔 파티에 가면 맥주 한두 잔 정도 마시고 대마초를 피우기도 했지만 막 나가진 않았죠. 그러다 10월에 마음에 드는 남자를 만나 그 애랑 걔 친구들하고 같이 다니기 시작했어요. 걔들은 파티광이에요." 킴이 말했다. "걔들이랑 어울리면서 주량이 늘었죠. 저는 진심으로 크리스가 마음에 들었어요. 아, 그 애 이름이 크리스예요. 하지만 고픈 여자로 보이기 싫어서 주말 밤이면 크리스 친구들이랑 술 마시기 게임을 하며 같이 놀았어요." 킴은 물음표를 띄우는 내 표정을 눈치채고 되짚어 설명했다. "고프다는 건 안달이 나서 남자한테 덤벼들면서 헤프게 군다는 말이에요."

나는 고개를 끄덕였지만 끼어들지는 않았다. 킴이 빨리 얘기를 계속하고 싶은 것 같았기 때문이다.

"크리스 친구들이랑 같이 다니기 시작하고 2주쯤 지나 제가 크리스 집에서 자고 가게 됐어요. 우리는 섹스를 했죠. 어쩌다 보니 그냥 그렇게 됐어요. 사실 기억나는 부분이 별로 없어요. 완전히 취해 있었거든요. 그때부터 음주 문제가 심각한 게 아닌지 걱정하기 시작했어요. 하지만 같이 잔 건 후회하지 않아요. 저는 크리스가 좋고, 그 뒤로도 계속 만나고 있거든요."

킴은 내 얼굴에 떠오른 조금 걱정스러운 표정을 알아챘다.

"여드름 때문에 고등학교 때부터 피임약을 먹고 있으니까 임신할 염려는 없어요. 어쨌거나 저는 지금 제가 크리스와 무슨 사이인지 잘 모르겠어요. 좀 더 진지하게 사귀고 싶지만, 그렇다고 막 들이대고 싶지는 않거든요. 요즘은 거의 매일 밤 크리스가 놀러 오라는 문자를 보내기를 기다리면서 술을 마셔요. 기다리는 동안 느끼는 초조함을 달래고 싶어서 그러는 것 같아요."

마침내 내가 입을 열었다. "너와 크리스 얘기를 들어보니 네가 흔들리는 바닥 위에 서 있는 느낌이 들 때가 많은 것 같네. 내가 정확히 표현했니?"

"네, 맞아요. 크리스는 좋은 남자고, 저는 그냥 같이 자는 것보다는 좀 더 진지하게 만나고 싶어요. 하지만 남자를 붙들어두려는 여자로 소문나는 건 싫어요."

"추수감사절 방학 중에도 크리스하고 연락하고 있니? 육체적 관계가 없을 때도 둘 사이에 교감이 있어?"

"음… 방학이 시작되고 나서는 한 번도 연락이 없었어요. 마지막으로 만났을 때 좀 어색하게 헤어졌거든요. 그전에도 섹스를 몇 번 하기는 했지만, 방학 전날에는 크리스가 항문 섹스를 해보고 싶다고 했어요. 그걸 좋아하는 남자가 많다는 건 알지만, 저는 겁이 덜컥 났어요." 그러더니 킴은 아주 정상적인 일이라는 듯이 이렇게 덧붙였다. "그래서 저는 술을 들이붓듯 마셔서 엄청나게 빨리 취해버린 후 그걸 해치웠죠. 크리스는 좋아하는 것 같았지만, 저는 맨정신으로는 절대 못 했을 것 같아요." 킴은 잠시 말을 멈췄다. "그러고는 다음 날 아침 선생님께 전화한 거예요. 그런 식으로 술을 마셨다는 사실이 정말 무서웠거든요."

나는 킴과 내가 오래된 사이라는 사실이 다행스러웠다. 그때 우리 앞에 놓인 순간이 너무도 미묘했기 때문이다. 나는 킴이 들려준 얘기에 정색을 하고 반응해서 킴을 위축시키고 싶지 않았다. 그렇다고 미지근하게 반응해서 파괴적이고, 섹스 중심적이고, 포르노의 영향을 받은 데다 제대로 합의되지 않은 이 관계를 묵인하고 싶지도 않았다.

그 중간 어디쯤을 노리고 나는 조심스레 입을 열었다. "네가 정말 알코올의존증인지는 잘 모르겠지만, 네가 말로 하지 않은 다른 문제가 있는 것 같아." 킴은 계속하라는 듯 한결 편안한 표정을 지어 보였다. "네가 얘기한 크리스와의 관계가 그렇게 드물지 않은 방식이란

건 나도 알아." 킴이 고개를 끄덕였다. "하지만 내가 보기에 그건 한쪽으로 기울어지고 불안을 유발하는 관계야."

"알아주셔서 고마워요." 킴이 안도한 듯한 목소리로 속삭였다.

"지금까지 들은 얘기로 판단해보면 너는 네가 원하는 일을 요구하거나 네가 원하지 않는 일을 크리스한테 말하는 것을 부담스러워하는 것 같아. 그러다 보니 이 관계에서 긴장감을 다스리려고 술의 힘을 빌리는 거지."

"그 말씀이 맞는 것 같아요."

"그리고 다른 문제도 있어." 내가 덧붙였다. "너도 알겠지만, 네가 취했다는 사실을 섹스해도 좋다는 허락으로 받아들인 건 크리스 잘못이야."

킴이 동의하더니, 갑자기 이렇게 물었다. "그러면 제가 한동안 술을 마시지 않는 건 어떨까요?"

"음… 확실히 나쁠 건 없지. 게다가 그렇게 하면 두 가지를 확인해볼 수 있어. 첫째, 네가 쉽게 술을 끊을 수 있다면 너는 걱정할 만큼 알코올의존증이 아닌 거지. 둘째, 네가 맨정신일 때 크리스와 함께 시간을 보내는 게 잘되지 않는다면 너희 관계를 대폭 손봐야 한다는 뜻이야. 아니면 그만 정리하거나."

킴은 묵묵히 앉아 있다가 입을 뗐다. "선생님 말씀이 옳다는 건 알지만, 크리스에 대해 어떻게 생각해야 할지 모르겠어요. 이제 와서 관계를 바꿀 방법도 모르겠고, 그렇다고 아직 포기하고 싶지도 않고요."

"들어봐." 내가 말했다. "너는 지금 매우 좋지 않은 상황에 빠졌고, 너와 크리스 사이는 건전한 관계가 아니야. 너도 물론 알고 있겠지만, 연애 관계란 게 **네가** 원하는 것을 중심으로 쌓아가야 한다는 사실을 잊지 않는 일이 가끔은 어렵기도 해. 네가 그런 방향으로 나아갈 수 있도록 우리가 함께 방법을 찾을 수 있을 거야."

나는 킴이 학교로 돌아가기 전에 두 번 더 만났고, 겨울방학에 그녀가 집에 돌아오면 다시 만나기로 약속을 잡았다. 12월 중순에 상담실로 찾아온 킴은 예전 모습으로 돌아가 있었고, 바로 본론으로 들어갔다.

"그래서 말인데요." 킴이 말했다. "저는 한동안 술을 끊겠다고 스스로 한 약속을 지켰어요. 마침 기말고사 기간이어서 어차피 타이밍도 딱 맞았고요. 그리고 크리스와의 관계도 바뀌었어요."

"어떻게 변했는데?"

"음…" 킴은 잠시 말을 멈췄다. "그러니까 우리 관계가, 아니 그걸 뭐라고 부르든 간에, 그냥 끝났다고나 할까요. 추수감사절 방학 내내 걔한테선 아무 연락이 없었어요. 그래서 캠퍼스에 돌아간 다음 걔가 먼저 연락할 때까지 기다려보기로 했죠. 결국 연락이 오긴 왔어요." 킴이 귀 뒤로 머리를 넘겼다. "하지만 그건 그냥 한번 하자는 연락이었어요."

나는 계속 집중해서 듣고 있다는 뜻으로 고개를 끄덕였다.

"걔가 자기 집으로 놀러 오라길래 갔죠. 제가 도착했을 때 크리스는 반갑게 맞아줬지만, 그 뒤로는 제게 변변히 말도 걸지 않았어요. 게다가 걔랑 걔 친구들은 취해 있고 저만 멀쩡한 상태로 같이 있으려니 믿을 수 없을 만큼 지루하더라고요. 그래서 조금 있다가 그냥 나와버렸어요. 그 뒤로는 연락이 없었고, 제 쪽에서도 연락하지 않았어요."

"내가 듣기에는 네가 더 좋은 남자를 만날 수 있다는 얘기를 하는 것 같네."

"**훨씬** 나은 남자요." 킴이 수줍은 미소를 지으며 말했다.

"그래." 내가 말했다. "내 생각도 그래. 중요한 점은 이거야. 우정이든 연애든 네 기분이 좋아지는 데 도움이 되어야지 너를 불행하거나 불안하게 해서는 안 된다는 것."

우리 딸들이 남자아이와 적절한 인간관계를 맺도록 돕고 싶다면 먼저 해야 할 일이 무엇인지 파악해야 한다. 우리는 딸에게 "괴롭힘이나 성희롱 앞에서 당당하게 너 자신을 지키고, 남녀 관계에서는 스스로가 원하는 것에 집중하고, 친구나 연인의 경우는 네가 마땅히 누려야 할 따뜻함과 상냥함으로 너를 대하는 남자를 골라"라고 조언해야 한다.

이제부터는 여자아이에게 스트레스와 불안을 안겨주는 또 하나의 보편적 원인인 학교에 시선을 돌려보기로 하자. 학교는 아이들이 앞서 다룬 여러 사회적 불안을 겪는 무대일 뿐 아니라 학업에 수반되는 무시할 수 없는 압박감에 직면하는 장소기도 하다.

학교생활

CHAPTER

5

현재 우리가 키우는 여학생들은 역대 최고의 학업 성취도를 보이는 세대다. 통계에 따르면 초등학교에서 시작해 대학교에 이르기까지 여학생은 모든 과목에서 남학생보다 더 뛰어난 성적을 낸다.[1] 고등학교에서는 입시 가산점 또는 대학교 학점으로 인정되는 심화 학습 advanced placement 수업을 더 많이 듣는 것도, 성적 우수자로 뽑히고 고등학교 졸업 후 바로 대학교에 진학할 가능성이 더 큰 것도 여학생 쪽이다.[2] 대학교에서는 일단 여학생이 남학생보다 많고, 졸업에 성공하고 석사·박사 학위를 따는 비율도 여학생 쪽이 높다.[3]

최근 학문 영역에서 여학생들이 거둔 괄목할 성취를 생각하면 아들보다 딸이 학교생활로 스트레스를 호소하는 빈도가 높은 것은 전혀 놀랄 만한 일이 아니다.[4] 여학생들이 이뤄낸 발전을 예전으로 되돌리기를 바라는 사람은 아무도 없겠지만, 우리는 그 결과로 여자아이들이 느끼는 압박감과 긴장을 줄일 방법을 찾을 필요가 있다. 이장에서는 학문의 현장에서 우리 딸들을 짓누르는 압박감을 하나하나 살펴보고 아이들이 공부 걱정에 압도당하지 않도록 도울 방법을 함께 알아본다.

학교와 스트레스는 불가분의 관계다

우선 학교와 관련해 여학생이 느끼는 스트레스의 근본 원인부터 살펴보도록 하자. 그건 바로 스트레스의 본질 자체에 관한 오해다. 알다시피 스트레스는 건설적일 때도 많지만, 우리 문화에서는 스트레스가 전적으로 해롭다는 잘못된 믿음을 품고 딸에게도 같은 관점을 물려주는 어른이 적지 않다. 자신의 안전지대에서 벗어나도록 떠밀리는 것은 사실 **이로운** 일일 때도 많으며, 학생이 학교에서 직면하는 스트레스 또한 대부분 건강한 유형의 스트레스에 속한다. 성장에는 어느 정도의 불편함이 따르기 마련이며, 우리는 힘껏 발돋움해서 성장하라고 아이들을 학교에 보낸다.

아이들이 학교에서 받는 건강한 스트레스를 가장 명확히 보여주는 비유는 점진적 과부하progressive overload 근력 훈련법이다. 근력을 키우는 데 가장 효과적인 방법은 중량을 조금씩 늘려가며 들어 올리는 것이다. **점진적 과부하**는 근육이 성장할 수 있도록 점점 반복 횟수를 늘리거나 더 무거운 덤벨을 들어 올리는, 우리에게 친숙한 훈련 프로그램을 가리키는 용어다.

이상적인 학교는 학문 영역에서 점진적 과부하를 가하는 일종의 장기 프로그램이다. 아이가 학교 건물에 첫발을 들여놓는 날부터 졸업할 때까지 교사는 아이가 하는 공부의 난도를 꾸준히 올려야 한다. 학생이 새로운 과제를 숙지하자마자 교사는 더 어려운 무언가를 내놓아야 한다. 물론 이건 누구나 아는 얘기다. 하지만 똑똑해지려면 근력을 기를 때와 똑같이 불편한 과정을 거쳐야 한다는 현실을 잊어버리는 어른과 학생이 수없이 많다.

스트레스는 결코 이롭지 않다고 믿는 학생에게 학교는 두 배로 힘든 곳이다. 이들은 학업 부담으로 (대부분 마땅히 받아야 할) 스트레스를 받을 뿐 아니라 자신이 스트레스를 받는다는 사실 자체를 걱정한다. 이 두 번째 종류의 심리적 긴장은 불필요하고 쓸모도 없다. 하지만 좋은 소식이 하나 있다. 연구에서 밝혀진 바에 따르면 우리는 아이가 학업 부담을 받아들이는 방식을 바꿀 수 있다. 스트레스를 바라보는 사람들의 관점을 알아보기 위해 연구자들은 실험 참가자를 임의의 두 집단으로 나누었다.[5] 첫 번째 집단에는 근육 성장을 예시로 들면서 스트레스가 신체에 이롭고, 창의성을 자극하고, 관계를 촉진하고, 사람들이 중대한 순간에 성공하도록 돕는다는 내용의 영상을 보여주었다. 두 번째 집단에는 스트레스가 어떻게 신체적 건강과 기분, 자존감에 해를 끼치고 많은 것이 걸린 순간에 사람을 얼어붙게 하는지 담긴 영상을 시청하게 했다.

며칠 뒤 주최 측에서는 두 집단 사람들에게 설문을 시행했다. 그 결과 '스트레스는 유익하다'라는 명제의 집단에 속한 사람들은 전반적으로 기분이 나아지고 자신이 하는 일의 효율성이 향상되었다고 응답한 반면, '스트레스는 해롭다'라는 명제의 집단에서는 그런 변화가 나타나지 **않았다**. 이에 관해 연구자들은 두 번째 집단이 스트레스에 관해 들은 나쁜 소식은 많은 사람이 이미 믿는 사실을 강화할 뿐이었으므로 아무 변화가 나타나지 않았다는 결론을 내렸다. 비슷한 맥락으로 다른 연구에서 스트레스가 힘을 길러준다는 사고방식을 지닌 청소년은 스트레스가 해롭다고 생각하는 또래에 비해 친한 친구의 이사나 부모의 이혼 같은 힘겨운 생활 사건을 훨씬 수월하게 견딘다는 사실이 밝혀졌다.[6]

이렇듯 스트레스를 어떻게 바라보는지에 따라 우리 몸과 마음이 반응하는 방식이 달라지기도 한다. 다른 연구에서는 한쪽 참가자 집단에게 심장박동 수 상승 같은 신체적 스트레스 반응이 실제로는 수행 능력을 높인다는 이야기를 들려주었다.[7] 반대로 두 번째 집단에게는 걱정스러운 상황에 대처하는 데 가장 좋은 방법은 스트레스의 원인을 무시하는 것이라는 말을 전달했다. 그 뒤 양쪽 집단 참가자들은 심장박동 측정기를 단 채로 누구라도 심하게 긴장할 만한 과제를 수행하라고 요구받았다. 이들은 듣는 내내 팔짱을 끼고 인상을 쓰고 이맛살을 찌푸리는 연구원들로 구성된 적대적 청중 앞에서 각자 5분 동안 연설을 해야 했다.

앞서와 마찬가지로 이 연구에서도 스트레스의 이로움을 받아들이는 것이 **유용하다**는 사실이 밝혀졌다. 긴장되는 상황에서 나타나는 신체적 흥분을 활용하라는 말을 들은 참가자들은 자신을 긴장시키는 원인을 무시하라는 지시를 받은 참가자보다 연설 과제에 부담

여자〈아이〉의 심리학

을 덜 느낄 뿐 아니라 더 낮은 심장박동 수 증가율을 보였다.

이런 연구 결과를 집에서도 적용하고 싶다면 딸이 학교에 관해 불평할 때 우리가 반응하는 방식에 주의를 기울여야 한다. 아이가 아직 어릴 때 어떤 선생님이 마음에 안 든다고 투덜거린다면 이렇게 말해보자. "그래, 이해해. 학교에는 늘 네 마음에 안 드는 부분이 있을 수밖에 없어. 하지만 완벽하지 않은 조건에서 성공하는 방법을 알아내는 것도 네가 학교에서 배우는 중요한 교훈이야."

아이가 자랄수록 우리는 점진적 과부하 방식의 교육을 좀 더 직접적으로 언급하면서 설명할 수 있게 된다. 나는 고등학교 여학생들에게 현재의 빡빡한 교과과정은 "너희가 졸업한 뒤 자기 삶을 책임지기 위한 정신력과 인내심을 기르는 데 도움이 되도록 설계되었다"라는 이야기를 종종 한다. 내가 보기에 많은 학생에게 중3은 체력 단련실에 들어가기 전의 준비운동과 같다. 이 시기는 앞으로 이어질 뇌 훈련을 준비하는, 비교적 순한 맛의 입문 단계다. 하지만 고1부터 우리는 사실상 속성 지적 훈련 프로그램을 위한 체력 단련실에 학생들을 가두다시피 한다. 사실 고1은 어른들이 인식하는 것보다 훨씬 힘든 학년이다. 고1부터는 대개 완전히 낯선 법칙으로 돌아가는 새로운 분야에 자신의 수학 실력을 적용해야 하는 과목인 화학을 배운다. 공부에 뜻이 있는 학생은 고1에 이미 대학교 수준의 학습량을 요구하는 심화 학습 수업을 듣기도 한다.

고등학교 1학년 시기에 집중적 정신 단련을 거친 여학생들은 학습량이 한층 더 많아져(대체로 심화 학습 수업 추가를 통해) 부담이 커지는 2학년 과정을 맞이하게 되며, 거기에 더해 대학 학점 인정을 위한 심화 학습 시험을 준비하고 치르는 아이도 적지 않다. 대학에 갈 아이들이 3학년에 올라가면 원래 하던 것 위에 대학 지원 과정이라는 부담이 더해지면서 훈련 프로그램의 강도가 다시 한 단계 올라간다. 학교를 이런 식으로 바라보면 유망한 중2짜리 망아지이던 우리 딸들이 고등학교 졸업식장에서 당당히 활보하는 경주마로 변모하는 과정을 한층 새롭게 인식할 수 있다.

학습이라는 부담을 능력을 키워준다는 긍정적 관점으로 해석하는 것은 매우 중요하다. 그렇게 하면 실제로 우리 딸들이 학교를 경험하는 방식 자체가 달라지기 때문이다. 관점의 변화만으로 기진맥진하던 아이가 스스로 강해졌다고(종종 지치기는 하지만) 느끼게 된다. 다행히 이런 변화를 일으키는 방법은 여러 가지다. 가끔은 아이가 지적 단련 덕분에 이룬 놀라운 발전을 칭찬해줄 수도 있다. 근육을 키울 때와 마찬가지로 휴식 시간이 지속적 성장에 필수 요소라는 점을 알려주는 것도 좋은 방법이다.

전국 여러 학교에서 단체 면담을 진행하면서 나는 종종 고등학생들에게 일진이 좋지 않은 날 어떤 방법으로 회복하는지 묻는다. 대답은 늘 매우 다양하다. 낮잠을 잔다는 학생도, 샤워를 하면서 펑펑 운다는 아이도 있다. 반려견과 노는 아이, 방을 청소하고, 드라마에서 자기가 좋아하는 회차를 수없이 돌려 보는 아이가 있는가 하면 밖에 나가 한바탕 뛰고, 행복한 혹은 과격한 혹은 슬픈 음악 재생 목록을 트는 아이도 있다.

이런 얘기를 나누며 나는 학생들이 다시 기운을 차리는 데 도움이 되는 자기만의 전략을 생각해보기를 좋아한다는 사실을 알았고, 늘 두 가지를 강조하며 면담을 마무리한다. 첫째, 회복 전략은 지극히 개인적이다. 한 사람에게 잘 맞는 방법이 다른 사람에게도 통한다는 보장은 없기에 각자 자신에게 가장 적합한 방법을 찾아낼 필요가 있다. 둘째, 적절한 회복 전략을 갖추는 것은 필수다. 근육을 단련할 때처럼 지적 성장에도 고된 훈련과 기력을 다시 보충하는 휴식 **양쪽**이 다 필요하기 때문이다.

간단히 말하면, 배움에 따르는 정신적 부담을 바라보는 방식이 커다란 차이를 만든다. 스트레스가 해롭다고 여기는 학생은 학교라는 존재가 지속적 부담을 주어 안정감을 느끼지 못하게 방해하고 사람을 의기소침하게 하는 쳇바퀴라고 생각한다. 반면 스트레스가 이롭다고 보는 관점에서 보면 학교는 부하를 주는 기간과 짧은 휴식기를 번갈아가며 반복해서 능력을 키워주는, 점진적으로 유익한 변화를 이끌어내는 일종의 프로그램이다. 가장 단순하게 표현하자면 스트레스가 이롭다고 보는 여학생이 스트레스가 해롭다고 여기는 친구보다 훨씬 산뜻하게 월요일 아침을 맞이한다는 뜻이다.

여학생이 성적을 더 걱정한다

우리는 딸이 학업 부담을 바라보는 관점을 올바르게 잡아주는 데 최대한의 노력을 기울여야 한다. 여학생은 남학생보다 훨씬 더 성적을 걱정하기 때문이다. 연구 결과에 따르면 여학생은 남학생보다 더 나은 성적을 내고 있는데도 자신이 공부를 잘하고 있는지 걱정하는 데 더 많은 시간을 소비한다.[8] 이 같은 모순을 설명하기 위해 전문가들은 여학생이 남학생보다 교사의 반응에 더 많이 신경 쓴다는 점에 초점을 맞췄다.[9] 여자아이는 성적이 자신의 수행 능력을 명확히 평가하는 잣대라고 생각한다. 대조적으로 남자아이는 성적 문제에 더 자신감 있게 접근한다. 상황이 좋지 않을 때조차 남학생은 부정적 피드백을 개인적으로 받아들이지 않거나, 자신이 쉽게 고칠 수 있는 사소한 문제 탓으로 돌린다. 예를 들어 남학생은 여학생보다 시험을 망쳤을 때 자신이 "진심으로 하지 않아서" 그렇다고 여길 가능성이 더 크다.

과제 점수와 시험 성적은 평가를 받은 바로 그날 해당 부분을 얼마나 잘 이해했는지를 나타내는 것뿐임을 알려주면 아이들이 학교 성적을 조금은 덜 감정적으로 받아들이게 하는 데(동시에 사실 아이들이 공부를 좀 더 진지하게 받아들여야 하는 데도) 도움이 된다. 숙련도를 올리고 싶다면 노력을 더 쏟으면 가능하다. 다년간에 걸친 연구에서 더 열심히 또는 더 효율적으로 공부하면 능력치를 올릴 수 있다는 점을 이해하는 학생들은 자기 점수가 바꿀 수 없는 능력치를 나타내는 경기 결과 같은 것이라고 믿는 학생들보다 학교 성적을 덜 걱정한다는 사실이 밝혀졌다.[10]

여학생이 남학생보다 공부 문제로 더 스트레스를 받는 이유는

여자(아이)의 심리학

하나 더 있다. 여자아이는 어른을 만족시키는 데 신경을 더 많이 쓴다.[11] 달리 말해 딸들은 자신이 공부를 잘하지 않으면 부모님이 실망할까 봐 자주 걱정한다. 두 딸의 엄마로서 나는 우리 어른들이 이 명확한 연구 결과를 어떻게 활용해야 할지 오랫동안 고민했다. 솔직히 말하면 이 주제를 곰곰이 생각하다 보니 내가 아이들 성적 문제로 가끔 딸들의 표현처럼 "실망한 얼굴"을 지어 보였다는 사실을 인정하지 않을 수 없었다.

이를테면 이런 식이다. 내 딸들은 둘 다 맞춤법에 강해 초등학교 시절 꼬박꼬박 받아쓰기 만점 시험지를 가져왔다. 나는 대개 아이들 책가방을 비우다가 시험지를 발견했고, 보통은 그 만점 시험지를 꺼내 들고 이렇게 말했다. "우아! 정말 잘했네! 엄마는 정말 뿌듯해!" 하지만 어쩌다 드물게 틀린 문제가 있는 시험지를 가져오는 경우도 있었다. 그럴 때면, 솔직히 인정하기가 정말 부끄럽지만 딸은 내가 시험지를 든 채로 실망한 얼굴을 하는 모습을 봐야 했다. 시험지를 들여다보는 동안에는 입을 꾹 다물고 눈썹 사이에 깊은 골이 파였다. 심지어 내가 아주 약간 의기소침한 말투로 이렇게 말한 적도 몇 번 있었다. "어머! 이게 어쩐 일이니?"

이 일련의 상호작용은 끔찍하지는 않더라도 바람직하지도 않다. 여자아이에게는 또 한 가지 특징이 있기 때문이다. 딸들은 부모의 기분에 **극도로** 민감하다.[12] 우리가 화를 내거나 심지어 실망했다는 말을 하지 않아도 딸은 우리 속내를 알아차린다. 우리가 의도했든 그러지 않았든 딸은 자신이 부모를 실망시켰다는 것을 쉽게 눈치챘다.

학교에서도 이와 비슷한 역학 관계가 펼쳐진다. 아무리 자상한 선생님이라도 자기도 모르게 학생에게 실망감을 드러내기도 하기 때문이다.[13] 3일 내내 오후마다 많이 편찮으신 할머니 병문안을 가느라 시간이 없었다며 숙제 제출 기한을 미뤄달라고 부탁하는 성실한 여학생과 매우 바쁜 선생님 사이의 대화를 상상해보자. 기한 연장을 허락하면서도 선생님이 잠시 망설이다가 조금은 딱딱한 목소리로 "음 그래… 알았어. 시간이 얼마나 더 필요한데?"라고 말하기만 해도 여학생은 애초에 그런 부탁을 하지 말걸 그랬다고 후회한다.

어른들은 왜 이렇게 행동할까? 내 생각에 죄책감을 무기로 사용하는 수동-공격적 전략을 일부러 동원하는 어른이 있을 것 같지는 않다. 동시에 나는 가끔 내가 떠맡은 일이 너무 많다고 느끼고, 세상의 수많은 선생님도 같은 생각을 할 게 틀림없다고 생각한다. 틀린 문제가 있는 시험지나 숙제를 늦게 제출하겠다는 요청은 보호자인 어른이나 채점 일정을 조정해야 하는 교사에게 일거리가 늘어나는 것으로 느껴질 수 있다. 거의 모든 부모와 교사는 아이의 요청에 대답하며 약간 머뭇거리거나 표정을 바꾸는 정도의 미묘한 신호만으로도 여자아이가 어른 말을 듣도록 유도해 이미 차고 넘치는 일거리를 늘리지 않을 수 있다는 점을 어느 정도 알고 있다.

이런 상호작용은 사소하지만, 그 영향은 결코 사소하지 않다. 이런 것들이 쌓이면서 어른을 실망시키기가 두려워 좋은 성적을 내려고 애쓰는 여학생이라는 흔하디흔한 사례가 생겨난다. 나는 여학생이 학업에 의욕을 느끼도록 돕는 데 전적으로 찬성한다. 하지만 이런 방식은 바람직하지 않다.

물론 학업 문제로 걱정하는 여학생이 모두 부모나 선생님에게 받은 피드백 탓에 그렇게 되었다는 말은 아니다. 부모는 잔소리를 전혀 하지 않는데도 스스로 엄청나게 높은 기준을 세우고 자신을 평가하는 아이도 있다. 심지어 중학교 후반까지 성적을 매기지 않는 학교에서도 고작 초등 3학년인 여학생이 숙제에 선생님이 그려준 웃는 얼굴이나 별 모양을 자기 나름대로 점수로 치환하면서 안달하는 상황이 벌어진다.

불안의 원인이 무엇이든 아이가 학업을 바라보는 태도에 두려움이 깔려 있어서는 안 된다. 불안 주도적 학습은 학교를 만성적 스트레스의 원인으로 만드는 명백한 감정적 문제를 초래한다. 게다가 실용적인 면에서도 커다란 문제가 하나 있다. 불안에 주도권이 넘어가면 여자아이는 종종 매우 비효율적인 학생으로 변신한다. 자기 성적을 지나치게 걱정하는 여학생은 공부를 하고 있어야 불안이 가라앉는다고 느끼기 때문이다. 이런 여학생은 불안할수록 더 열심히 공부한다. 6학년 때는 20장만 만들면 되는 단어 카드를 50장씩 만들어 쪽지 시험을 준비한다. 중2 무렵에는 밤마다 색색의 펜으로 전 과목 노트 필기를 일일이 새로 하는 강박적 의식을 가져와 불안한 마음을 달래기도 한다. 극단적으로 가면 '완벽하게' 공부해두어야만 안심된다고 생각하는 아이도 있다.

학업 불안을 억누르기 위해 일부 여학생이 동원하는 지나치게 성실한 공부법에서 가장 큰 문제는 그 방법이 항상 통한다는 점이다.

몇몇 전문가가 '맹목적 과잉 대비'라고 부르는 이 방법 덕분에 불안에 시달리는 학생들은 대개 뛰어난 성적을 거둔다. 결과적으로 두려움에서 나왔으며 극도로 비효율적인 이 공부 방법은 세 가지 측면에서 강화된다.[14] 과한 준비를 함으로써 여학생은 성적에 대한 자신의 불안을 가라앉히고, 꾸준히 스스로 자랑스러워할 만한 뛰어난 결과를 내고, 부모와 교사에게 칭찬을 받는다. 두려움을 동기로 움직이는 학생에게 이는 매우 효과적인 방법이다. 문제는 아이 자신이 버티지 못한다는 것이다.

로럴의 고등학교 1학년이자 똑똑하고 성적도 아주 좋은 내털리라는 학생이 내게 상담을 요청하는 이메일을 보냈다. 메일에는 요즘 늘 눈물이 날 것 같은 기분이 드는데 이유를 알 수 없어 나와 얘기를 나누고 싶다는 내용이 담겨 있었다. 일정을 맞춰본 뒤 우리는 곧 계단 밑 상담실에 마주 앉았다. 아이를 보자마자 나는 뭔가 잘못되었음을 직감했다. 반짝반짝 빛나던 내털리에게서 생기가 전혀 느껴지지 않았기 때문이다.

"무슨 일 있니?" 나는 걱정스러운 마음을 그대로 내보이며 물었다.

"잘 모르겠어요." 내털리가 울먹이며 대답했다. "사실 그게 문제예요." 내털리의 눈에 눈물이 고였다. "보셨죠? 그냥 시도 때도 없이 눈물이 나요."

"괜찮아." 나는 내털리를 안심시켰다. "함께 원인을 찾을 수 있을 거야."

여자〈아이〉의 심리학

내털리는 손등으로 눈물을 훔치며 고개를 끄덕였다. 나는 학생들이 손만 뻗으면 닿을 곳에 휴지를 준비해두곤 했지만 굳이 쓰지 않으려는 아이도 있었다. 휴지를 쓰는 것은 스스로 감정을 통제하지 못한다는 뜻이라고 받아들이는 모양이었다.

내털리가 발목을 X자로 꼬며 내 쪽으로 몸을 기울이자 나는 지금과 같은 취약한 감정 상태를 유발하는 일반적 원인에 관해 물었고, 아무런 적신호를 찾아내지 못했다. 교우 관계에도, 집에서도, 학교에서도 별문제는 없었다. 봄방학 때 캘리포니아에 사는 사촌과 함께 지낼 일이 기대되고, 여름방학 때는 자기가 무척 좋아하는 여름 캠프 프로그램에 다시 참여할 계획이라고 했다. 내털리의 눈물 뒤에 우울증 징후가 숨어 있지는 않은지 확인해봤지만, 이번에도 허탕이었다. 결국 나는 임상 심리를 처음 공부할 무렵 내담자가 설명하는 문제의 원인을 전혀 파악하지 못할 때 꺼내라고 배운 질문에 의지하기로 했다. "평소 하루를 어떻게 보내는지 자세히 얘기해줄래?" 내가 물었다.

처음에는 별로 특이한 부분이 없었다. 내털리는 아침 6시 30분에 일어나 학교에 가고, 평범하게 수업을 듣고, 버스를 타고 집에 온다고 했다. 그러더니 이렇게 말했다. "저녁 6시쯤 숙제를 시작해서 새벽 1시나 1시 30분쯤 끝내요."

"잠깐… 뭐라고?" 나는 반사적으로 끼어들었다.

"맞아요." 내털리는 말했다. "가끔 자정쯤에 끝내기도 하는데, 보통은 훨씬 늦어요."

로럴의 교과과정이 강도 높은 건 알지만, 매일 밤 그렇게 늦게 자야 한다는 건 말이 안 된다고 생각했기에 나는 내털리에게 어떤 과목을 듣고 각 수업의 숙제가 어느 정도 되는지 물었다. 순식간에 문제의 핵심이 수면으로 올라왔다.

"음… 과목마다 매일 숙제가 많은 건 아니에요. 하지만 저는 한 과목에 일정 시간을 쓰고 나면 다른 과목에도 똑같은 시간을 투자해야 할 것 같은 기분이 들어요."

"잠깐만." 믿을 수 없어서 내가 말했다. "그러면 너는 모든 과목에 한두 시간을 들인단 말이야? 뭔가 해야 할 과제 같은 게 없는 과목에도?"

"네." 내털리는 조급한 투로 설명했다. "저는 늘 그렇게 해왔어요. 숙제나 시험 과목이 없으면 필기를 훑어보거나 다음 시험에 대비해 계획표를 짜요."

"그렇구나." 나는 연민 어린 말투로 말했다. "그럼 하루에 5시간밖에 못 잔다는 말이잖니. 눈물이 나는 것도 당연하지. 네가 얘기한 일정표에 맞춰 살다 보면 누구라도 무너져 내리는 기분이 들 거야."

"그건 그래요." 이제 조금 더 자신에게 너그러운 태도를 보이기 시작하며 내털리가 말했다. "그러면 저는 어떡해야 하죠?"

"네 공부 방법을 다시 생각해보자. 너는 틀림없이 공부량을 훨씬 줄이고도 배워야 할 내용을 다 배우고, 지금 받는 성적도 유지할 수 있어."

의구심의 먹구름과 한 줄기 희망의 빛이 내털리의 얼굴을 스쳤다.

여자﹙아이﹚의 심리학

공붓벌레에서 전략가로 변신하기

내가 만나본 내털리의 부모님은 아주 친절한 분들이었다. 두 사람 모두 자기 분야에서 매우 성공을 거뒀지만, 적어도 자신의 딸에게 터무니없는 기준을 들이대거나 성적을 두고 노골적으로 실망감을 드러낼 사람으로 보이지는 않았다. 내 추측으로 부모님은 내털리가 얼마나 늦게 자는지, 또는 중학교에서 잘 통하던 딸의 공부법이 고등학교에 올라와 얼마나 시간을 잡아먹는지 모르는 게 분명했다. 내털리의 숨 막히는 공부 비법이 놀라운 성적을 내기는 했지만, 이제는 변화가 필요한 때였다.

나는 내털리가 고1이 된 지도 벌써 한참 지났다는 점이 마음에 걸렸다. 성적이 좋은 여학생은 아무리 가혹한 방법이라 해도 자신이 원하는 성적을 거두게 한 공부 전략을 쉽게 포기하려 들지 않기 때문이다. 내털리 또한 잠을 더 자야 한다는 점을 이해하면서도 자신에게 익숙한 공부법을 내려놓기를 꺼렸다. 하지만 어느 정도 타협할 의지는 있었다. 내털리는 영어 수업에서 최상위권인 데다 자신에게 작문 재능이 있다는 사실도 알고 있었기에 이제 그 과목에는 따로 시간을 투자하지 않는 데 동의했다. 일주일 뒤 다시 만났을 때 내털리는 그간의 경과를 내게 들려주었다.

"영어에서 힘을 좀 빼는 건 그리 어렵지 않았어요." 내털리가 말했다. "그리고 선생님도 제가 공부 방식을 바꿨다는 걸 눈치채실 리

없다는 생각이 들어요."

"그거 잘됐네." 나는 대답했다. "잠은 좀 더 자고 있니?"

"네, 약간은요…. 필요한 만큼은 아직 아니겠지만요." 내털리는 자세를 바꿔 앉으며 말했다. "그래도 예전보다는 나아요."

공부 시간을 줄이자는 내 제안에 따르기는 했지만, 내털리가 여전히 그렇게 하기를 주저하는 마음을 품고 있으며 내가 영어 말고 다른 과목 공부도 줄이자고 할까 봐 걱정하는 게 뻔히 보였다. 물론 나는 그렇게 하자고 할 셈이었다. 하지만 상담자가 지나치게 밀어붙이면 반발심만 자극할 수도 있었다. 그래서 나는 도박을 하기로 했다.

"오빠가 있었지, 아마?" 2~3년 전 저녁을 먹으러 나갔다가 마주친 내털리네 가족을 떠올리며 나는 물었다.

"네, 호켄 고등학교 3학년이에요." 우리 지역에 있는 사립 남녀공학 이름을 대며 내털리가 대답했다.

"오빠도 너처럼 공부하니?"

"어휴, 아니요!" 말도 안 되는 질문이라는 듯 내털리는 웃음을 참지 못하며 말했다. "오빠는 성적은 아주 좋기는 한데요, 다른 하는 일도 많고, 저녁에는 비디오게임을 자주 해요."

"그럼 오빠는 어떻게 그렇게 성적이 좋은데?" 내가 물었다.

"솔직히 제 생각에 오빠는 자기가 시험이나 과제에서 받고 싶은 점수를 얻는 데 절대적으로 필요한 최솟값을 알아내서 딱 그만큼만 하는 것 같아요." 내털리는 경멸이 살짝 묻어나는 투로 말하더니 이렇게 덧붙였다. "오빠가 더 어릴 때는 완전히 망친 적도 몇 번 있어요.

여자(아이)의 심리학

프로젝트를 끝내느라 너무 늦게 자거나 시험공부를 다 했다고 생각했는데 사실은 다 안 됐다거나 뭐 그런 거요. 그래서 집에서 몇 번 말다툼을 벌인 기억이 나요." 내털리는 잠깐 멈추더니 약간의 경외감을 담아 말했다. "하지만 요즘은 그런 일이 일어나는 걸 못 봤어요."

음모라도 꾸미는 듯한 목소리로 내가 말했다. "오빠가 무슨 비법을 알아낸 모양이네."

연구 결과에 따르면 여학생은 남학생보다 학교 공부에 성실하게 임하는데, 이 점이 여학생의 높은 성적을 설명해준다.[15] 실제로 아들과 딸이 다 있는 부모는 종종 내털리가 말한 것과 비슷한 현상을 목격한다. 아들은 학교 공부를 설렁설렁 해치우는 반면 딸은 모든 과목에 전력을 다한다. 어른들이 이런 경향성에 거의 **의문**을 품지 않는다는 점도 주목할 만하다. 우리는 남자아이가 학업에 계산된 방식으로 접근한다는 것, 다시 말해 어른에게 잔소리를 듣지 않을 최소한의 노력만 들인다는 것을 잘 안다. 그리고 여자아이는 어른들이 하라는 것을 전부 해낼 뿐 아니라 종종 우리 기대를 뛰어넘는다는 사실도. 이 두 가지 패턴은 양쪽 다 문제가 있다. 남학생 집단은 학교에서 마땅히 해야 할 만큼의 실력을 발휘하지 못하고, 여학생 집단은 종종 지나치게 꼼꼼하고 비효율적인 공부 방식 탓에 스트레스를 받는다.

공부 문제에서 딸은 좀 더 아들처럼, 아들은 좀 더 딸처럼 변할 수 있도록 돕는 부모의 역할이 중요하다.

내털리에게 나는 이렇게 말했다. "너희 오빠와 같은 방식으로 공부하는 습관이 있는 학생을 부정적 관점으로 바라보는 어른이 많다는 건 나도 알아." 내털리는 무슨 말인지 안다는 듯 고개를 끄덕였다. "어른들은 그런 아이들이 대충대충 때운다거나 최선을 다하지 않는다고 하지. 하지만 현실적으로 보면 너희 오빠가 공부에 **전략적**으로 접근하는 방법을 알아낸 것일 수도 있어."

앞서 언급했듯 진지하게 공부하는 여학생에게 공부 방식을 바꾸라고 설득하기는 쉽지 않다. 오랫동안 나는 내털리 같은 아이들에게 "조금 내려놓자", "쉽게 가자", "자신에게 너그러워지자" 같은 조언을 시도했다. 이런 대화가 잘 풀린 적은 한 번도 없다. 오히려 상담 중이던 학생이 내 제안에 기분이 나빠지는 것처럼 보일 때가 많았다. 여학생은 대부분 너무 예의가 발라서 어른 말이 틀렸다고 지적하지는 않았지만, 내가 충고를 듣는 아이의 마음을 읽을 수 있다면 이런 말이 들려오지 않을까 하는 생각이 들기 시작했다. "지금 **장난**하세요? 저는 제가 늘 해온 대로 성실한 방식으로 공부하고 있고, 좋은 성적도 내고 있는데 지금 제 방법이 틀렸다고 말씀하시는 건가요?"

하지만 내가 **전략적**이라는 단어를 찾아낸 이후 상황이 나아졌다. 이 단어에는 여학생들이 듣기를 원하는 내용, 즉 더 효율적인 방법으로도 자신의 성공을 지킬 수 있다는 의미가 담겨 있다. 내털리의 방어적이지 않은 반응은 이 단어의 효용성을 보여주는 증거였다.

"맞아요." 내털리가 말했다. "오빠는 저만큼 공부 걱정을 하지도 않는데… 성적은 저랑 거의 똑같거든요."

"너는 공부 기본기를 아주 잘 다져놨어." 나는 일단 칭찬을 해주었다. "공부 습관도 놀랄 만큼 성실해서 선생님들도 너를 높게 평가

하시잖니. 내 생각에 네가 밟아야 할 다음 단계는 스스로 원하는 성적을 얻는 너의 공부 방법을 더욱 효율적으로 다듬는 거야. 그렇게 해도 괜찮다는 걸 영어에서는 이미 확인했으니 다른 과목에서도 충분히 통할 거라고 생각해." 내털리는 흔쾌히 동의하지는 않았지만, 그렇다고 반대하지도 않았다.

연비 주행 공부법

내털리 같은 여학생과 상담한 다년간의 경험은 부모로서 내 태도에도 영향을 미쳤다. 무엇보다 우리 딸들이 고등학교에 들어가기 전에 전략적으로 공부하는 방법에 관한 이야기를 할 수 있게 되어 참으로 다행스럽다. 나는 모든 과목에서 항상 가속페달을 있는 힘껏 밟아야 한다고 생각하며 중학교에서 고등학교로 올라가는 성실한 노력가형 여학생을 너무 많이 봤다. 이 아이들은 초반에는 예전 같은 수준을 유지할지도 모르지만, 그런 방식만이 유일한 공부법이라고 생각한다면 고3 혹은 그 이전에 이미 연료가 바닥나게 된다.

현실적으로 어떻게 하면 이 여학생들에게 연료를 효율적으로 쓰면서 공부하는 법을 가르칠 수 있을까? 첫 번째 단계로는 딸이 중학생일 때 아이가 어떤 성적을 원하는지 터놓고 대화를 나눠봐야 한다. 딸이 자기 성적을 별로 걱정하지 않는다면 공부는 딸에게 강한 스트레스와 불안의 원인이 되지 않을 가능성이 크다. 이 경우에는 오히려 부모 **자신**이 딸에게 일정 수준 이상의 노력을 기울일 필요가 있다고 알려주고 싶어질지도 모른다. 하지만 딸이 망설임 없이 "전 과목에서 A를 받고 싶어요"라고 말한다면 딸에게 운전 연수를 해줘야 한다는 뜻이다.

딸에게 처음으로 해줘야 할 말은 다음과 같다. "음… 좋은 성적을 받는 데는 나도 찬성이지만, 네가 알아둬야 할 것이 하나 있어. 네가 전체적으로 좋은 성적을 거두고 싶다는 건 알겠지만, 모든 과목에 똑같이 **신경 쓸** 필요는 전혀 없다고 생각해." 이런 말을 굳이 해야 한다는 것이 이상하게 들릴지 모르지만, 내 경험에 비추어보면 여학생은 항상 공부에 전력을 쏟아야 하며 모든 과목에 똑같은 노력을 기울여야 한다는 두 가지 잘못된 생각을 품는 경우가 적지 않았다.

물론 진심으로 모든 과목의 공부를 좋아하는 여자아이도 있기는 하지만, 그런 학생은 무척 드물다. 대다수 학생은 선호하는 과목과 마지못해 하는 과목이 있다. 안타깝게도 내가 본 아이들 가운데에는 '좋은 학생'이라면 모든 과목을 열심히 해야 한다는 생각에 집착하며 어떤 과목이든 신나게 공부하지 못하는 자신을 채찍질하는 아이도 있었다. 도움이 되지 않는 이런 생각을 먼저 깨뜨려야 공부에 기울이는 노력을 전략적으로 배치하는 방법을 딸과 함께 논의하는 단계로 넘어갈 수 있다.

이렇게 말해보자. "네가 좋아하는 과목은 아마도 공부하기가 훨씬 수월할 거야. 그리고 네가 정말 좋아하는 과목이 있고 온 힘을 쏟을 시간도 있다면 얼마든지 공부해도 돼! 하지만 좋아하지 않는 과목을 공부할 때나 좋아하는 과목이라도 파고들 시간이 없을 때는 내용을 제대로 이해하거나 원하는 성적을 얻는 데 필요한 공부가 얼마큼인지 알아내야 해. 그리고 거기서 멈추는 거지."

여자아이가 고등학교에 들어가기 전에 적당히 하는 방법을 익히도록 도와야 한다고 늘 주장하던 나도 부모로서 내가 한 말을 실천하기란 그리 쉬운 일이 아니었다. 중2였을 때 우리 큰딸은 까다로운 수학에 공부 시간을 너무 많이 할애하면서 애를 먹었다. 성실한 학생이던 아이는 학년 후반에 접어든 3월 무렵이 되자 수학에 많은 시간을 들이면서도 다른 과목 전체에서 상위권 성적을 유지하려고 애쓰느라 스트레스 강도가 눈에 띄게 높아졌다. 내가 뭘 해야 할지는 알고 있었다.

"있잖아." 나는 저녁 설거지를 하며 말했다. "너 지난번에 받은 사회 성적이 어떻게 되지?"

식탁의 자기 자리에 앉아 있던 딸이 대답했다. "백분위 98점일걸요."

"내 기억이 맞았네." 나는 접시를 식기세척기에 넣고 냄비를 닦기 시작했다. "지금 시점부터 사회 숙제나 시험에서 전부 B를 받아도 학년말에 사회 과목 전체를 A로 끝낼 수 있지 않을까?"

"아마도요."

"그러면 사회는 말이야." 내가 말했다. "이제부터 힘을 빼고 가도 되겠네. 에너지를 아껴서 수학에 쓰는 거지."

냄비를 문지르며 조용히 자랑스러워하던 내게 딸은 진짜로 나를 시험에 들게 하는 질문을 던졌다.

"하지만 학년말에 사회에서 A를 받더라도 수업 준비도 평가에서 '탁월' 대신 '양호'밖에 못 받으면 어떡해요?"

내가 딸을 마주 보지 않고 싱크대를 향해 있어서 다행이었다. 착한 아이, 선생님의 애제자로서 성적에 목을 매던 나 자신의 본능을 간신히 억누르며 자신만만한 척 이렇게 말해야 했기 때문이다. "네가 배워야 할 내용을 다 배웠으면 그래도 상관없어."

딸은 재차 나를 시험했다.

"제가 잘못 알았으면 어떡해요? 사회에서 힘을 뺐더니 성적이 확 떨어지면?"

이제 나는 차분한 말투를 유지하느라 손마디가 하얘지도록 냄비 손잡이를 꽉 붙들어야 했다. "중학교는 그러라고 있는 거야. 고등학교만큼 걸린 게 많지 않으니까 지금이야말로 그래도 괜찮은 곳에서는 적당히 효율적으로 가고, 필요한 곳에서는 전력을 내는 방법을 익혀둘 때인 거지. 이 기회에 실험을 해보고 어떻게 되는지 확인해두는 편이 좋아."

또 나는 예전 같으면 실망을 드러냈을 사건들을 기회로 활용해 딸들에게 공부에 쏟을 에너지를 배분하는 방법을 알려주었다. 작은 딸의 책가방에서 만점이 아닌 받아쓰기 시험지를 발견하면 나는 짐짓 느긋한 말투로 이렇게 말한다. "이런 단어는 참 까다롭지! 지금은 이 단어 어떻게 쓰는지 알게 됐어? 아니면 엄마나 아빠하고 같이 공부해보고 싶니?" 딸이 조금이라도 점수에 미안해하는 기색을 보이면

여자 아이의 심리학

나는 서둘러서 점수란 그저 네가 어느 부분을 더 공부해야 하고 어디는 안 해도 되는지 알려주는 것뿐이라는 점을 강조한다. "쪽지 시험은 말이야." 나는 말한다. "네가 어느 방향으로 공부해나가야 하는지 알아내는 데 도움이 되라고 보는 거야."

이상적으로 생각하면 학교와 교사들도 해야 할 역할이 있다. 과제 기한을 연장해달라고 부탁하던 가상의 여학생 이야기로 다시 돌아가보자면 나는 그 학생의 선생님이 이런 식으로 대답해주기를 바란다.

"너는 내 수업을 아주 잘 따라오고 있으니까 선생님이 융통성을 좀 발휘해볼게. 네가 과제를 꼭 내고 **싶다**면 언제든 완성되는 대로 가져와도 받아줄게. 하지만 네가 그 책을 읽고 이해했다는 사실을 내가 알고 있으니까 그냥 다음번 과제 점수를 두 배로 쳐주는 편이 낫겠으면 이번 과제는 안 내도 괜찮아. 지금은 너희 할머니 곁에 있어야 할 때인 것 같아서 그래." 현실성 없는 소리로 들릴 수도 있고, 모든 교사가 학생 평가에서 이런 종류의 자유재량이 있는 것은 아니다. 하지만 공부에 과도한 노력을 쏟아붓는 여학생을 보호하기 위해 교사가 자기 몫을 할 수 있는 방법은 그 밖에도 여러 가지가 있다.

예를 들어 흔히 벌어지는 이런 시나리오를 생각해보자. 한 여학생이 이미 최상위권 점수를 확보한 수업에서 굳이 추가 점수용 과제를 수행하려고 한다. 내가 바라는 이상적 세계에서 교사는 **대체** 이게 무슨 일인지 파악하려는 노력을 기울여야 한다. 이 학생은 해당 수업을 너무 좋아해서 어떤 식으로든 최대한 더 공부하고 싶어 하는 걸까? 아니면(훨씬 그럴싸하게) 제시된 과제를 마지막 하나까지 전부 하지 않으면 선생님이 자신에게 실망할까 봐 걱정하는 걸까? 학생이 어떻게든 이 과목을 더 하고 싶다고 고백하는 상황이 아니라면 교사가 이렇게 말해주는 편이 낫다. "얘, 지금 봐서는 내 수업에서 네가 B를 받을 일은 없어. 그러니 선생님은 네가 추가 점수 과제에 쓸 시간에 재미있게 지내거나, 다른 흥미로운 활동을 하거나, 잠을 더 자는 게 좋다고 생각해."

여학생이 경쟁력과 자신감을 기르도록 돕는 법

여학생이 공부를 대하는 방식을 바꾸도록 이끌어야 한다는 내 제안이 상당한 급진적 변화를 요구한다는 점은 나도 안다. 하지만 그래야 하는 이유가 있다. 끊임없이 무리하는 딸을 내버려두면 아이는 점점 자신의 공부 방식을 굳게 믿는 한편 자기 능력은 전혀 믿지 못하게 된다. 하지만 졸업하기 전에 여학생들은 두 가지 모두 든든한 아군이라는 자신감을 길러둘 필요가 있다.

낮은 자신감은 아이들이 학교를 떠나 직업 세계에 발 들였을 때 훨씬 심각하고 부정적인 영향을 미칠 수 있다. 여성이 능력에 비해 높은 자리에 올라가지 못하는 현상의 원인을 조사하던 저널리스트 캐티 케이Katty Kay와 클레어 시프먼Claire Shipman은 자신감 표출이 실제 경쟁력 이상으로 성공 여부에 커다란 영향을 끼친다는 사실을 밝혀냈다. 남성이 높은 자리를 대부분 차지한 직장 내 상황에 관한 이들의 묘사를 살펴보면 우리가 앞서 다룬, 남학생과 여학생이 학교에서 보이는 전형적 태도와 놀라울 정도로 비슷하다.[16] "남성들은 역량이 부족하고 준비가 덜 되었더라도 주저하지 않고 앞으로 나선다. 반면 역량과 준비가 차고 넘치는 여성들은 여전히 망설이는 경우가 많다. 여성은 자신이 완벽할 때만 자신감을 느낀다. 또는 완벽한 것이나 마찬가지일 때만."

생각해보면 학교는 남자아이에게 자신감 공장 같은 역할을 한다. 남학생은 나쁜 성적을 받아도 그런 실패를 개인적으로 받아들이지 않으며, 높은 성적을 받으면 자신이 열심히 노력해서 얻어냈든 그러지 않았든 자신의 성취를 뿌듯하게 여기는 경향이 있다. 특히 최소한이나 적당한 노력을 들여 뭔가를 잘해내면 남자아이는 자신이 근본적으로 능력 있을 뿐 아니라 중요한 순간이 닥치면 그 능력을 발휘할 수 있다는 확신을 품게 된다.

반면 자신을 혹사하고 완벽을 추구하는 여학생은 학교에서 이와 정반대 경험을 한다. 이들은 별로 노력하지 않을 때 자신이 무엇을 해낼 수 있는지 결코 알아내지 못한다. 별로 노력하지 않는 경우가 **전혀** 없기 때문이다! 연달아 성공을 거두고 있을 때조차 여학생은 자신의 성취를 자기가 아는 단 한 가지, 즉 철저한 자기 관리와 자발적 과잉 대비 덕분이라고 여긴다.[17] 이런 소모적 방식은 여자아이가 학교에서 성공을 거두는 데 도움이 될지 몰라도 장기적으로는 해가 된다. 실제로 케이와 시프먼은 휴렛팩커드사가 사내에 고위 관리직 여성 비율이 극히 낮은 원인을 알아보던 중 여성 직원은 자신이 해당 직책의 지원 자격을 100퍼센트 만족할 때만 그 자리에 지원한다는 사실을 밝혀냈다고 설명했다. 대조적으로 남성은 자신이 자격 요건의 60퍼센트를 만족한다고 생각하면 망설임 없이 지원했다.[18]

물론 세상에는 기량이 부족한데도 자신감 하나로 놀라우리만큼 높은 곳까지 올라가는 남자들도 있다. 하지만 그런 이들은 우리가 찾는 본보기가 아니다. 그 대신 우리는 내털리의 오빠처럼 학창 시절에 언제 열심히 노력해야 하는지, 언제 자신의 재능에 기대도 괜찮은지 알아낸 능력 있는 남학생에게 초점을 맞춰야 한다. 직장에 들어갈 무렵이면 이들은 문자 그대로 몇 년 동안이나 자신이 타고난 능력의 한계를 시험하고 성공하려면 어느 정도의 노력을 쏟아야 하는지 감각을 갈고닦았기에 자신감을 느낄 수밖에 없다. 우리 딸들 또한 이와 똑같은 상태로 직업 세계에 발을 들여야 마땅하다. 여학생도 뚝심 있게 근면성을 발휘할 때와 머리를 믿고 적당히 해나갈 때를 구분할 줄 알아야 한다. 우리 어른들은 여자아이가 실생활에 필요한 기술을 쌓고 필요할 때 노력을 쏟는 법을 배울 **뿐 아니라** 자신의 재능이 어려움을 헤쳐나가는 데 반드시 도움이 되리라고 믿을 수 있도록 도와야 한다.

시험 불안 이겨내기

시험 불안은 GAD나 공황 장애처럼 공인된 진단명이 아니다. 이는 평가를 앞둔 아이가 과도한 긴장을 느끼는 일반적 현상을 가리키며, 학업 수행 능력에 악영향을 미칠 수 있다. 여학생은 시험을 준비하는 방식을 조정해서 시험 불안을 다스릴 때가 많다. 물론 학생이 평가에 대비하는 방식을 마음대로 바꿀 수 없는 경우도 있다. 스트레스를 유발하고, 시간이 많이 소요되고, 학생이 통제할 수 없는 학력 평가 시험을 자주 봐야 하는 경우라면 특히 그렇다. 하지만 자기 방식대로 시험을 준비해도 된다고 하면 여학생들은 노트 필기를 훑어보고, 교재를 다시 읽고, 교과서에 밑줄을 긋는 방식으로 공부하는 경향이 있다. 딱 잘라 말하자면 이런 방법은 시간 낭비다. 효과적 학습 기법을 대대적으로 검토한 조사에서 학생들이 선호하는 공부 전략은 단연코 가장 비효율적인 방법임이 밝혀졌다.[19]

그렇다면 통하는 방법은 무엇일까?

간격을 둔 반복과 모의 평가다. 다시 말해 한꺼번에 몰아서 공부하려 해서는 안 되며, 시험 범위를 그냥 수동적으로 훑어보지 말고 스스로 쪽지 시험을 보는 것처럼 적극적으로 검토할 방법을 찾아야 한다는 뜻이다. 딸이 형광펜에 비정상적으로 집착하기 전에 이 비밀을 알려주도록 하자. 다시 한번 말하지만, 여학생은 잘 통하는 것처럼 보이는 공부 전략을 포기하기 싫어한다.

시험 기간이 다가오면 딸에게 며칠 여유를 두고 먼저 공부를 시작하고, 시험 준비는 모의 평가부터 **시작**하라고 조언해라. 모의 평가 문제는 교과서나 참고서, 온라인에서 쉽게 찾을 수 있고, 문제를 직접 만들어도 된다. 여기서 만점을 받으면 딸은 자기 능력에 자신감을 얻게 되고, 그 자신감을 근거로 다른 과목 공부로 넘어가거나 긴장을 풀고 쉴 수 있다. 물론 다 맞히지 못할 가능성이 더 크며, 그 경우 모의 평가는 공부가 필요한 부분을 찾아 집중하는 데 도움이 된다. 이제는 간격을 둔 반복 연습이 등장할 차례다. 다음 날(여유가 있다면 2~3일 뒤) 다시 모의 평가를 보고, 아직 부족한 부분이 있는지 확인해야 한다.

요약하자면 학생들은 적극적으로 몰두하고 잠시 뒤로 물러났다가 다시 들여다볼 때 공부한 내용을 가장 잘 기억한다. 그리고 같은 시험 범위에서 까다로운 문제에 이미 답해본 뒤에는 실제 시험을 볼 때도 덜 긴장하게 된다. 새롭고 어려운 내용을 공부할 때 그냥 내용을 훑어보는 것과 까다로운 문제를 붙잡고 씨름하는 것 사이에는 커다란 격차가 있다. 그렇기에 눈으로 훑어보기만 하며 공부한 여학생은 시험 시간에 더 쉽게 당황한다. 아이들에게 이 점을 강조하기 위해 나는 "노트 필기를 검토하고 교과서에 형광펜으로 줄을 긋는 능력을 평가하는 시험을 보게 되거든 너희가 지금 하는 식으로 공부하면 된다"라고 가끔 농담을 한다. 하지만 그렇게 될 때까지는 여학생들이 실제로 시험에서 요구되는 문제 풀이를 연습하는 방식으로 시험에 대비했으면 좋겠다.

아이에게 모의 평가의 효용성을 알려줄 때는 연극에 참여하는 배우가 대사를 외우자마자 최종 예행연습도 없이 개막 공연에 나서지 않는 것과 똑같다고 예를 들어 설명해보자. 스포츠에서도 선수는 기본 기술을 배우고 나서 여러 번 연습 경기를 한 뒤에야 중요한 시합에 나간다. 간단히 말해 새로운 지식을 배웠으면 그것을 연습 환경에서 충분히 시험해보고 나서 뭔가 결정적인 상황에 처했을 때 실제로 적용해야 한다고 딸에게 가르쳐야 한다는 뜻이다.

여학생의 시험 불안을 유발하는 원인 중에는 부적절한 준비 방법뿐 아니라 남들이 자신의 능력을 평가절하할지 모른다는 의구심도 있다. 학교에서 여학생이 올리는 뛰어난 성적을 고려하면 여학생이 어려운 학습 과제에 대처하지 못하리라고 생각할 이유가 없다고 의아하게 여기는 사람도 있을 것이다. 그러나 유감스럽고 어처구니없지만, 연구를 살펴보면 지금까지도 여학생과 젊은 여성이 수학과 과학에 약하다는 강력한 편견은 여전히 존재한다.

여학생은 고등학교에서 미적분을 듣는 인원의 절반을 차지하고, 심화 학습 과학 수업에서도 남학생보다 수가 많고, 초등학교에서 대학교에 이르기까지 꾸준히 수학과 과학에서 남학생보다 좋은 성적을 받는다.[20] 그런데도 최근 몇 년간 발표된 연구 결과를 보면 일부 고등학교 교사는 남학생이 여학생보다 수학을 더 잘한다고 생각하고, 심지어 여학생이 대등한 점수와 성적을 얻어도 이 생각은 바뀌지 않는다.[21] 대학에서 생물학 수업을 듣는 학생의 60퍼센트가 여성이지만,[22] 남학생들은 같은 수업을 듣는 여학생들이 자신만큼 잘하지 못하리라고 지레짐작한다.[23]

다른 최신 연구에서 연구자들은 이과대학 교수들에게 실험실 조교 지원 서류를 평가해달라고 부탁했다.[24] 지원서는 가상의 이과대학생 이름으로 연구팀이 만들어낸 것이었고, 교수들은 지원자의 능력에 점수를 매기고, 그 학생에게 조교 자리를 맡길 가능성을 평가하고, 초봉을 정하고, 자신이 그 학생에게 얼마만큼의 멘토링을 제공하고 싶은지 명시해달라고 요청받았다. 전형적 실험 설계 방식에 따라 교수 중 절반은 존이라는 학생 이름으로 된 지원 서류를, 나머지 절반은 같은 내용에 제니퍼라는 이름이 적힌 서류를 받았다.

자, 이제 마음의 준비를 하기 바란다.

이과 교수들은 더 높은 비율로 '존'이 능력 있다고 평가하고, 그를 고용하고 싶고, '제니퍼'보다 더 많은 초봉을 지불하고, 그에게 멘토 역할을 하고 싶다고 답했다. 심지어 학생 대다수가 여성인 생물학과 교수들조차 제니퍼를 편견 어린 시선으로 평가했다. 가장 놀라운 점은 여성 교수도 남성 교수만큼 존을 선호했다는 사실이다. 결론적으로 여학생이 전통적 남성 영역에서 실제로 얼마나 잘해내는지는 중요하지 않으며, 많은 교육자와 같은 수업을 듣는 남학생까지도 여전히 여학생을 얕잡아 보는 듯하다.

안타깝게도 나쁜 소식은 여기서 끝이 아니다. 학교에서 차별받는다는 사실이 실제로 불안을 유발해 시험 점수를 떨어뜨릴 수도 있다.[25] 장기간에 걸친 조사에서 여학생들은 자신이 '여자는 남자보다 수학과 과학에 약하다'는 기존 통념을 강화하는 시험 점수를 받을까봐 걱정하기도 한다는 사실이 드러났다. 알다시피 걱정하는 행위 자체도 지적 능력을 소모하며 학업 수행 능력을 떨어뜨린다. 여학생 집단은 전통적 남성 영역에서 남성 우월주의에 맞서야 하고, 소수 인종 여학생은 자신의 지적 능력 전반을 부정적으로 바라보는 심각한 편견과도 싸워야 하며, 그런 탓에 모든 과목에서 이들의 수행 능력이 저하될 수도 있다. 간단히 말해 교실에서의 편견이 실제 성적에 반영된다는 뜻이다.

여기서 마침내 좋은 소식이 등장한다. 우리는 스스로 부정적 고정관념에 동의하든 하지 않든 차별 대상이 되면 누구나 어느 정도 긴장하게 된다는 점을 딸이 이해하도록 도와줌으로써 차별의 악영향에서 아이들을 지킬 수 있다. 딸이 직면한 편견을 언급하는 것이 상황을 악화할 뿐이라고 생각할지 모르지만, 사실 이는 아이가 시험에서 실력을 온전히 발휘하도록 돕는 역할을 한다.[26] 타인의 낮은 기대치를 눈치챘으나 그것이 시험 불안의 **원인**이라는 점을 깨닫지 못한 여학생과 소수민족 학생은 자신이 긴장하는 이유를 다른 곳에서 찾으려 한다. 안쓰럽게도 이럴 때 자신이 내용을 제대로 이해하지 못했거나 시험이 예상보다 어려워서 긴장한다고 추측하는 여학생이 많다. 이런 생각이 일단 뿌리를 내리면 성적이 급격히 떨어지기 시작한다.

딸이 자신의 성별이나 인종에 씌워진 편견을 시험 성적으로 불식해야 한다는 부담을 느끼는 것처럼 보인다면 이렇게 말해주자. "네가 정말 잘하고 싶어 하는 마음은 알겠어. 너 자신을 위해서만이 아니라 남들이 널 과소평가하지 못하게 하고 싶은 거지. 그렇게 해서 동기부여가 된다면 참 좋은 일이지만 너무 부담스럽게 느껴질 수도 있어. 그래서 더 긴장된다면 일단 다른 사람이 어떻게 생각할지는 신경 쓰지 말고, 네가 공부한 것을 당당히 보여주도록 해." 마지막으로 남자아이가 여자아이보다 수학과 과학을 더 잘한다는 고정관념을 딸이 정말로 **믿을까** 봐 걱정된다면 산더미 같은 반박 증거의 존재를 딸에게 알려주면 된다. 잘못된 부정적 관념을 옳은 긍정적 관념으로 대체하면 시험 불안을 줄여 수행 능력을 보호하는 효과를 거둘 수 있다.[27]

학교 교육 방식과 맞지 않는 학생도 있다

열심히 공부해서 괜찮은 성적을 낼 능력이 있는 학생도 학교 공부로 많은 스트레스를 받는다. 하물며 학교에서 가르치는 방식으로 배우도록 뇌가 프로그램되어 있지 않은 아이에게 학업의 세계는 말 그대로 지옥 같을 수밖에 없다. 우리 딸들의 삶은 거의 완전히 학교 공부 위주로 돌아가며, 이런 아이들은 자신의 읽기, 쓰기, 셈하기 능력이 반 친구들과 같은 속도로 발전하고 있지 않다는 사실을 금세 눈치챈다.

아직 진단되지 않은 학습 장애나 주의력 장애가 있는 여학생은 학교에서 온 힘을 다했는데도 자신은 그런 노력에 따른 성공을 거두지 못한다는 사실을 깨닫게 되는 경우가 많다. 그 결과 이들은 자신이 부모나 교사를 실망시키거나 자신의 무능력이 '들통날까 봐' 걱정하느라 많은 시간을 보낸다. 이런 두려움은 학습·주의력 장애가 있는 여자아이에게서 불안 장애도 자주 나타나는 이유를 어느 정도 설명해준다.[28] 이 경우에도 긴장은 사고를 흐리고, 전형적이지 않은 학습

양식 탓에 그러잖아도 배움에 어려움을 겪던 여학생의 상황은 더욱 나빠진다.

일단 학습·주의력 장애가 있다는 것이 인지되면 우리는 아이가 학교에서 따라가지 못한다고 느끼는 데서 오는 불안을 다스리도록 도울 수 있다. 불행히도 어른들은 여자아이의 학습 장애를 간과하거나 늦게 알아차리기 쉽다. 초등 2, 3학년 아이들을 대상으로 한 연구에서 중증의 난독증은 남학생과 여학생에게 고루 나타나지만, 교사가 독서 능력 평가와 지원이 필요하다고 지목한 학생은 남자아이가 **훨씬** 많다고 밝혀졌다.[29] 남자아이는 학교에서 좌절감을 느끼면 수업을 방해해 자기 쪽으로 관심을 끌어오는 경우가 많다. 이와 대조적으로 여자아이는 입을 다물고 조바심을 내며 자기가 이해하지 못한 부분을 메우려고 애쓰는 경향이 있다.

비슷한 맥락에서 주의력 결핍 과잉 행동 장애Attention Deficit Hyperactivity Disorder, ADHD가 있는 여자아이는 과도하게 에너지를 발산하거나 충동적으로 행동하는 대신 멍한 태도를 보일 때가 많기에 증상을 제대로 진단받지 못하고 넘어가는 일이 종종 생긴다.[30] 나는 지극히 얌전한 여자아이가 고2가 되어서야 주의력 장애로 진단받은 사례도 보았다. 이런 여학생은 수업 시간에 놓친 정보를 벌충하려고 반 친구들보다 두 배로 열심히 노력하는 부담을 견디다 못해 마침내 무너질 때까지 마땅히 받아야 할 도움을 받지 못한다. 어떤 여자아이가 성적 걱정에 너무 많은 시간을 쓰거나, 특정 과목을 기피하거나, 보조를 맞추려고 애쓰느라 지나치게 열심히 공부한다면 다른 방법을 시도하기 전에 우선 진단되지 않은 학습·주의력 장애가 있는지 확인할 필요가 있다. 그러려면 부모는 자신이 관찰한 바를 아이 선생님과 공유하고, 상황을 정확히 파악하기 위해 필요하다면 진단 평가를 받아야 한다.

학습·주의력 장애가 있는 여학생은 가정 교습, 수업 중 편의 제공, 그리고 경우에 따라 약물 치료 등과 같은 방법을 조합하는 방식의 지원이 필요하다. 하지만 이런 중요한 지원 수단을 활용할 수 없는 학교와 가정도 있고, 도움을 받을 수 있는 상황이라고 해도 학습·주의력 장애로 인한 감정적 문제까지 모두 해결되는 것은 아니다. 매우 수용적이고 사려 깊은 교육 환경에서도 자신이 또래 아이들과 다르며 매일 학교에서 스스로를 변호해야 한다는 현실을 받아들이기 위해서는 어른들의 정서적 지원이 필요하다.

하루 24시간이 모자랄 때

일부 여학생은 비효율적인 공부 방법 때문에 시간이 모자란다. 지적인 면에서 사각기둥으로 태어나 전형적 학교 교육이라는 둥근 구멍 안에 들어가려고 애쓰느라 허덕이는 아이도 있다. 그런가 하면 매우 효율적으로 공부하고 학교 성적도 뛰어난 학생이라도 한계에 부닥칠 만큼 버거운 공부량과 일정을 스스로 떠맡아 감당하기 어려워하는 아이도 있다. 에이드리언은 이 마지막 시나리오에 딱 들어맞는 학생이었다.

에이드리언을 처음 만난 것은 아이가 고등학교 2학년이던 해 2월 말이었다. 에이드리언은 수업 중에 공황 발작을 일으켜 교실 밖으로 나가야 하는 일이 세 번 반복되자 학교 상담 선생님이 에이드리언의 어머니에게 내 연락처를 건넸다고 했다. 내게 전화한 그애의 어머니는 자신의 딸이 아주 우수한 학생이고, 착하며, 그녀의 표현을 빌리자면 "엄청난 노력파이자 극도로 예민한" 아이라고 한다. 한부모인 그녀는 17세의 에이드리언이 공황 장애를 빨리 극복하고 싶어 하며 상담에 혼자서 가겠다고 했다고 설명했고, 그래서 우리는 내가 먼저 아이와 두 번 정도 먼저 만나는 게 좋겠다고 합의했다. 그 뒤 상담에는 어머니가 합류할 예정이었다.

며칠 뒤 나는 상담실에서 머리카락 색이 짙고, 얼굴이 둥글고 귀여운 소녀와 마주 앉았다. 입을 열어 학교에서 파도처럼 자신을 덮치던 불안을 설명하는 아이의 긴장한 목소리는 앳된 얼굴의 여고생이라기보다 세파에 지친 어른처럼 들렸다.

내가 어떤 식으로 도와줬으면 하는지 묻자 에이드리언은 절박하게 설명했다.

"이 발작을 빨리 없애야 해요. 바로 직전까지 괜찮았다가 갑자기 식은땀이 나고 어지러우면서 토할 것 같은 기분이 되거든요."

"언제부터 그러기 시작했니?"

"첫 번째는 겨울방학 조금 전, 그러니까 기말고사 기간이었어요. 인터넷에서 공황 발작을 찾아봤더니 제 증상하고 딱 들어맞더라고요. 그러고는 한동안 괜찮았다가 1월에 개학하고 나서 다시 시작됐어요. 그 뒤로도 서너 번 겪었고, 점점 더 자주 일어나는 것 같아요." 입고 있는 플리스 재킷 지퍼를 만지작거리면서 에이드리언은 이렇게 덧붙였다. "가끔은 그냥 견디면서 수업을 끝까지 들을 수 있을 때도 있지만, 최근에는 교실 밖으로 나가지 않으면 멈추지 않을 것 같은 느낌이 들어요."

나는 에이드리언에게 불안이 어떤 느낌인지 자세히 설명해달라고 했고, 얘기를 들으니 확실히 전형적 공황 발작 증상과 일치했다. 다음으로 나는 집에서 어떻게 지내는지, 친구 관계는 어떤지, 한가한 시간에는 뭘 하는지 물었다. 에이드리언은 같은 학교 3학년인 오빠가 있다고 했다. "사이는 좋은 편이에요. 우리 가족은 셋뿐이라 서로 아주 친하거든요. 친한 친구들도 있어요." 말을 하면서 에이드리언은 잠깐이나마 긴장이 풀리는 듯했다. "하지만 학교 밖에서 만나지는 않아요." 이 말을 하는 에이드리언의 얼굴에 다시 먹구름이 끼었다. "우리는 정말 시간이 없거든요."

"무슨 뜻이니?" 17세 여학생이 친구를 만날 짬을 낼 수 없다는 식으로 말하기에 놀라서 물었다.

"대학에 가려면 저한테는 올해가 아주 중요하거든요. 다들 2학년이 힘들다고 하는데, 저는 사실 이해를 못 했어요." 체념한 투로 에이드리언이 말을 이었다. "하지만 저는 스탠퍼드에 가고 싶고… 그래서 아시겠지만 할 게 많아요."

"어디에 시간이 많이 들어가는지 쭉 설명해줄 수 있을까?"

그러자 에이드리언은 자신의 학교 일정을 설명했다. 일단 심화 학습 수업 몇 개와 물리 고급반 수업을 듣고 있고, 교내 연설 및 토론 팀에서 활동한다고 했다. "지금은 주 예선전을 준비 중이에요. 저는 국제관계 즉흥 연설을 맡았고요." 에이드리언이 맡았다는 즉흥 연설은 시사 문제를 주제로 30분간 준비해서 7분간 즉석에서 연설하는 종목이었다. "우리 팀은 매일 방과 후에 2시간씩 연습해요. 저도 따로 개인 시간에 시사 논평을 모으고 있고요."

"그거 정말 힘들겠네." 나는 연민 어린 말을 건넸다. "네가 하루 24시간 안에 그걸 다 해내는 게 놀라울 지경이야."

"맞아요." 에이드리언이 무거운 말투로 말했다. "정말 힘들죠."

이어서 그녀는 수업에서 공부할 내용이 많아 밤에 집에서 길게는 6시간을 공부하기도 한다고 설명했다. "아, 그리고 대입 학력고사 준비도 하고 있어요. 일주일에 몇 시간 정도예요. 모의고사 보는 것도 시간을 많이 잡아먹고요."

에이드리언이 담담하게 자신이 하고 있는 일을 하나씩 나열할 때마다 내 가슴이 답답해졌다. "저는 의사가 되고 싶거든요. 그래서 일주일에 한 번씩 오후 시간에 클리블랜드 클리닉 검사실에서 일해요. 여름방학 때는 풀타임으로 일하지만, 교외 활동에 열정을 쏟았다는 걸 보여주는 게 대입에 중요하니까 평소에도 꾸준히 하고 있어요. 육상 시즌만 빼고요."

"육상 시즌?" 내가 물었다. 에이드리언도 자신이 설명한 일과에 어떻게 스포츠를 끼워 넣을 수 있는지 내가 이해하지 못한다는 점을 눈치챈 듯했다.

"네." 다시 재킷 지퍼를 불안하게 만지작대며 에이드리언이 말했다. "주 대회가 끝나고 며칠 뒤에 시작해요." 그녀는 그해의 마지막 연설 대회를 언급하며 덧붙였다.

"그래서 네 말은 연설 및 토론 대회가 끝나도 쉬지 않을 예정이라고?"

"네." 에이드리언은 완전히 체념한 듯 눈을 감으며 말했다.

첫 번째 상담인 데다 에이드리언이 계속 찾아올 마음이 들기를 바랐기에 나는 분위기를 가볍게 해보려고 애썼다. 희망을 가득 담아 나는 물었다. "주말은 어떠니? 그때는 좀 여유 있지?"

멋모르는 내 말을 참을성 있게 받아들이며 에이드리언이 다시 대답했다. "아뇨. 연설 대회가 주말에 열리거든요. 거의 토요일 하루 종일 해서… 집에서 새벽 6시 30분에 나갔다가 대개 저녁 먹을 때쯤 들어와요."

"그렇구나!" 나는 매주 많은 시간이 들어가는 연설 대회를 잊어버리고 있었다는 데 민망해하며 재빨리 말한 다음 조심스럽게 물었다. "그럼 일요일은? 일요일에는 조금이라도 시간이 있니?"

에이드리언이 우울하게 대답했다. "대개는 토요일에 못 한 공부를 해요."

에이드리언이 들려준 이야기에 완전히 기가 질려 대화의 실마리를 찾지 못한 나는 10대 청소년에게 비교적 잘 통하는 방식인 '숨김 없는 솔직함'을 시도해보기로 했다. "네 일정을 **듣기만** 했는데도 말이야." 나는 위로의 말을 꺼냈다. "내가 공황 발작을 일으킬 것 같네. 솔직히 네가 어떻게 그걸 다 해내는지 모르겠다."

에이드리언은 자신의 힘겨운 일정에 대한 내 염려를 고맙게 받아들였다. 원하는 대학에 들어가려고 그렇게까지 살인적 일정을 유지할 필요가 **정말로** 있는지 묻고 싶었지만, 사실 나는 이미 답을 알고 있었다. 지난 20년간 상위권 대학의 입학을 둘러싼 상황은 극적으로 달라졌다. 요즘은 에이드리언과 비슷한 수준으로 수업과 활동에 전념하고, 전 과목 A를 받고, 빛나는 추천서와 **더불어** 높은 점수까지 갖춘 학생들이 경쟁률 높은 학교 여러 곳에 지원했다가 단 한 곳에서도 입학 허가를 받지 못하기도 한다.[31]

"들어봐." 나는 앉은 채로 몸을 앞으로 기울이며 말했다. "네가 고등학교 생활에 최선을 다하는 건 좋은 일이고, 스탠퍼드 같은 학교에 들어가려면 해야 할 일이 많다는 건 알아. 그저 대학 입시가 이렇게 말도 안 되게 어려워졌다는 게 안타까울 뿐이야."

"저도 그래요. 가끔은 그냥 너무 신경 쓰지 말고 어느 대학에 가게 되든 크게 걱정하지 말까 하는 생각도 들어요." 그러더니 에이드리언은 침울하게 덧붙였다. "하지만 그렇게 오랫동안 열심히 노력했는데, 이제 와서 포기하는 건 멍청한 짓 같아요."

"이해해. 솔직히 네가 얼마나 큰 부담을 안고 있는지 생각하면 공황 발작이 일어나지 않는 게 이상할 지경이야. 내 생각에 네가 입시 과정에서 가장 힘든 부분을 넘기고 나면 발작은 나아질 거야. 그 전까지 수업 중에 교실 밖으로 나가지 않아도 되도록 발작을 빠르게 진정시키는 요령을 가르쳐줄게. 그 방법이 효과가 없거나 금방 듣지 않는다면 다른 방법도 여러 가지가 있어."

에이드리언의 일정이 빠듯하기는 하지만, 사실 상황이 더 좋지 않은 사례도 많다. 일부 여학생은 에이드리언과 비슷하게 힘든 일정을 소화하는 동시에 돈을 벌거나 동생을 돌봐야 한다. 고등학교 이후의 진로에 이러쿵저러쿵 간섭하는 것은 내 역할이 아니지만, 현실을 직시하도록 돕는 것은 내 몫이다. 상위권 대학 입시 과정의 현주소는 입학 기회를 얻는 데 초인간적 노력이 요구된다는 것이다. 딸에게 경쟁률 높은 학교에 지원하라고 권하는 부모는 자신이 딸에게 무엇을 요구하고 있는지 분명히 알아야 한다. 더불어 우리 어른들은 최상위권 대학에 들어가고 싶어 하는 여학생에게 자신이 고등학교에서 얼마나 열심히 노력해야 하는지 정확히 이해하도록 도와야 한다.

한편으로 경쟁률 높은 대학 입시 과정에서 스트레스를 줄이는 데 도움이 될 몇 가지 방법이 있다. 첫째, 부모는 자신과 딸의 기대치가 같은 수준인지 반드시 확인해야 한다. 사회 복지 전문가 러네이 스펜서 Renée Spencer와 동료들이 진행한 탁월한 심층 조사에 따르면 여학생은 부모가 바라는 대학과 학생 자신이 지망하는 대학보다 수준이 높을 때 특히 스트레스를 받는다고 한다.[32] 딸이 상위권 대학을 목표로 삼기를 바란다면 먼저 딸도 그걸 원하는지 확인하는 단계가 필요하다. 아이와 바라보는 방향이 다르다는 사실을 알고 실망하는 한이 있더라도 서로 발이 맞지 않는 것도 모른 채 무작정 나아가는 것보다는 진솔한 대화를 나누거나 타협을 시도하는 편이 낫다.

둘째, 부모는 무슨 수를 써서라도 딸이 최상위권 대학 한두 군데만 점찍는 것을 막아야 한다. 현재의 대학 입시 환경에서 그런 태도는 복권 당첨을 바라는 것과 다를 바 없다. 가고 싶은 대학의 폭을 넓히면 입시 결과에 실망할 가능성도 줄어든다. 대학 입시, 특히 최근 입시에서는 이해할 수 없는 일이 자주 벌어진다. 가망이 거의 없던 학교에는 붙고 안전 지원한 학교는 떨어지는 학생도 있다. 아니면 같은 반 학생 중 한 명은 특정 대학에 붙었는데 자격 요건이 더 좋은 다른 학생이 떨어지기도 한다.

입시 확률 게임에 학자금 지원이라는 변수가 더해지면 일은 더 복잡해진다. 아이가 어느 대학에 지원하든 등록금을 액면가 그대로 턱턱 낼 수 있는 집은 별로 없다. 하지만 학자금 지원, 등록금, 금리 우대 대출이 가능한 학교는 전국 각지에 흩어져 있을 때가 많다. 입시 결과 통지를 받을 때 경제적 지원 조건을 함께 살펴보고 학교를 고를 수 있다면 이상적일 터다. 하나 유감스럽게도 현실적으로 등록 절차를 시작할 때는 어떤 금전적 지원이 가능한지 알아낼 방법이 없다.

마지막으로 지원자 가운데 극소수만 받아들이는 학교에 들어가려고 애쓰는 딸에게 우리가 무엇을 **더** 하지 말라고 요구할 수 있을지 가능한 범위에서 진지하게 생각해봐야 한다. 나중에 나는 에이드리언이 평소에 집에서 빨래를 맡고 있었으나 어머니가 연설 대회와 육상 시즌이 끝날 때까지 빨래 임무를 면제해주었다는 이야기를 들었다. 비슷한 맥락에서 내 친구 하나는 학교 일정이 바쁜 기간에는 딸이 굳이 가족과 저녁을 같이 먹지 않아도 되게 배려해주었다. 저녁은 딸 책상으로 가져다주고, 아침에는 도시락도 대신 준비해 딸이 매일 조금 더 잘 수 있게 도왔다고 한다.

당연히 가혹하던 일정에 여유가 생겨 감당할 만해지면 딸들도 원래 하던 일을 다시 맡아야 한다. 이 말은 여름방학이 되면 딸에게 집안일 일부를 맡긴다든지, 할 일이 많지 않을 때는 형제자매의 밴드 콘서트에 참석해달라고 말할 수 있다는 뜻이다. 하지만 부모는 최상위권 대학 입시에 도전한다는 것은 딸이 거의 항상 그 목표에 몰두해야 한다는 뜻이라는 점을 이해해야 한다. 물론 고등학교 생활을 희생해서까지 성인이 된 뒤의 안정을 얻기를 원하지 않는 여학생과 학부모도 있다. 이들에게 좋은 소식이 하나 있다. 굳이 그래야 할 필요는 없다는 것이다.

성공을 정의하는 방식 바꾸기

부모라면 누구나 자기 아이가 마음이 평안한 어른으로 자라기를 바란다. 이 목표는 가치 있지만, 막막하고 애매하기도 하므로 우리 부모들은 딸이 거기에 이르는 과정을 염려하게 된다. 먼 미래를 걱정하는 마음을 달래려고 지금 무언가를 하고자 할 때 부모는 성인이 된 딸이 돈을 많이 번다면 안정감을 누릴 수 있고, 돈을 많이 벌려면 직업적으로 성공해야 하며, 좋은 대학교를 나오면 자기가 고른 직업에서 성공할 확률이 높아지리라고 가정하기 쉽다. 이런 가정은 좋은 의도에서 출발한 것이지만, 중년에 접어든 우리가 삶에서 느끼는 성취와는 괴리가 있다.

부유함과 행복의 관계에 관한 2006년 연구에 따르면 성인기의 행복은 가계소득이 5만 달러가 되는 시점까지 꾸준히 증가한다.[33] 그 이상에 이르면 소득 증가의 영향은 극히 미미하다. 덧붙여 삶의 만족도에 **실제로** 영향을 미치는 요소를 살펴본 연구에서는 만족도가 경제적 풍요나 직업상의 인지도와는 상관없는 요소에 따라 결정된다는 결과가 나왔다. 만족감이 높은 성인은 자신을 긍정적으로 바라보고, 스스로 성장하며 배우고 있다는 느낌을 받고, 타인과 건강하고 만족스러운 인간관계를 맺는 사람이다. 행복한 어른은 자기 삶에 의미와 목표가 있다고 믿고, 자신만의 기준으로 스스로를 평가하고 노력에서 성취감을 느낀다.[34]

물론 아이를 만족스러운 삶을 누리는 어른으로 키우는 방법을 알려주는 보편적 공식 같은 건 없다. 하지만 어른이 된 뒤의 성공을 그저 놀라운 성취나 소득이 아닌 행복이라는 관점에서 바라본다면 우리 딸들에게 더 나은 방식으로 길을 안내할 수 있게 된다. 궁극적으로 모든 부모는 딸이 대학을 가든 안 가든, 또는 어느 대학을 가고 어떤 직업을 택하든, 얼마를 벌든 상관없이 만족과 안정을 느끼는 어른으로 자라나기를 바라기 때문이다.

현실적으로 말해서 마음만 먹으면 평점과 시험 점수를 온라인으로 확인할 수 있는 시대에 부모가 아이의 학업 성적에 쏟는 열렬한 관심의 강도를 낮추기는 쉽지 않을지도 모른다. 하지만 딸이 지금 모습에서 행복한 어른으로 성장하는 과정을 바라보는 관점을 바꾼다면 우리가 딸의 학업을 대하는 태도도 달라질 수 있다.

탄도학 모형과 오솔길 모형

여학생이나 그 가족과 앞으로의 일에 관해 이야기를 나누다 보면 내가 미래 성공에서 '탄도학' 모형이라고 부르는 관점이 엿보일 때가 많다. 이 모형에서 학생은 고등학교를 졸업하고 세상을 향해 발사되는 로켓이다. 성적표, 학력고사 점수, 특별활동 기록을 토대로 발사 좌표가 정해지고, 대학에 갈 생각인 학생의 좌표는 고3 가을 무렵이면 이미 확정된다. 이 모형에서 최적 좌표(아마도 최상위권 대학까지 도달하게 해줄)는 밝은 미래와 동격으로 취급된다. 최적이 아닌 좌표(아마도 그리 유명하지 않은 대학에 보내줄)로 발사된 로켓은 그렇게 유망한 궤도를 그리지 못한다.

사실 이 모형은 전혀 말이 안 된다. 최상위권 대학에 안착하고도 불행한 삶을 사는 사람은 얼마든지 있다. 반면 고등학교에서 획득한 좌표가 어중간한데도 수준 높은 학문적 성취나 직업적 성공을 이루는 사람 또는 그런 것 없이도 충실하고 만족스러운 삶을 누리는 사람도 많다. 사실 우리가 살아가면서 세상이 돌아가는 방식에 관해 배운 모든 지혜에 비추어 생각하면 탄도학 모형은 아예 폐기해야 마땅하다. 그 대신 학교는 목표에 로켓을 쏘는 발사대가 아니라 전반적으로 자기가 방향을 정해서 나아가는 기나긴 오솔길의 초입이라고 생각해보자. 어떤 여자아이는 곧장 나아가고, 또 어떤 아이는 이리저리 거니는 것을 좋아한다. 쌩하고 남을 앞지르는 아이가 있는가 하면 느긋하게 타박타박 걷는 아이도 있다. 자신만의 길을 만들어가면서 아이들은 수많은 결정을 내리게 된다. 거기가 바로 부모의 역할이 필요한 지점이다.

내가 특히 눈여겨본 가족 중에 똑같이 로럴 스쿨을 졸업했으나 성격은 매우 다른 두 딸을 둔 학부모가 있었다. 전형적 우등생이던 큰딸은 유명 대학에 진학했다. 이와 대조적으로 작은딸은 일반적으로 학교에서 요구하는 기본 과목에 흥미가 없었고, 모든 과목에서 평범한 성적을 거뒀다. 자신이 무척 좋아하는 디자인과 금속공예 과목만 예외였다. 고등학교에 다니는 동안 작은딸은 학교에서 남는 시간을 전부 미술실에서 보내며 솜씨를 갈고닦았고, 다른 과목에서는 졸업후 디자인 전문 학교에 들어가기에 무리가 없는 성적만 유지했다.

나는 이 두 여학생이 학교를 다니는 여러 해 동안 둘의 부모를 상당히 잘 알게 되었고, 존경하는 마음을 품었다. 이 부모는 딸들에 관한 얘기를 나눌 때 항상 아이들이 **무엇**이 될지가 아니라 **어떤 사람**이 될지에 초점을 맞추었기 때문이다. 여름방학이 되면 이들은 두 딸에게 자기 꿈에 도움이 될 활동과 휴식 사이에서 균형을 잡으라고 조언했다. 큰딸이 자신에게 상처를 주는 남자와 사귈 때 이들은 연애와 우정이란 따뜻하고 믿음직하며, 자존감에 긍정적 영향을 미치고, 스스로 더 나은 방향으로 성장하고 변화하는 데 도움이 되어야 하는 법이라고 강조했다. 두 딸과 미래에 관해 얘기할 때는 스스로 의미 있다고 여기는 일을 찾고, 자신의 노력에 자부심을 느끼고, 자신이 정말 좋아하는 일에서 실력을 키우라고 힘주어 말했다. 내가 아는 다른 여러 부모처럼 이들도 성취라는 전통적 잣대가 아닌 행복 추구라는 관점으로 성공을 정의했다.

학교 공부보다 장기적 삶의 만족도를 강조하면 딸의 성적이 떨어지지 않을까 염려하는 부모의 마음도 이해할 만하지만, 조사에서는 오히려 반대 결과가 나왔다. 실제로 최근 한 연구에서는 학생들에게 다양한 가치가 쭉 나열된 목록을 주고 자신의 부모가 중요시한다고 생각하는 순서를 매겨보라고 요청했다.[35] 이 가운데에는 학업이나 직업상의 성취와 관련한 가치도, 타인과의 바람직한 인간관계(알다시피 전반적 행복감에 크게 기여하는)와 관련한 가치도 있었다. 이후 학생들의 성적을 추적 조사하자 다른 조사에서 이미 밝혀진 것과 똑같은 결과가 나왔다.[36] 부모가 자녀의 학문적 성취 이상으로 자녀의 원만한 인간관계를 중요하게 여기더라도 자녀의 학업 수행 능력은 **떨어지지 않았다.** 더 중요한 것은 같은 연구에서 부모가 그 무엇보다 학업과 직업적 성취를 엄격히 평가하고 중요시한다고 생각한 학생들의 스트레스 수준이 가장 높게 나왔다는 사실이다.

우리 딸들을 위해 학교를 덜 부담스럽고 더 즐거운 곳으로 바꾸고 싶다면 탄도학 모형을 '행복에 이르는 오솔길' 모형으로 대체하는 것보다 더 나은 방법은 없으리라. 여학생은 나쁜 성적을 받으면(언젠가 한 번쯤은 그럴 수밖에 없지만) 자기가 날아갈 탄도가 틀어졌을까 봐 두려워한다. 인생이란 잘못 디딘 발걸음을 조금씩 고치며 나아가는 길이라고 가르쳐주면 아이의 부담감은 줄어든다. 하필 같은 반에 있는 공부 천재들을 따라잡지 못한다고 딸이 불안해하거든 궁극적 행복은 학교에서 거두는 성적보다는 스스로 느끼는 자존감, 인간관계, 그리고 자기 재능을 제대로 활용하는 방식에 달려 있다고 설명해주자.

간단히 말해 딸에게 뛰어난 성적 말고도 인생에서 성공하는 법은 많다고 일깨워주는 데는 장점만 있고 단점은 없다. 그 점을 마음에 새겼으면 이제 우리 딸들을 둘러싼 더 넓은 세상을 향해 눈을 돌려보기로 하자.

문화적 압력

우리 문화에는 여자아이와 젊은 여성에게만 요구하는 부당하고 확고한 기대치가 존재한다. 사람들은 여자아이가 싹싹하고 사교적이고 매력적이기를 바란다. 이런 이상적 관념 하나하나는 여자아이에게 부담으로 작용한다. 여자아이에게 이런 비합리적 기준을 요구하고 있는 사실을 인식하는 것이 바로 이 문제를 해결하는 첫 번째 단계다. 다음으로 부모들은 우리 사회가 여자아이에게 씌우는 올가미를 자신도 모르게 가정 내에서 똑같이 복제하고 있다는 것을 자각해야 한다. 그런 다음 딸에게 해로운 사회적 관습에 의문을 표하라고, 가끔은 어쩔 수 없이 그런 관습에 순응하게 될지라도 이의 제기를 멈추지 말라고 가르쳐야 한다. 마지막으로 우리는 딸이 내면의 소중한 무언가를 포기하는 일 없이 우리 문화 속에서 살아갈 수 있도록 실용적 해결책을 제시해줘야 한다.

먼저 우리 딸들이 자기 시간을 확보해 자신의 관심사에 시간을 쓰는 방법을 배우도록 돕는 것부터 살펴보기로 하자.

당연시되는 순종

10월 초의 어느 수요일 오후, 내 상담실 소파에는 니키라는 중3 여학생이 걸터앉아 있었다. 4세부터 체조를 배운 니키는 군인처럼 꼿꼿하게 허리를 펴고 조심스럽게 나를 바라보았다. 우리는 니키 엄마의 제안으로 만나게 되었고, 니키는 상담에 동의하기는 했어도 실제로 상담실에 들어오니 상당히 긴장하는 눈치였다. 그래서 몇 마디 인사차례를 주고받은 다음 내가 먼저 운을 띄웠다.

"너희 어머니하고 전화로 얘기를 좀 나눴어." 나는 이렇게 말문을 열었다. "어머니는 네가 요즘 잠을 잘 자지 못해서 스트레스를 많이 받는다고 하시던데."

니키는 고개를 끄덕였다. 하나로 높이 올려 동여맨 머리가 경쾌하게 흔들리는 모습이 핼쑥한 얼굴과 묘한 대비를 이뤘다. 니키가 조심스레 대답했다. "맞아요. 대개 밤 10시 30분이면 잠자리에 드는데, 아주 피곤하더라도 새벽 2시, 가끔은 3시까지 잠을 못 자요." 니키의 어조는 예의 바르면서도 긴장과 피로가 느껴졌다. 내게는 아주 익숙한 조합이었다. 나를 찾아오는 10대 여자아이들에게서 너무나 자주 듣던 말투였기 때문이다.

"그 시간에 무슨 일이 일어나는데?" 나는 의문점을 입 밖에 냈다. "밤에 잠을 잘 수 없을 때 주로 뭘 하니?"

니키는 띄엄띄엄 말을 이었다. "대개는 그냥 생각이 마구 떠올라요. 그날 있었던 일을 생각하고, 해야 할 일이나 친구들과 나눈 얘기를 되짚어보기도 하고요." 니키는 슬슬 뒤로 기대앉기 시작했다. "제가 온라인에 뭔가 바보 같은 걸 올리지는 않았는지, 남의 기분을 상하게 하는 말을 하지는 않았는지 걱정하기도 해요. 너무 신경이 날카로워져서 그냥 잠이 오지 않아요."

"부모님께 이런 얘기를 해봤니? 네가 이런 걱정을 하느라 잠을 못 자는 걸 알고 계셔?"

"제가 못 잔다는 걸 아시긴 해요." 니키가 털어놓았다. "하지만 제가 무슨 생각을 하는지는 말 안 했어요. 그냥 걱정하지 말라고 하실 게 뻔하거든요. 생각을 꺼버릴 수 있는 것도 아니고… 진짜로 잠이 들 때는 너무 피곤한 나머지 기절하듯 잠들어요."

나와 두 번 만나면서 니키는 긴장을 어느 정도 늦추는 법을 배웠다. 상담을 하면서 우리는 머리를 비우는 데 도움이 되는 긴장 완화 기법을 연습했고, 니키가 남의 감정을 상하게 했더라도 일을 바로잡을 수 있다는 점을 되새기게 해줄 방법도 찾았다. 오래지 않아 니키는 긴장을 풀고 매일 밤 11시 30분이나 자정쯤에는 잠들 수 있게 되었다.

니키는 곧 상담 시간에 좀 더 편안한 모습을 보였고, 11월 중순의 어느 상쾌한 날 상담실에 찾아와서는 의욕적으로 이렇게 말했다. "상황이 훨씬 나아졌어요. 이제는 아주 빨리 잠들어요." 갑작스러운 호전에 나는 기쁘기도 했지만, 놀라움이 앞섰다.

"정말? 그거 잘됐네. 어떻게 된 거니?"

"발에 피로 골절이 생겼어요." 니키는 놀라울 만큼 느긋한 태도로 설명했다. "의사 선생님 말씀으로는 6주 정도 체조를 쉬어야 한대요. 그래서 상황이 완전히 달라졌어요."

"어떤 식으로?" 내가 물었다.

니키는 당연하다는 듯이 대답했다. "음… 이제 항상 학교 때문에 허둥지둥하지 않아도 돼요."

니키의 불면증 문제를 중심으로 상담하면서 우리는 학교 얘기는 거의 다루지 않았다. 나는 니키가 우등생이라는 사실을 알고 있지만, 수면 문제 외에 우리는 주로 체조나 친구 집단 내 갈등에 관한 얘기를 나눴다. 학교가 문제였다는 이야기를 듣고 나는 깜짝 놀랐다.

"왜 학교 때문에 허둥지둥하는데?"

그러자 니키가 평소 어떻게 지냈는지를 쭉 설명해주었다. 아침에는 부족한 잠을 벌충하느라 최대한 늦게까지 늦잠을 자는 바람에 늘 정신이 없었다. 통학 버스에서 못다 한 과제를 끝내려고 애써보지만, 항상 엄청나게 뒤처진 기분으로 하루를 시작해야 했다. 체조를 마치고 집에 돌아오면 이미 9시였고, 너무 피곤해서 집중력이 떨어지기 전에 최대한 빨리 공부를 끝마치려고 노력했다. 평일은 물론 주말까지 긴 시간을 체조에 쏟느라 니키는 공부량을 유지하기가 사실상 거의 불가능했고, 항상 성적을 걱정할 수밖에 없었다. "저는 지금도 어느 정도 성적을 내고는 있어요." 니키가 설명했다. "하지만 일정이 빡빡해서 힘들어요."

니키가 얘기하는 동안 나는 속으로 자신을 호되게 나무랐다. 임상 심리학자로서 20년 넘는 경력을 쌓아놓고도 나는 불안을 다루는 기본 원칙을 무시하는 실수를 저질렀다. 니키가 잠자리에서 하는 걱정을 둘러싼 일상적 맥락을 더 자세히 물어봤어야 했다. 이제야 듣게된 니키의 일상 이야기는 전형적인 심리적 긴장에 딱 들어맞는 사례였다. 밤에도 긴장을 풀 수 없었던 이유는 니키가 거의 온종일 한계까지 내몰렸기 때문이다. 잠자리에 들기 전에 이미 신경이 지칠 대로지쳐 있으면 사소한 걱정거리도 엄청난 큰일로 느껴질 수밖에 없다.

"체조를 아예 그만두면 기분이 더 나아질까?" 내가 물었다.

"어, 그럼요." 니키는 곧 건조하게 덧붙였다. "하지만 그만둘 수가없어요."

"왜?"

"어… 그만두려고 해봤는데… 잘 안 풀렸어요."

나는 눈썹을 찌푸리고 고개를 기울여 무슨 말인지 헷갈리고 궁금하다는 뜻을 전했다.

니키가 다시 자세히 설명했다. "저는 체조 교실을 운영하는 선생님하고 아주 친해요. 중2 막바지에 저는 중3이 되면 해야 할 공부가많아질 것 같아 걱정되었고, 그래서 체조를 그만둘까 생각하고 있다는 얘기를 꺼냈어요. 저는 그게 별일 아니라고 생각했는데, 선생님은기분이 많이 상하신 것 같았어요. 그리고 진심으로 제가 체조를 그만두지 않았으면 한다고 말씀하시더라고요." 잠시 쉬었다가 니키는계속 말을 이었다. "저는 선생님을 실망시키고 싶지 않았어요. 그래서며칠 뒤 마음을 바꿔 체조를 계속하기로 했다고 말씀드렸죠. 그 직후에 선생님이 저더러 더 어린 학생 반을 가르치는 일도 도와줬으면 좋겠다는 말씀을 꺼내셨고, 저는 차마 거절할 수가 없었어요."

"네가 체조에 그렇게 많은 시간을 쏟으면서 공부도 열심히 하느라 고생하는 걸 너희 부모님도 아시니?"

"네." 니키는 고개를 끄덕이며 부드러운 어조로 말했다. "저도 부모님이 걱정하시는 걸 알아요. 엄마 아빠는 제가 좀 더 여가를 즐기고 휴식을 취했으면 좋겠다고 말씀하세요. 하지만 저는 정말 체조 선생님을 실망시키고 싶지 않아요."

니키도 나도 니키가 다시 체조를 시작하자마자 불면증이 재발하리라는 사실을 알았다. 하지만 니키는 그만둘 수가 없다고 느끼고 있었고, 그렇다고 하루 24시간을 더 늘릴 수도 없는 노릇이었다. 이러지도 저러지도 못하는 상황에 빠졌다고 느끼는 게 분명한 니키는 무표정하게 나를 바라보았다. 지금으로서는 고등학교 3년 동안에도 안간힘을 쓰며 버티는 수밖에 달리 해결책이 없어 보였다.

니키는 그냥 그렇게 살아갈 마음의 준비를 하는 듯했지만, 나는 그렇게 놔둘 생각이 없었다.

사람들은 여자아이에게 무언가를 부탁한 후 그대로 해주기를 기대한다. 남자아이는 대체로 그런 기대를 받지 않는데, 요청을 거절하는 여자아이를 묘사하는 단어는 많으나 남자아이에게 해당하는 단어는 별로 없다는 데서 이런 이중 잣대가 드러난다.

남들이 원하는 대로 따르지 않는 여자아이는 잘해봤자 눈치 없다는 말을 듣기 십상이다. 어떤 상황에서 부탁받은 대로 하기를 꺼리는 경우, 이를테면 시간이 없어서 자신이 벌이지도 않은 난장판을 정리하는 걸 도와달라는 부탁을 거절하면 여자아이는 자기가 공주인 줄 안다든가 여우 같다는 소리를 듣기도 한다. 반면 남자아이가 정말로 눈치 없는 짓을 해도 그런 행동은 "남자애들이 원래 다 그렇지"라는 말로 대충 무마된다. 남의 부탁을 들어주지 않는 남자아이를 묘사하는 가장 부정적인 말을 꼽으라면 **얍삽하다** 정도가 있겠지만, 여자아이에게 쓰이는 표현에 비하면 이 단어는 훨씬 덜 가혹하고, 더 가변적이고, 왠지 조금 더 유쾌한 느낌이 든다.[1]

그렇기에 우리 딸들은 진퇴양난의 상황에 빠진다. 타인의 모든 요구에 따르는 것은 불가능하고 말도 안 되는 일이지만, 여자아이는 자신이 요청을 거절하면 실망과 나쁜 평판이 따른다는 점을 잘 알고 두려워한다.

이런 상황에서 스트레스와 불안을 느끼는 것은 당연한 일이다.

설상가상으로 여자는 남자보다 자신의 언행을 훨씬 자주 곱씹는 경향이 있다.[2] 의식적이든 아니든 많은 여자아이, 그리고 성인 여성은 사소한 일상적 선택의 영향을 평가하는 정신적 작업에 끊임없이 귀중한 에너지를 소비한다. '집에 있으려고 친구의 파티 초대를 거절하면 친구는 나를 재수 없다고 생각할까?' '이번 주말에 또래 지도 봉사를 원래 하던 대로 3시간 하는 대신 1시간만 하겠다고 하면 담당 고문 선생님은 내가 이기적으로 군다고 생각하실까?'

간단히 말해 우리 딸들은 타인의 소망에 부응해야 한다는 강력한, 대개는 암묵적 메시지를 받는다. 그렇기에 많은 여자아이는 니키처럼 억지로 무리하고, 기진맥진하고, 자기 자신의 소망이나 관심사와는 매우 동떨어진 상황에 놓인다.

하지만 여자아이라고 다 이런 식으로 느끼는 것은 아니다. 나는 개인 상담소를 운영하고 로럴 스쿨에서 일하고 전국을 순회하며 강연하면서 파티에 불참하거나, 자기가 맡은 일을 줄이거나, 그 밖에 남을 실망시킬 가능성이 있는 합리적 결정을 내리면서도 자신을 정신적으로 닦달하지 않고 편안한 마음으로 요청을 거절하는 여학생을 여럿 만났다. 그런 아이들에게는 공통점이 하나 있었다. 또래보다 스트레스와 불안 수준이 낮다는 점이다.

부모는 딸이 자기 시간을 확보하려고 합리적 선택을 하면 반감을 살까 봐(특히 남자아이라면 그냥 넘어갈 수 있는 상황에서) 걱정하느라 귀중한 에너지를 낭비하기보다는 자신의 이익을 적극적으로 지키기를 바란다. 나는 이미 확립된 문화의 힘을 가볍게 여기지도 않고, 부모 개개인이 가정이라는 울타리 밖의 성차별적 세상을 손쉽게 개혁할 수 있다고 믿을 만큼 순진하지도 않다. 하지만 이중 잣대에 이의를 표하고 그로 인한 스트레스에서 딸을 보호하기 위해 우리가 **할 수 있는** 일은 여전히 많다.

남의 눈치를 보도록 키워지는 딸

딸을 키우는 부모는 대부분 문화적 소방관이 된다. 우리는 성차별을 더 예민하게 인식하고, 딸이 그 불꽃에 데지 않게 하려고 애쓴

여자(아이)의 심리학

다. 딸이 유치원 친구들과 장래 희망을 얘기하는 걸 들으면 바로 끼어들어 "너희는 **원한다면 무엇이든** 될 수 있어"라고 강조한다. 이웃집 아이가 우리 딸의 머리 모양을 두고 "남자애 같다"라고 놀리기라도 하면 당장 가상의 소방차를 몰고 달려가서 가상의 호스를 펼친 다음 이런 말을 쏟아붓는다. "세상에는 머리가 긴 남자도 있고, 머리가 짧은 여자도 있단다. 그리고 이 머리는 우리 딸한테 아주 잘 어울리거든!" 우리는 딸을 단호하고 당당하게 키우는 것을 목표로 삼는다. 딸이 자기만의 관점을 세우고 자신 있게 의견을 표현하기를 바라며, 그 마음에 한 점 거짓도 없다!

요청하는 사람이 우리 자신일 때는 빼고.

3학년인 딸의 같은 반 친구가 자기 집에서 같이 놀자고 초대하는 메시지를 남겼고, 그 아이를 별로 좋아하지 않는 딸이 코를 찡그려 보이면 얘기가 달라진다. 우리는 "아이, 그러지 말고… 그 정도로 싫은 건 아니잖아?"라든가 "차라리 그 애한테 우리 집으로 오라고 할까? 그러면 좀 괜찮겠어?" 또는 "네가 그 애라면 기분이 어떻겠니?" 같은 말을 꺼낸다.

딸이 알았다고 말하게 하려고 꼬드기는 것이다.

왜일까?

좋든 싫든 우리 역시 문화의 산물이며, 나를 포함해 모든 부모는 눈 깜짝할 사이에 소방관에서 방화범으로 변신할 수 있다. 딸이 싹싹하게 굴지 않으면 듣게 될 말을 두려워하듯, 부모도 그런 평판을 두려워한다. 우리 딸이 무례하거나 눈치 없는 아이라고, 심지어 "못돼

먹은 계집애"라고 남들이 말하고 다닐지도 모르는 가능성을 사전에 차단하고 싶은 것이다.

물론 여자아이가 하기 싫어도 **해야 하는 일**, 이를테면 재미없는 친척 방문하기 같은 일도 아주 많다. 심지어 그런 일을 웃으면서 해야 할 때도 종종 있다. 그런 상황이 어떤 것인지, 그럴 때 우리가 딸에게 뭐라고 말해야 하는지는 곧이어 다룰 예정이다. 지금은 우선 여자아이가 굳이 따를 필요 없는 요구에 순응하도록 압박하는 문화적 합창에 우리가 자신도 모르게 목소리를 보태고 있다는 점을 인식해야 한다. 이런 깨달음의 순간을 최대한 활용해야 딸을 스트레스와 불안에서 지키려는 우리의 노력이 힘을 발휘한다. 우리 딸들은 스스로 하고 싶지 않으며 선택의 여지가 있는 수많은 일을 다 하려고 들 필요가 없고, 우리는 딸이 거절의 기술을 익히도록 도울 기회를 놓쳐서는 안된다. 하지만 우리 문화에서 이는 그리 간단한 문제가 아니다.

여자로서 말하기

당당하게 거절하는 법을 배우든 다른 방식으로 자신의 의견을 고수하든 간에 우리 딸들은 스스로를 지킬 수단을 갖출 필요가 있다. 당당한 젊은 여성이라면 어떤 식으로 말해야 한다는 명확한 이미지를 품었던 과거의 나는 여학생들에게 항상 직설적으로 거리낌 없이 말하고, 미안해하지 말라고 권했다. 하지만 시간이 지나면서 매우

여자'아이'의 심리학

훌륭하고 아주 합리적으로 보이던 이 조언에는 일반적으로 생각하는 것보다 훨씬 복잡한 여러 가지 문제가 뒤따른다는 사실을 인정하지 않을 수 없었다. 이런 걸림돌을 하나씩 살펴보기로 하자.

우선 여자아이가 **항상** 대담하고 직설적으로 말해야 한다는 조언에는 남자아이와 성인 남자는 당당한 반면, 여자아이와 성인 여성은 유순하다는 고정관념이 깔려 있다. 이 전제를 받아들이면 자연스럽게 우리 딸들이 세상에서 더 동등한 위치에 서게 하려고 더 남자처럼 말하도록 가르쳐야 한다는 결론에 이르게 된다. 하지만 여자아이와 남자아이를 모두 키워본 부모라면 이 전제 자체가 옳지 않다는 것을 금세 알아차린다.

여자아이는 전혀 유순하지 않다. 일말의 망설임 없이 지금 당장 식기세척기를 비우고 싶지 않다든가, 아빠가 골라준 티셔츠를 입기 싫다든가, 엄마가 권하는 댄스 수업을 듣기 싫다고 말하는 딸의 목소리를 떠올려보자. 인간관계에 해를 끼치거나 사교적 말썽을 일으킬 걱정을 하지 않아도 된다면 여자아이는 대개 직설적으로 능숙하게 거절하고, 미안해하지도 않는다.

또한 남자라고 늘 직설적인 것은 아니다. 사실 남자아이와 성인 남성은 대부분 정중하게 요청을 거절하고 필요한 만큼 돌려서 말하는 풍부한 사교적 기술을 갖추고 있다. 이미 얼음땡 놀이를 하기로 했는데 숨바꼭질을 하자는 제안을 받으면 많은 남자아이가 상냥한 태도로 이렇게 말한다. "방금 쟤네랑 얼음땡을 하기로 했거든. 다음에 해도 괜찮아?" 성인 남성 역시 대부분 점심 초대를 거절할 때 다음과 같이 붙임성 있게 말한다. "나도 같이 가고 싶은데, 하필 지금 정신없이 바쁘거든. 물어봐줘서 고마워."

하지만 남자아이와 성인 남성은 여자아이와 성인 여성에 비해 자기가 원할 때 훨씬 더 퉁명스럽거나 무례하게 굴 권리를 인정받는다는 점이 다르다. 최근 나는 남편과 나란히 외과의로 일하는 내 친구와 운동 겸 산책을 나갔다가 이 점을 새삼 깨닫게 되었다. 직장에서 남녀의 태도에 관한 이중 잣대 이야기를 하고 있자니 친구가 불쑥 이렇게 말했다. "어, 맞아! 남편이 수술실에서 한다는 말을 들어보면 내가 똑같이 했다가는 **해고**당하겠다 싶은 말도 있더라고!" 친구는 잠시 말을 멈췄다가 유감스러운 듯 덧붙였다. "애초에 남편도 그런 말을 안 해야겠지만, 해도 다들 그냥 넘어간다는 거지."

여기서 중요한 문제는 남녀가 **이미** 특정 방식으로 의사소통한다는 잘못된 고정관념에 기초해 여자아이에게 **바람직한** 의사소통 방식을 조언하려 하다가는 길을 잘못 들게 된다는 점이다. 게다가 만약 모든 남자가 **정말로** 조금도 말을 돌리지 않고 퉁명스럽게 자기주장만 내세우고 있다면 그 방식을 흉내 내는 것이 과연 올바른 길일까?

결함 있는 가정을 근거로 삼는다는 점 말고도 우리가 여자아이에게 하는 "항상 대담하고 직설적으로"라는 조언의 문제점은 또 있다. 여자아이가 무뚝뚝하게 굴면 뒤탈이 생긴다는 점이다. 직장에서 남성적으로 말하고 행동하는 여성은 비판받는다는 사실을 증명하는 연구가 수없이 많다.[3] 남자가 쓰면 적극적이라고 평가되는 말투를 여자가 쓰면 설친다는 말을 듣는다. 남자가 하면 똑부러진다는 말을 들

여자(아이)의 심리학

는 행동을 여자가 하면 대개 거슬린다는 소리를 듣기 쉽다. 마찬가지로 표현력이 풍부한 남자는 열정적이라고 인식되지만, 여자는 감정적이라고 평가된다.

우리 문화에서 고분고분하지 않다고 여겨지는 여자아이가 냉정한 시선을 받는다는 증거는 상당히 많다. 미국 국립여성법률센터 National Women's Law Center가 인종적 관점에서 교내 징계 비율을 살펴본 연구는 여자아이가 어떤 식으로 말해야 하는지에 대한 암묵적 규칙이 분명히 존재한다는 사실을 보여준다. 공립학교 유치원부터 고3까지 흑인 여학생과 백인 여학생이 받은 징계를 비교하자 두 집단의 비행 수준은 거의 비슷했는데도 흑인 여학생의 정학 비율이 6배 높다는 놀랍고도 실망스러운 결과가 나왔다.

이 보고서 저자들은 수많은 연구에서 이미 충분히 증명된 무의식적 인종 편견으로 학교 관계자들이 흑인 여학생을 특히 적대적이라고 여겼기 때문에 이렇게 불평등한 정학 비율이 나타났다고 지적한다.[4] 예를 들어 흑인 여학생은 교사에게 공개적으로 반대했다는 이유만으로 징계를 받을 수도 있지만, 백인 여학생이 똑같이 행동하면 그냥 무시되거나 약한 꾸지람을 들을 뿐이다. 보고서에 따르면 흑인 여학생은 "무언가가 불공평하거나 부당하다고 생각될 때 거리낌 없고 적극적으로 행동하며 목소리를 높임으로써 사회에서 적절한 '여성적' 언행으로 받아들여지는 주된 고정관념에" 도전하는 것처럼 보이기 때문에 불균등하게 징계받는 처지에 놓인다.[5]

물론 우리는 여성 집단 전체에 불이익을 주는 성차별적 문화 구

조와 불공평하게 흑인 여학생을 과녁으로 삼는 인종차별적 관행에 맞서야 한다. 딸에게 자기주장을 내세우고 하고 싶은 말을 억누르지 말라고 가르치는 것도 그런 노력의 일환이다. 하지만 여자아이에게 자신의 의견을 강경하게 표현하는 방법이 항상 통한다는 인상을 주어서는 곤란하다. 알다시피 그 방법에는 종종 커다란 대가가 따르기 때문이다.

주저하는 것과 의견을 퉁명스럽게 표현하는 것 사이에 여러 가지 유용한 선택지가 존재한다는 사실을 기억할 때 우리는 딸에게 최대한의 도움을 줄 수 있다. 사실 의사소통 면에서 우리 딸들은 영민하고 융통성 있는 전술가이며, 부모는 그런 면을 인정해주어야 한다.

여자아이는 자신과 남자아이에게 허락되는 언행의 범위에 차이가 있다는 것을 **이미** 알고 있으므로 우리는 딸이 무엇을 알아냈는지 함께 이야기해볼 필요가 있다. 다음에 학교에서 어떤 남학생이 선생님께 대들었다거나 손도 들지 않고 답을 툭 내뱉었다는 얘기를 딸이 꺼내거든 그 남학생이 불이익을 당했는지, 여학생이 그랬다면 다른 대우를 받았을지 물어보자. 딸이 자기주장 강한 남학생과 여학생, 백인 여학생과 유색인 여학생에게 적용되는 이중 잣대를 어떻게 생각하는지도 알아보자. 그런 다음 그런 이중 잣대에 딸이, 그리고 우리가 어떻게 대처해야 한다고 생각하는지도 이야기해보자.

누가 무엇을, 어떤 식으로 말해도 되는가 하는 주제를 두고 긴 대화를, 또는 여러 번 중에서 첫 번째 대화를(아마도 이쪽일 가능성이 크다) 나눌 준비를 하자. 이 토론의 목표는 딸에게 어떻게 처신하라고 알려주는 것이 아니다. 그 대신 우리는 아이 자신이 직면한 불평등을 깨닫고 이리저리 고민해보도록 도와야 한다. 그렇게 하면 우리 딸들은 언제 정면 공격으로 입지를 넓히려고 시도하고, 언제 더 간접적인 방식을 유리하게 활용해야 할지 **스스로 결정**할 수 있다.

말투 단속반에 도전하기

여자아이에게 무조건 직설적이고 대담하게 말하라고 권하는 조언의 또 다른 문제점은 이런 가르침이 여자아이들의 말투에 대한 편견 어린 비판에 근거를 두고 있다는 것이다. 유명 언론 매체에서는 여성이 너무 자주 사과하고,[6] 말끝을 올리는 '업토크uptalk' 어조를 고수하고,[7] 문장 중간에 그냥이라는 단어를 자꾸 끼워 넣어 자기 말의 신빙성을 깎아내린다고 주장하는 기사를 쉽게 찾아볼 수 있다.[8] 당연하게도 이 같은 주장을 지지하는 사람들은 좋은 의도에서 여성에게 자기주장을 내세우고 싶다면 이런 언어 습관을 버리라고 촉구한다. 예를 들어 2015년 페미니스트 나오미 울프Naomi Wolf는 이런 "파괴적 언어 습관"을 버리고 "강인한 여성의 목소리"를 되찾으라며 젊은 여성들을 나무라는 에세이를 발표했다.[9]

하지만 언어학자들은 10대 소녀 집단과 그들의 언어 습관을 다른 관점에서 바라본다. 실제로 울프가 에세이를 내놓은 사흘 뒤 페미니스트 언어학자 데버라 캐머런은 날카로운 반박문을 내놓았다.[10]

캐머런은 권력을 쥐지 못한 집단의 언어를 비판하는 것은 단순히 이미 확립된 편견을 드러내는 새로운 방식일 뿐이라고 지적했다. 또한 여성이 언어 습관으로 자기 자신의 힘을 약화한다는 울프의 주장은 "앞뒤가 뒤바뀐 논리"이며 "미국 흑인이 흑인 영어를 쓰지 않으면 경찰에게 총 맞을 확률이 줄어들 거라고 말하는 것과 비슷하다"라고 힘주어 말했다.

캐머런은 여성이 사용한다고 비판받는 언어 습관을 남성이 똑같이 쓰는 사례가 상당히 많다는 중요한 사실도 지적했다. 더불어 젊은 여성은 언어 변화의 선봉 역할을 하는 경향이 있으므로 대중보다 먼저 새로운 언어적 선례를 만들어내기도 한다는 점에 주목했다. 이들의 혁신은 비판받을 때가 많지만, 대개 이 새로운 언어 습관은 오래지 않아 주류가 된다.

여자아이는 자신들만의 이상한 방식으로 말한다는 근거 없는 편견 탓에 폄훼되고 심지어 불이익을 받기도 하지만, 진짜 문제는 다른 곳에 있다. 캐머런은 이렇게 말했다. "젊은 여성에게 법률 사무소나 제조업체를 경영하는 남자들이 선호하는 언어 습관, 즉 편견을 수용하라고 가르치는 것은 가부장제가 할 일을 대신하는 것이다. 이는 여성의 언어를 대하는 성차별적 태도가 아니라 여성의 언어 자체에 문제가 있다고 받아들이는 것이나 마찬가지다."

캐머런과 동료 언어학자들은 이제 우리가 여성의 언어 습관에 대해 이야기하는 방식을 바꿔야 할 때라는 설득력 있는 주장을 펼친다.[11] 소녀들이 쓰는 말을 단속하려는 선의의 충동을 제쳐두고 생각하면 사람들이 비판하는 대다수 언어 습관, 이를테면 "네가 여는 파티에 못 가게 돼서 **너무 미안해**. 이번 주말에는 우리 집에 **그냥** 좀 일이 많거든" 같은 문장은 예의 바른 사람이라면 다들 쓰는, 문화적으로 확립된 거절 화법을 따르고 있을 뿐이다. 소녀들의 언어 습관을 비판할 것이 아니라 오히려 기분을 상하게 하거나 소중한 관계를 망치는 일 없이 요청을 거절하는 세련된 언어적 전략을 본능적으로 구사하는 능력을 인정해줘야 할지도 모른다.

그렇다고 자신의 언어적 역린을 버려야 한다는 말은 아니다. 언어에 신경 쓰는 사람은 누구나 꺼리는 말이 있다(이를테면 나는 "임팩트 있다"라는 말을 쓰는 것이 중죄에 해당한다고 생각한다). 하지만 우리 딸들의 언어 습관을 바라보는 시선에는 비판보다 호기심이 필요하다. 한 고등학교 교사와 몇몇 학생이 모인 자리에서 내가 여학생의 언어 습관에 관해 얘기하고 있을 때였다. 선생님이 "저는 아이들이 너무 자주 '미안'이라고 말하는 게 정말 싫어요. 그래서 아이들에게 늘 그러지 말라고 하죠"라고 한탄하자 한 학생이 즉각 "저도 제가 그 말을 너무 많이 한다는 건 알아요"라고 대답했다.

나는 중립적이며 흥미로워하는 어조로 그 여학생에게 물었다. "본인이 그 말을 왜 그렇게 자주 쓴다고 생각해?"

"잘 모르겠어요." 그녀가 말했다. "진짜로 미안한 건 아니에요. 제 생각엔 무슨 일을, 그러니까 누구랑 교실까지 걸어가거나 뭐 그런 걸 하지 않으려고 할 때 그냥 그 말을 쓰는 것 같아요. '어, 미안. 근데 나는 사물함에 먼저 들러야 할 것 같아.' 뭐 이런 식으로요."

"일리가 있네." 내가 대답했다. "부드럽게 거절할 방법을 찾으려고 하는 거잖아. 같은 역할을 하는 다른 표현으로 뭐가 있을까?"

대각선 맞은편에 앉아 있던 여학생이 말을 받았다. "이렇게 말하면 돼요. '아, 나도 그러고 싶은데, 그럴 수가 없네.'"

다른 학생이 농담조로 제안했다. "어이쿠! 오늘은 어렵겠는뎁쇼."

"아, 그렇네." 자기도 모르게 사과한다던 학생이 반색했다. 그러고는 "진짜 그렇게 말하면 되겠다"라고 말하며 반 친구들에게 유용한 의견을 제시해줘서 고맙다고 덧붙였다.

우리 딸들의 어투가 거슬리게 느껴지더라도 그런 방식에도 그들 나름의 논리가 있다는 가정에서 출발해보자. 여자아이는 자신을 표현하는 방식을 점검하고 개선하는 데 재능이 있다. 그러므로 우리는 망설이지 말고 딸이 언어 습관 뒤에 숨은 이유를 물어보고 필요하다면 다른 선택지도 함께 고려해보도록 도와주어야 한다.

언어 도구 세트 갖추기

말은 망치처럼 사용될 수도 있고, 가끔은 그렇게 쓰여야 할 때도 있다. 하지만 일반적 의사소통을 위해서는 스위스제 다용도 칼처럼 다양한 도구를 갖추는 편이 좋다. 서로 다른 맥락에서는 서로 다른 도구가 필요하기 때문이다. 요청을 거절하는 레퍼토리를 다양하게

여자(아이)의 심리학

갖춘 여자아이는 다른 사람의 바람에 휘둘리거나 누군가를 거절하면 평판이 나빠질까 봐 걱정할 가능성이 적다. 부모로서 우리는 딸이 강력하고 직설적인 말, 정중하고 사려 깊은 말, 혹은 상황에 맞는 어떤 말이든 적절히 활용해 자기주장을 관철하게 해주는 언어적 다용도 칼을 갖추도록 도와야 한다.

나는 보통 내담자와 이야기할 안건을 미리 정해두지 않지만, 니키의 다음 상담에서 어떻게 해야 할지 생각해둔 바가 있었다. 니키가 자리를 잡자마자 나는 이렇게 말했다. "지난번에 얘기하다 만 내용에 관해 생각을 좀 해봤어. 네가 체조 선생님께 안 된다고 말하지 못할 것 같다고 한 얘기." 니키는 내가 얘기를 어디로 끌고 가는지 궁금해하며 고개를 끄덕였다. "네가 선생님과의 관계를 중요하게 여기고, 네가 그만두고 싶다고 말했을 때 선생님이 속상해하시는 것 같아서 어쩔 수 없다고 느끼는 것 맞니?"

"맞아요." 니키가 말했다. "선생님과 오랫동안 알고 지냈고, 선생님 표정을 보고 속상하시다는 걸 알 수 있었어요."

"우리가 생각해볼 만한 해결책이 하나 있어. 사실 이건 심리학적 지식에서 나온 게 아니라 협상을 전문으로 하는 학자에게 내가 배운 방법이야. 그분은 누군가를 거절하면서도 오히려 그 사람과의 관계를 더 돈독하게 하는 아주 유용한 방법을 개발했거든."[12]

니키는 흥미가 동한 눈치였다. 반신반의했지만 관심을 보이는 것은 확실했다.

나는 니키가 스스로 원하는 바를 파악하고 체조 선생님에게 자기 마음을 어떤 식으로 전하고 싶은지 알아내는 데 도움이 될 간단한 공식을 설명했다. 이 공식의 핵심은 '긍정, 부정, 긍정'이다. 첫 번째 '긍정'은 무언가를 거절할 때 우리는 사실 다른 무언가를 긍정하려 하고 있다는 사실을 나타낸다. "너는 말이야." 나는 니키에게 말했다. "너 자신한테 다른 일을 할 시간을 더 주고 싶어서 체조를 그만두려고 하는 거잖아. 체조 선생님에게 그만두고 싶다고 말할 때 너는 사실 더 많이 자고 공부에 스트레스를 덜 받는 생활을 긍정하려고 한다는 뜻이야."

니키는 내가 무슨 불가능한 꿈 얘기라도 한다는 듯 씁쓸한 미소를 지어 보였다.

"공식에서 두 번째 부분인 '부정'은 첫 번째 '긍정'에서 나오는 거야. 너는 미칠 듯한 상태에서 벗어나기 위해 너희 선생님을 거절하는 거지. 그런 다음 너는 공식의 마지막 '긍정', 그러니까 네게 **가능**한 제안을 하는 부분으로 넘어가면 돼."

"알겠어요." 니키가 사무적 어조로 말했다. "하지만 선생님께 실제로 뭐라고 말하죠?"

"이제 너의 긍정-부정-긍정이 어떤 것인지 정리했으니 이런 식으로 말해보는 건 어떨까? '다쳐서 못 오는 동안 체조가 그리웠어요. 하지만 잠잘 시간도 늘어나고 다른 일을 할 시간도 생긴 건 사실이에요. 그래서 이제 발이 나아도 선수로서 체조를 하는 건 그만두려고요. 하지만 아이들 가르치는 건 계속 돕고 싶어요.'"

니키는 잠시 망설였다. "좋은 생각 같기는 한데… 솔직히 제가 그 마지막 '긍정'을 하고 싶은지는 잘 모르겠어요. 사실 어린이반 수업에 들어갈 시간도 없거든요."

니키의 솔직한 반응을 고맙게 여기며 나는 한 번 더 제안했다. "앞부분은 그대로 두고, 이렇게 덧붙이면 어떨까. '발이 다 나아도 체조를 다시 하지는 않겠지만, 선생님과 계속 연락하고 싶어요. 가끔 대회를 보러 가서 선생님도 뵙고 우리 팀을 응원해도 될까요?'"

"그렇게는 말할 수 있겠네요." 대답하는 니키의 표정이 한결 밝아졌고 긴장도 어느 정도 풀린 듯했다. "제가 **진심으로** 하고 싶은 일이기도 하고요."

여자아이는 인간관계를 소중히 여기므로 우리가 다른 전략을 알려주지 않으면 의미 있는 관계에 해를 입히지 않으려고 자신을 희생하기도 한다.13 지혜로운 긍정-부정-긍정 공식과 더불어 나는 여학생들에게 반짝이는 재치를 활용하라고 권한다. 가벼운 농담("어이쿠, 오늘은 어렵겠는뎁쇼!" 같은)을 사용하면 거절 의사를 표하는 동시에 자신이 거절하는 사람을 향해 장난스럽게 애정을 표현할 수 있다.

여자아이의 언어 도구 세트에서 가장 유용한 도구는 능숙한 어조 활용이며, 알다시피 이는 의사소통의 핵심에 해당한다(구슬픈 곡조에 즐거운 노랫말을 붙여도 여전히 슬픈 노래로 들리는 것과 마찬가지다). 부모로서 우리가 어조의 엄청난 힘을 보여줄 기회는 얼마든지 있다. 앞의 예처럼 딸이 친구 집에 놀러 가기 싫어한다면 딸이 옆에 서 있을 때 상대편 부모에게 전화를 걸어 상냥하면서도 단호한 어조로 "초대해주셔서 고마워요. 안타깝게도 저희는 시간을 맞추기가 어렵겠어요"라고 말할 수도 있다.

다음에 딸이 뭔가를 거절하고 싶어 한다면, 예를 들어 친구들과 영화는 함께 보고 싶지만 친구네서 자고 오는 건 사교적 문제가 자주 일어나는 탓에 피하고 싶다고 한다면 적당한 거절의 말을 찾도록 도와주되 적당한 어조를 고르는 것도 잊지 않도록 조언하자. 여자아이는 대체로 다양한 어조를 훌륭하게 활용하며, 연습하면 더욱 능숙해진다. "영화는 무척 기대되지만 자고 가는 건 무리일 것 같아" 정도로 적당한 문구를 골랐으면 딸에게 엄청나게 폭넓은 의미를 담을 수 있는 다양한 어조를 이리저리 시험해보라고 권하자. 완전히 똑같은 말을 무뚝뚝하게, 수줍게, 조심스럽게 할 수도 있고, 여기서 우리가 목표하는 대로 온화한 자신감을 담아서 자고 가지 못한다는 데 죄책감을 느끼지는 않으며 친구들과 영화를 보게 되어 진심으로 기쁘다는 뜻을 전할 수도 있다.

내가 만나본 여자아이들은 대개 감정을 상하게 하거나 소중한 관계를 망치지 않고 요청을 거절하는 언어적 도구 세트를 갖추라는 조언을 흔쾌히 받아들였다. 그런가 하면 거절이라는 문제가 매우 당황스럽고 까다로운 부분이 있다는 것을 상기시키는 아이도 있었다. 이런 질문을 생각해보자. "친구가 **왜** 자고 갈 수 없는지 물어보면 어떻게 해요?"

투명해야 하는 여자아이

　6학년 여학생들과 원치 않는 요구를 거절하는 방법에 관한 워크숍을 진행하던 나는 우연히 청중 가운데 한 학생과 매우 중요한 대화를 나누게 되었다. 시작은 반 친구에게 금요일 밤에 같이 놀자는 초대를 받았으나 가고 싶지 않은 경우 어떻게 대처하면 좋을지 전체 아이들에게 물을 때였다. 우선 우리는 긍정-부정-긍정 공식에 내용을 대입해보았다. 예를 들어 "오늘은 일찍 자야 해서 갈 수 없을 것 같은데, 그 대신 월요일 점심시간에 같이 앉을까?" 하는 식이다. 그 뒤에는 "다음 금요일은 어때?"라는 말을 다양한 어조로 말하는 연습을 했다. 그런 다음 나는 선택지를 하나 추가했다. "원한다면 이렇게 말하는 방법도 있어. '내 생각을 해줘서 고마워. 그런데 안타깝게도 다른 계획이 있어.'"

　그러자 누군가 손을 들었고, 나는 확실히 어딘가 불편해 보이는 그 학생을 지명했다. "그런데요." 팔다리가 워낙 길고 가늘어서 오른 다리를 왼 다리 위로 꼰 채로 오른발까지 왼쪽 종아리 뒤로 편안하게 끼워 넣고 앉은 여학생이 말했다. "그날 밤에 진짜로 계획이 있는 게 아니면… 그렇다면 그건 **거짓말** 아닌가요?"

　"아, 아니야. 거짓말이 아니란다." 나는 안심시키려는 투로 대답했다. "손톱에 매니큐어를 칠하거나 웹사이트에서 심리 테스트를 할 계획이 있을 수도 있고, 뭘 하고 싶은지 정할 때까지 계획을 세우지 않는 게 계획일 수도 있지." 내가 보기에 이 대답은 완전히 말이 됐지만, 다리를 꼬고 앉은 여학생이 보기에는 전혀 그렇지 않은 모양이었다. 그래서 나는 말을 덧붙였다. "친구에게 네 의도를 완벽히 설명해야 할 의무는 없어. 네가 원하지 않으면 굳이 속내를 전부 드러낼 필요는 없다는 뜻이야."

그 6학년 학생의 얼굴에 떠오른 표정을 보니 내 말은 씨도 먹히지 않았다는 게 분명했다. 잘해봤자 내 조언은 이상한 소리 취급을 받을 터였다. 최악의 경우 그 아이는 영향받기 쉬운 어린 여학생에게 거짓말을 하라고 종용하는 타락한 어른을 왜 학교에서 강사로 불렀는지 의아해할지도 모를 일이었다. 이 대화는 워크숍이 끝나고 한참 뒤까지 내 마음 한구석에 남았다. 내 조언 자체에는 확신이 있었지만 그로 인해 여자아이의 마음이 명백히 불편해졌다는 사실이 마음에 걸렸다. 게다가 그 교실 안에서 자신에게는 타인과 공유할 개인적 정보를 스스로 선별할 권리가 없다고 생각한 학생이 그 아이 하나뿐은 아닐 터였다.

왜 이 여학생들은 그런 전면 공개가 항상 필수라고 생각했을까? 이 질문을 곰곰이 생각해볼수록 점점 우리 어른들이 늘 여자아이에게 진술해야 한다고 훈계하고 진정성의 고귀한 가치를 강조한다는 데 초점이 맞춰졌다. 물론 우리는 좋은 의도에서 여자아이에게 '진솔'해야 한다고 조언한다. 이는 다른 사람에게 자신을 맞추지 말고 진심으로 원하는 대로 하라는 뜻에서 하는 말이다. 하지만 우리 딸들에게는 이 말이 그렇게 들리지 않는 모양이다. 우리 생각과 달리 여자아이는 어른들의 말이 항상 철저하고 완벽하게 솔직해지라는 뜻이라고 이해한다.

이 점은 특히 고분고분해야 한다는 사회적 압박과 합쳐졌을 때 더욱 문제가 된다. 여자아이도 다른 모든 인간과 마찬가지로 복잡한 생각과 감정이 가득한 존재이기에 실제로 이 두 가지 조건을 동시에 만족할 수는 없다. 자신을 투명하게 드러내는 동시에 남들에게 전혀 거슬리지 않기란 불가능하기 때문이다.

부정적 생각과 감정을 품는 것은 본질적으로 문제가 되지 않는다. 사고와 감정 행동은 각각 따로 작동하기 때문이다. 사람은 생각과 감정을 쉽게 통제할 수 없고, 사실 그럴 필요도 별로 없다. 우리가 통제해야 하는 것은 실제로 행동하는 방식뿐이다. 물론 기꺼이 초대를 받아들여 자신이 무척 좋아하는 사람과 시간을 보낼 때처럼 가끔은 생각과 감정대로 행동하는 것이 바람직할 때도 있다. 하지만 성숙한 사회 구성원이 되기 위해 성인은 사고와 감정에서 행동을 분리해야 할 때가 많다. 자신이 질색하는 동료와 엘리베이터에 단둘이 있게되었을 때 예의 바르게 날씨 이야기를 꺼내는 것이 바로 여기에 해당한다.

자신의 생각과 감정, 행동이 완벽히 일치해야 한다고 믿는 여자아이는 단순히 부정적 정서를 품는 것만으로도 불안을 느낀다. 짜증나는 아이와 조별 과제에서 한 조가 되는 것 같은 일상적 골칫거리에서 자신이 철저히 투명해야 한다고 여기는 여학생에게는 공존할 수 없는 두 가지 선택지밖에 없다. 완벽하게 '솔직'하기 위해서는 자신의 짜증을 숨기려는 노력을 전혀 하지 않은 다음 결과를 감당해야 한다. 아니면 자신의 짜증을 창피하게 여기고 조바심을 내며 자기 마음에서, 그리고 머리와 행동에서 부정적인 부분을 몽땅 몰아낼 방법을 찾아야 한다.

하지만 마음속으로 생각하는 것과 보여주는 것이 달라도 괜찮을 때가 많다는 사실을 여자아이가 알지 **못하는** 이유는 무엇일까? 초대를 거절하고 싶은데도 바쁘다는 말을 차마 하지 못하는 것은 왜일까? 상냥하고 예의 바른 어른들은 이 두 가지를 아무렇지 않게 해내고, 남자아이도 이 문제로 여자아이처럼 잠 못 이루지는 않을 게 틀림없다. 어쩌다 우리 딸들은 남에게 알리고 싶지 않은 생각이나 감정을 품기만 해도 문제가 생긴다고 믿게 되었을까?

자, 방화범 동지 여러분, 우리는 가슴에 손을 얹고 생각해봐야 한다. 아이를 키우면서 끊임없이 발생하는 평범한 상호작용 속에서 우리가 딸의 마음과 머릿속에서 일어나는 일을 통제하려고 시도하는 순간이 분명 있다. 우리 집에서는 대개 이런 식으로 상황이 진행된다. 평일 저녁 식탁에 가족이 둘러앉아 있을 때면 종종 두 딸 중 하나가 반 친구나 선생님에 대해 투덜거린다. 이럴 때 나는 재빨리 "글쎄, 그 애도 아마 뭔가 힘든 일이 있겠지. 너는 그래도 친절하게 대해야지"라든가 "틀림없이 선생님이 너무 바빠서 그러시겠지. 네 과제는 금방 돌려주실 거야"라고 말하며 딸의 불만을 축소하거나 별것 아닌 일로 치부해버리기도 한다.

이렇게 무 자르듯 반응한 원인이 단순히 나도 너무 피곤한 하루를 보냈기 때문일 수도 있다. 하지만 때로는 우리 문화가 남자아이보다 여자아이에게 순순하고 예의 바른 태도를 요구한다는 사실을 알기에 딸의 불만을 틀어막는 것일 수도 있다. 어느 날 저녁의 퉁명스러운 반응이 어디에 해당하든 간에 내 딸은 내가 이렇게 말하는 것으로 받아들이기 쉽다. "너의 부정적 생각과 감정은 용납될 수 없어."

전면 공개는 필수가 아니다

오래전부터 시인과 철학자, 사회과학자들은 사람이 각기 다른 상황에서 자신의 각기 다른 부분을 드러낸다는 보편적 개념이 진리임을 천명했다.[14] 연극 용어를 빌려 이러한 현상을 설명하자면 '무대 앞'(학교, 직장 등)에 있을 때 우리 행동은 부분적으로 관객의 존재에 의해 영향을 받는다.[15] 반대로 '무대 뒤'(집, 혼자일 때)에 있을 때는 긴장을 풀고 더 자유롭게 본래의 자신으로 돌아간다.

부모로서 우리는 딸에게도 무대 앞과 뒤가 있다는, 그리고 있어야 한다는 것을 가끔 잊어버린다. 내 딸들의 불만을 틀어막을 때 나는 딸이 실제로는 집에서 할 말과 사람들 앞에서 할 말의 차이를 구별할 줄 안다는 사실을 무시하는 셈이다. 반 친구나 선생님에 대해 불평하도록 놔두면 딸이 그걸 학교에서 무례하거나 불쾌한 **행동**으로 불만을 표출해도 된다는 허락으로 받아들일까 봐 쓸데없이 걱정하기 때문이다. 나의 두 딸 모두 그럴 만큼 어리석지 않고, 당신 딸도 마찬가지다. 대개 하루가 끝나갈 무렵 등장하는 딸의 불평에 반응하는 방식을 조정하기만 해도 우리는 딸에게 내면세계를 있는 그대로 이해받는 데서 오는 불안 해소 효과를 제공할 수 있다.

우리 작은딸은 자기주장이 매우 강하고 자신의 생각을 거리낌 없이 말하는 아이다. 마음에 들거나 그렇지 않는 것이 생기면 곧바로 입에 올린다. 유치원 시절 작은딸은 같은 반 아이 한 명을 유난히 못마땅하게 여겼고, 오후에 집에 오면 종종 그 아이에 대한 불만을 폭포수처럼 쏟아냈다. 딸들에게 무대 앞과 뒤라는 개념을 가르쳐야겠다고 마음먹은 뒤로 나는 여기에 이렇게 반응하기 시작했다. "그래, 그건 기분 나빴겠네. **뇌에서 짜증** 내는 건 얼마든지 해도 괜찮아. 하지만 엄마 아빠는 네가 **행동은 예의 바르게** 하기를 바란다는 걸 잊지 마." 이 조언은 작은딸에게 아주 잘 통했고, 다른 모든 사람과 똑같이 딸 자신에게도 공적 자아와 사적 자아가 둘 다 있다는 개념을 이해하도록 돕는 발판이 되어주었다.

같은 맥락에서 나는 큰딸이 중학교에서 처음으로 복잡한 사회적 갈등을 겪게 되었을 때 집에 돌아와 언제든 학교에서 있었던 말도 안 되는 일에 대해 불평해도 된다고 일러두었다. 덧붙여 누군가가 위험한 상황이 아니면 그 얘기를 아무한테도 하지 않겠다고 약속했다. 우리는 비밀리에 자유롭게 털어놓을 공간을 제공함으로써 딸이 집에서 실컷 불평한 뒤 학교에서는 예의 바른 사회의 일원으로 행동하기를 바랐다.

내 딸들이 나무랄 데 없이 행동했다고 말하려는 것이 아니다.

여자(아이)의 심리학

그 아이들도 모든 사람과 똑같이 현실적이고 온전한 동시에 완벽하지 않다. 내가 하려는 말은 딸들이 다른 사람들처럼 자기 내면에(그리고 우리 집에) 자신의 진짜 생각과 감정을 솔직하게 꺼내놓고 탐색할 공간이 있음을 확실히 깨닫게 해주려고 우리 부부가 부모로서 애썼다는 것이다. 나 또한 내 딸들이 진솔하기를 바란다. 내가 보기에 진솔한 여자아이는 자기 자신과 진심으로 친해질 수 있다고 느끼는 사람이다.

부정적 생각과 감정을 표현할 자유를 넉넉히 주면 나쁜 행동을 부추기는 셈이 될까 봐 걱정하는 사람도 있겠지만, 실제로는 정반대일 때가 훨씬 많다. 어른들은 자신의 진짜 감정을 배출할 안전한 장소가 있으면 좋아하지 않는 사람 주변에서도 예의 바르게 행동하기가 한결 수월해진다는 사실을 잘 안다. 마음에 담아두었던 불만을 내려놓으면 다양한 인간관계에 대처하는 건설적 전략을 찾기 위한 길도 보이기 시작한다. 솔직히 나는 가끔 간접적이거나 치사한 방법으로 못되게 구는 여자아이를 보면 부정적 생각과 감정을 품도록 허락받지 못한 아이가 아닌가 하는 생각이 든다. 정서는 억누르려고 하면 할수록 엉뚱한 곳에서 튀어나올 가능성이 크다.

필요하다면 딸에게 불쾌한 정서 표현과 못된 행동 사이에는 큰 차이가 있다는 것을 일깨워줘도 좋다. 예를 들어 부모가 딸에게 다음 연휴에는 고모할머니를 뵈러 갈 예정이라고 말했다고 치자. 그런데 딸이 이렇게 반응한다. "어휴, 쉬는 날에 우리한테 그런 피곤한 일을 시키다니 아빠 진짜 최악이에요. 거기 가는 건 2시간 동안 나무

그루터기만 쳐다보고 있으라는 거나 마찬가지라고요." 딸의 감정이 타당할지는 몰라도(고모할머니 댁에 가는 것은 딸의 연휴 계획 목록에서 상위권을 차지하지는 않았으리라) 표현 방식은 싹 뜯어고칠 필요가 있다.

아이에게 무안을 주지 않으면서 다른 표현을 제시하고 싶다면 이런 식으로 말할 수 있다. "네가 아빠한테 짜증이 났고 할머니 댁에 가는 게 지루하다고 생각한다는 건 잘 알겠어. 너도 네 나름대로 생각할 권리가 있지만, 그렇다고 못되게 굴어도 되는 건 아니야. 네 생각을 더 부드럽게 표현할 방법을 찾을 필요가 있어. 그리고 할머니 댁에서는 네 기분이 어떻든 간에 평소대로 좋은 모습을 보여드렸으면 좋겠구나."

이런 식의 의사소통에는 세 가지 중요한 성과가 따라온다. 이런 대화는 우선 딸에게 부모를 포함한 다른 사람을 함부로 대해서는 안 된다는 점을 상기시키고, 속으로 생각하는 것과 다른 식으로 행동해도 아무 문제가 없다는 사실을 확실히 전하고, 앞서 여자아이에게 순응을 강요하는 문제를 다루며 잠시 언급했듯 세상에는 마음에 들지 않는 계획에 따라야 하는 상황도 있다는 점을 알려줄 기회가 된다. 누구나 살다 보면 하고 싶지 않은 일을 해야 하는 상황에 부닥치게 된다. 상황에 따라 필요하다면 의욕적인 태도 또는 적어도 정중한 수용을 가장하는 행위는 전혀 잘못이 아니라는 사실을 알아두면 딸이 인생을 살아가는 데 도움이 될 것이다.

아이가 무대 앞과 무대 뒤에 속하는 것이 무엇인지 파악하는 데 오래 걸린다 해도 놀랄 필요는 없다. 여자아이를 포함해 사람은 대부분 타인과 무엇을(그리고 어떤 식으로) 공유하고, 무엇을 혼자 간직할지 결정하는 과정에서 실수를 저지른다. 그래도 아이가 자기 자신을 풍부하고 복잡한 존재로 여기기를 바란다면 자신의 공적 자아와 사적 자아를 탐색하고 확립하는 과정을 지지해줄 필요가 있다. 사실 우리가 집에서 나누는 대화는 항상 우리 딸들이 눈에 보이는 것보다 훨씬 더 큰 존재라는 전제를 토대로 이루어져야 한다. 우리 문화는 여자아이와 젊은 여성을 정반대 시각으로 바라보기 때문이다.

외모 지상주의

여자아이와 젊은 여성이 외모야말로 **진정으로** 중요하다는 신호를 끊임없이 받으며 살아간다는 점은 굳이 설명할 필요도 없으리라. 누구나 알고 있기에 증거도 필요 없겠지만, 혹시 몰라서 준비한 예가 몇 가지 있다. 젖먹이에 관해 얘기할 때도 어른들은 남아보다 여아의 외모 이야기를 훨씬 많이 한다.[16] 화장품과 미용 제품 업계에서는 여자들에게 겉모습을 어떻게든 바꿔야 한다고 설득하는 광고에 매년 130억 달러를 쓴다.[17] 미인 대회도 여전히 여기저기서 성황리에 열린다. 잡지에서 디즈니 텔레비전 쇼, 뉴스 진행자에 이르기까지 대중 매체에 등장하는 여성은 거의 하나같이 객관적으로 예쁘지만, 같은 상황에 등장하는 남성은 주변에서 흔히 볼 수 있는 외모인 사람도 많다. 언론은 옷차림, 헤어스타일, 외모와는 아무 상관도 없는 자리에 앉은 힘 있고 성공한 여성의 옷차림, 헤어스타일, 외모에 끈질기게 집착한다.[18]

간단히 말해 문제는 두 가지다. 첫째, 현대 문화는 우리 딸들에게 외모란 **그 무엇보다** 더 중요할지도 모른다는 메시지를 끊임없이 보낸다. 둘째, 우리 문화는 눈은 아기 사슴 같고, 치아는 진주 같고, 머리카락은 매끄럽고 풍성하고, 피부는 흠 하나 없고, 몸매는 탄탄하고 말랐어도 굴곡이 있는, 거의 모든 여자아이와 젊은 여성이 절대로 맞출 수 없는 미적 이상을 퍼뜨린다.

첫 번째 문제에 관해서는 자기 가치의 상당 부분이 스스로 통제할 수 있는 자질, 즉 창의성, 선량함, 똑똑함, 유머 감각, 부지런함 같은 온갖 훌륭한 특성이 아니라 겉모습이라는 유전적 복권으로 정해진다는 생각이 여자아이에게 심각한 스트레스의 원인이 된다는 점을 인식할 필요가 있다. 게다가 여자아이의 외모에 대한 우리 사회의 집착은 진짜 중요한 가치로부터 관심이 멀어지게 하는 정도에서 그치지 않고, 중요한 것에 실질적으로 **악영향**을 끼친다.

실제로 한 놀라운 연구에서 젊은 여성의 외모를 평가하는 말을 하는 것 자체가 그 여성의 지적 능력을 일시적으로 떨어뜨린다는 사실이 밝혀졌다.[19] 여성의 외모에 초점을 맞추는 문화의 영향을 조사하기 위해 한 심리학자 팀은 채용 전략 연구라는 공고를 내서 대학생 지원자를 모집했다. 참가자들은 이력서와 함께 사진을 제출하라는 요청을 받았다. 연구자들은 얼마 동안 이력서와 사진을 '검토'한 다음 여학생들에게 똑같은 평가 결과를 전달했다. 하지만 여성 절반에게 건넨 결과에만 한 문장을 덧붙였다. "사진을 보니 매우 호감 가는 외모를 지니고 계시고, 보기 좋은 외모는 취업 시장에서 큰 장점으로 작용합니다." 이 같은 피드백을 받은 뒤 연구 참가자들은 어려운 수학 문제를 풀어야 했다.

자기 외모에 관한 말을 들은 여성들은 사진 이야기를 전혀 듣지 않은 여성들보다 유의미하게 낮은 수학 성적을 기록했다. 놀랍게도 스스로 외모의 중요도를 매우 낮게 두는 참가자에서도 같은 결과가 나왔다. 젊은 여성의 피상적 특징에 초점을 맞추는 행위는 여성이 자신의 진정한 자질을 보여주는 데 악영향을 끼친다는 뜻이다.

딸 가진 부모로서 우리는 겉모습의 중요성을 축소하고 다른 모든 장점의 중요성을 내세우려고 애쓴다. 이런 시도가 쉽고 유쾌할 때도 있다. 내 딸들이 어릴 때 길 가던 사람들이 귀엽다고 칭찬을 건네면 나는 명랑한 어조로 이렇게 대답했다. "속이 더 알찬 아이예요!" 하지만 우리 딸들과 외모에 관해 나누는 대화가 매우 고통스럽게 시작되는 경우도 있다.

수요일 오전 11시가 막 지났을 무렵 친한 대학 동기 한 명에게 전화가 걸려왔다. 그 친구는 잘나가는 변호사였기에 평일 근무 시간에 연락이 왔다는 데 약간 놀랐지만, 어쨌거나 나는 반갑게 전화를 받았다.

"있지, 잠깐 시간 괜찮아?" 친구가 다급히 물었다. 그 말을 들으니 뭔가 큰 걱정거리가 있다는 것을 알 수 있었다.

"물론이지. 무슨 일이야?"

"캐미가 말이야." 친구는 4학년인 딸의 이름을 댔다. "어젯밤에 **너무** 속상해하더라고." 친구는 캐미가 저녁 먹는 내내 불안해 보이더니 잠자리에 들 때쯤 울음을 터뜨렸다는 이야기를 들려주었다. 엄마가 이불을 덮어줄 때 캐미는 같은 반 여자아이들이 외모로 자신을 놀린다고 털어놓았다고 한다.

"그 애들이 캐미한테 코가 너무 뾰족하다고 하고 다리에 난 시커먼 털을 왜 안 깎느냐고 한 모양이야." 경멸하는 투로 친구가 이렇게 덧붙였다. "우리 딸한테 그딴 소리를 했다니 너무 화가 나지 뭐야. 캐미한테는 걔들이 못되게 구는 것뿐이니까 그냥 무시하라고 했는데, 오늘 아침에 보니 여전히 걔들이 한 말 때문에 괴로워하는 것 같더라고."

우리는 그 아이들의 부모와 선생님에게 연락하는 방안을 두고 이야기를 나눴고, 그런 방법을 쓰기 전에 캐미가 먼저 상담을 받게 하는 게 낫겠다는 데 동의했다. 나는 내 친구와 마음을 다친 그녀의 상냥한 딸아이가 상담 전에 시도해볼 만한 방법을 열심히 생각했다.

"오늘 밤에 상황이 좀 진정되거든 캐미하고 잠깐 시간을 내서 해볼 만한 게 있어." 내가 말했다. "종이하고 펜을 챙겨서 딸에게 '캐미의 파이 그래프'를 그려보자고 하는 거야." 미소는 소리가 나지 않지만, 전화기 건너편에서 친구가 재미있어하는 듯한 분위기가 느껴졌다. 이어서 나는 그 파이 그래프에 '캐미를 구성하는 중요한 요소'라는 제목을 붙이라고 설명했다.

"원 안에 각도가 아주 작은 부채꼴을 그린 다음 그게 네 겉모습을 가리킨다고 말해줘. 그리고 딸과 함께 원의 나머지 부분에 딸의 여러 멋진 자질을 나타내는 단어들을 채워 넣는 거지."

"캐미가 좋아하겠네." 친구가 말했다. "그리고 숨은 뜻도 바로 이해할 거야. 걔는 정말 장점이 많은 아이니까… 자랑스럽게 여길 점도 많고."

다음 날 나는 친구에게서 일이 어떻게 됐는지 알려주는 이메일을 받았다. 캐미는 생각보다 더 빨리 감을 잡고 자신이 좋아하는 여러 장점을 파이 그래프에 즐겁게 채워 넣었다고 한다. 친구는 캐미가 자기 그래프를 완성하더니 자발적으로 두 번째 그래프까지 만들었다고 덧붙였다. 두 번째는 '우리 반 못된 여자애들이 중요하다고 생각하는 것'을 나타낸다고 설명하더니 자신의 파이 그래프와는 완전히 반대로 '외모' 항목이 거의 원 전체를 차지하고 각도가 아주 작은 부채꼴에 '나머지 전부'라고 적은 그래프를 그렸다는 것이다. 친구는 자리를 정리할 때 캐미가 두 번째 그래프를 가리키며 **"이래서 내가 걔들하고 놀지 않는 거예요"**라고 당당히 말한 점이 가장 기뻤다고 했다.

딸이 이미 많이 자라서 파이 그래프에 흥미를 보일 나이가 아니라고 하더라도 여자아이와 여성의 외모에만 집착하는 우리 문화를 회의적 시선으로 바라보도록 도울 방법은 아직 많다. 예를 들어 세상 사람들이 성공을 거둬 유명해진 여성의 피상적 요소에만 관심을 보일 때가 얼마나 많은지 딸과 함께 살펴볼 수도 있다. "왜 인터넷에서는 그 가수 맨얼굴이 얼마나 예쁜지만 얘기할까?[20] 자기 세대에서 가장 실력 좋은 가수가 되기 위해 어떤 노력을 했는지는 얘기하지 않고?"라거나 "저 여자분은 미국의 외교정책을 책임지고 있는데, 언론에서는 그 사람이 헤어스타일 바꾼 얘기만 다룬다는 건 대체 무슨 뜻일까?"[21] 같은 얘기를 하는 것도 좋다. 아마 굳이 말할 필요도 없겠지만, 열심히 공부해서 얻은 성적, 발전하는 운동 능력, 친구들에게 미치는 긍정적 영향 등 딸이 노력해서 이룬 성취를 **최소한** 외모와 똑같이(가능하다면 훨씬 많이) 칭찬해야 한다는 사실을 잊어서는 안 된다. 딸이 스스로 통제하고 발전시킬 수 있는 자질에서 자신의 가치를 깨닫도록 도움으로써 우리는 아이의 불안을 줄여줄 수 있다.

"모든 여성은 아름답다"라는 말의 함정

여자아이는 자신의 가치에서 외모가 커다란 부분을 차지한다는 메시지를 받는다. 그것만으로는 모자라다는 듯 우리 문화는 지극히 좁게 정의된 여성의 이상적 아름다움을 아이들에게 들이댄다. 그런 탓에 언론이 그려내는 여성의 모습을 보는 것만으로 여자아이가 자신의 외모에 대해 느끼는 불안이 더 심해진다는 사실을 증명하는 연구 논문이 산더미만큼 쌓일 지경이 되었다.[22] 운이 좋으면 자신이 생각하는 신체적 결점에 신경 쓰느라 너무 많은 시간을 들이는 정도에서 그친다. 하지만 최악의 경우에는 손에 넣을 수 없는 이상에 자기 몸을 어떻게든 꿰맞추려고 극단적 다이어트나 과도한 운동 등 위험한 시도를 해서 건강을 해치기도 한다.

이와 더불어 지금 우리가 키우는 딸들만큼 사진에 푹 파묻혀 자라는 세대는 없었다는 점도 지적하고 넘어가야겠다. 원래부터 있었던 매체에 덧붙여 요즘 아이들은 친구들이 온라인에 올리는 수백, 수천 장의 사진을 일상적으로 소비한다. 이런 게시물의 주된 내용은 무엇일까? 모델들의 완벽히 다듬어진 외모를 따라 하려고 애쓰고, 각 사진에 달리는 '좋아요' 숫자를 늘리려고 온갖 노력을 기울이며 자신의 모습을 전시하는 여자아이들이다.

여기서 우리가 해야 할 일은 정해져 있다. 여자아이가 자신의 외모에 불만을 느끼도록 강요하는 문화 속에서 우리는 딸이 자신감을 회복하도록 도와야 한다. 이를 위해 부모는 종종 "너는 **있는 그대로 아름다워**"라고 말하며 딸을 안심시킨다. 이는 좋은 의도에서 나온 전략이고, 우리 엄마도 마찬가지였지만 온 세상 엄마들이 딸의 마음을 달랠 때 쓰는 전통적인 방법이다. 하지만 최근 나는 이 접근 방식을 재검토해야 하지 않을까 하는 생각이 들기 시작했다.

끝없이 다양한 인간의 아름다움을 찬미하고 우리 딸들에게 '매력'에는 무한히 많은 형태가 있다고 가르치는 데는 나도 전적으로 찬성이지만, 아름다움의 형태가 다양하다고 말해주는 것만으로는 자기 외모에 대한 딸의 불안이 줄어들지 않을 수도 있다는 점을 깨달을 필요가 있다. 우선 그 말을 곧이듣지 않는 여자아이가 많다. 아이들도 우리 문화가 어떤 신체적 형태를 찬양하고 어떤 형태를 폄훼하는지를 자신의 눈으로 똑똑히 본다. 솔직히 성인 여성조차 대체로 "모든 여성은 아름답다"라는 메시지를 믿지 않는다. 미국 성인 여성 가운데 다양한 표본을 대상으로 삼은 대규모 설문 조사에서 91퍼센트의 여성은 자신의 체형이 마음에 들지 않는다고 응답했다.[23] 성인 여성조차 터무니없는 미적 기준을 무시하지 못하는 판에 10대 여자아이가 그렇게 하기를 기대할 수는 없는 노릇이다.

이 연구에서 흑인 여성은 백인, 히스패닉, 동양계 여성과 비교해 자신의 외모를 긍정적으로 평가한다고 응답한 비율이 일관성 있게 높았다는 점은 주목할 만하다.[24] 하지만 흑인 여학생(히스패닉, 동양계, 미국 원주민 여학생도 마찬가지)이 몸에 해로운 다이어트에 손댈 확률은 백인 여학생과 별반 다르지 않다는 모순적 결과도 나왔다.[25] 간단히 말해 우리가 아무리 그렇지 않기를 바라도 여성의 아름다움에 관한 지극히 편협한 정의는 나이와 인종, 민족을 초월해 모든 여성이 자신의 외모를 바라보는 방식에 커다란 영향을 미친다는 뜻이다.

친구에게 전화가 왔을 때 나는 사실 "캐미한테 이모는 캐미 코가 아주 마음에 든다고 전해줘! 그리고 너는 네 나름대로 정말 예쁘다는 말도!"라고 말하고 싶은 충동을 간신히 억눌렀다. 그건 아주 다정한 말이기는 하지만, 외모를 걱정하는 딸을 안심시키려고 "너는 정말 예쁘다"라는 위로의 말을 서둘러 건네는 것은 매력적인 외모를 **갖추는** 것이 매우 중요하다는 해로운 전제를 깔고 들어가는 말로 들릴 위험이 있기 때문이다.

물론 부모는 대부분 자기 딸이 예쁘다고 말한다. 부모 눈에는 진짜로 그렇게 보이기 때문이다. 나도 가끔 그런 기분이 들 때면 딸들에게 "너무 귀엽다!"라고 말하는데, 진심과 애정이 어린 칭찬을 그만둘 마음이 없다. 그래서 가끔은 일부러 이렇게 덧붙인다. "하지만 네가 얼마나 귀엽든 네 외모는 너의 가장 사소한 장점이란 걸 너도 알고 나도 알지. 네가 재미있고, 사려 깊고, 열심히 노력하는 아이라는 사실이 훨씬 더 중요해." 열 번 말하면 열 번 모두 딸들은 내 사족에 어이없다는 표정을 지어 보이지만, 상관없다. 오히려 어이없다는 표정은 내 말을 들었다는 확인이기에 그저 반가울 따름이다.

우리는 딸이 자신의 외모에 불만을 품기를 원하지는 않지만, 한편으로 딸의 외모에 대한 칭찬과 그 외 모든 자질에 대한 칭찬 사이에 균형을 잡는 것을 목표로 삼아야 한다. 이런 식으로 생각해보자. 어떤 여자아이가 자신이 대단한 미인이라는 데 엄청나게 큰 자부심을 느낀다고 치자. 그게 과연 우리가 바라는 결과일까? 나는 여자아이가 스스로 예쁘다고 느끼는 데서 오는 즐거움을 부정할 마음은 전혀 없고, 어울리는 옷을 입거나 화장법을 이리저리 바꿔보거나 머리를 매만지는 데서 오는 즐거움도 분명히 있다는 점을 인정한다. 하지만 자신의 신체적 매력에 대한 자부심은 자신의 가장 피상적인 자질에 대한 자부심이라는 사실을 잊지 말아야 한다. 그리고 다행스럽게도 겉모습과 상관없이 우리 딸들이 자기 몸에 자부심을 느끼게 해줄 건강한 방법도 있다.

신체의 형태가 아닌 기능에 주목하기

여러 연구에서 스포츠에 참여하면 여자아이의 신체 자존감이 올라간다는 점이 꾸준히 증명되고 있다.[26] 이런 결과는 희망적이지만, 여기에 걸림돌이 되는 한 가지 중요한 질문이 오랫동안 제기되었다. 운동을 하는 여자아이가 자기 몸을 긍정적으로 여기게 되는 이유는 단지 신체를 단련하면 우리 문화의 미적 이상형과 더 비슷해지는 데 도움이 되기 때문일까? 이 가능성을 검증하기 위해 진행한 대규모 연구에서 10대 여학생들에게 자기 몸의 생김새를 어떻게 생각하는지, 그리고 이와 별개로 자신의 신체 능력에 대해 어떻게 생각하는지 물었다.[27]

연구 결과는 다음과 같다. 팀 스포츠 같은 체계적 활동에 참여하는 여학생은 단순히 규칙적인 운동을 하거나 오래 앉아서 지내는 여학생보다 자기 몸의 **기능적** 측면에 더 자부심을 느꼈다. 달리 말하면 기술 훈련, 협동, 공통 목표라는 요소가 있는 체계적 운동 프로그램은 여자아이가 자신의 몸으로 해낼 수 있는 성취에서 즐거움을 느끼도록 돕는다는 뜻이다. 이 연구에서 무용이나 체조처럼 신체의 형태에 중점을 두는 활동에 참여한 아이는 속도와 힘, 또는 기술에 초점을 맞추는 스포츠를 한 아이와 비교해 자기 몸에 자부심을 **덜** 느꼈다는 점에 주목할 필요가 있다. 이 결과는 미적 요소를 중시하는 스포츠에 참여하는 여자아이의 신체 자존감이 오히려 떨어졌다는

여자아이의 심리학

다른 연구와도 궤를 같이한다.[28]

이 연구에서 배워야 할 점은 무엇일까? 간단히 말해 시간과 돈, 에너지, 기타 필요한 자원만 있다면 딸이 기술 향상 위주의 신체 활동에 참여하도록 권해서 자신의 신체 능력에 자부심을 느끼는 방향으로 이끌 수 있다는 것이다. 배구와 발레, 또는 수영과 체조를 두고 고민 중인 부모라면 연구 결과를 참고해 신체의 형태를 중시하는 종목보다는 팀 활동을 택하는 편이 좋다. 또한 아이가 스포츠에 지속적으로 시간을 투자하기를 원하지 않는다고 해도 신체 활동을 할 만한 방법을 찾을 수 있도록 돕는 것이 바람직하다. 건강에 좋을 뿐 아니라 자기 몸을 바라보는 시선을 긍정적으로 바꾸는 데 큰 도움이 되기 때문이다.

다행스럽게도 여자아이가 자기 몸을 소중히 여기게 하는 방법은 또 있다. 몸으로 기분 좋은 **감각**을 느끼게 하는 것이다. 딸이 감각적 즐거움에 눈뜨게 하는 방법을 불편하게 여기는 부모도 많다. 그렇게 하다 보면 딸의 성생활이라는, 과도한 어색함을 유발하는 주제에 너무 가까이 다가가게 되기 때문이다. 그러니 사소한 것부터 시작하자. 다음에 고급스러운 핸드크림을 바를 때면 딸을 불러서 향기가 정말 좋고 매끄럽게 발린다고 얘기하고, 딸이 관심을 보이면 직접 발라보라고 권하자. 좋아하는 음식을 천천히 음미하고, 아이에게도 그렇게 해보라고 조언하자. 쌀쌀한 날 따스한 담요 밑으로 파고드는 느낌, 운동을 하거나 머리를 빗질할 때 느끼는 감각을 찬찬히 맛볼 방법을 찾아보자. 이상하게 여기거나 법석을 떨 필요는 없다. 그저 우리는 아이가 자기 몸 안팎에서 행복감을 느낄 다양한 방법을 찾기 **바란다**는 점만 마음에 담아두면 된다.

우리 문화에 널리 퍼진 '정말 중요한 것은 외모'라는 메시지와 맞서 싸우는 역할은 근본적으로 부모의 몫이다. 우선 우리는 피상적 가치 대신 여성의 본질적 가치를 강조하는 노력을 기울일 수 있다. 예를 들어 딸에게 노벨상 수상자의 과학적 업적을 다룬 기사를 보여주되 그녀가 시상식에서 입은 옷을 다룬 기사는 보여주지 않는 것도 방법이다. 딸이 좀 더 큰 다음에는 과학자의 옷차림을 다룬 기사를 함께 보면서 그게 얼마나 어처구니없는지 아이 스스로 깨닫도록 도울 수도 있다. 딸의 몸에 관해 언급할 일이 생겼을 때는 겉모습보다 신체 능력과 긍정적 신체 **감각**에 초점을 맞추도록 노력하자.

내가 생각하는 이상적 세상은 아이 자신을 포함해 누구도 겉모습으로 여자아이를 평가하지 않는 세상이다. 현시점에서 이는 우리 모두 꾸준히 노력해서 풀어나가야 할 과제다. 하지만 다른 수많은 문제와 마찬가지로 이 문제 또한 우리 사회의 모든 여자아이와 젊은 여성에게 똑같은 양의 부담을 지운다고 보기는 어렵다.

편견이라는 역풍

소수 인종 또는 소수민족 집단에 속한 여자아이는 이 책에서 다룬 모든 종류의 스트레스 및 불안 유발 상황에 맞서며 살아간다. 하지만 그러는 와중에 이들은 백인 여자아이와 달리 차별이라는 이름의 역풍과도 싸워야 한다.

이들에게는 때때로 혐오 발언이나 성희롱, 위협 또는 그 이상의 거친 돌풍이 몰아닥친다. 의도적인 것이든 아니든 사방에서 미묘한 편견의 바람이 불어오기도 한다.[29] 예를 들어 똑똑한 소수민족 학생은 뛰어난 학습 능력을 보이면 일부 교사에게서 놀란 듯한 시선을 받는다. 동양계 여학생이 수학에 특출한 재능을 보이지 **않으면** 교사가 이상하다는 표정을 짓기도 한다. 낯선 사람들은 미국에서 태어난 소수민족 여자아이에게 이렇게 묻는다. "네 **진짜** 고향은 어디니?" 상점 주인들은 일부 소수 인종 고객을 매의 눈으로 감시한다. 하지만 비백인들이 실제로 끊임없이 겪는 이 피곤한 경험은 "나는 인종에 전혀 신경 안 써" 같은 좋은 의도에서 나온 감상적인 말로 무시당하기 일쑤다.

학자들은 선입견의 폭풍 속에서 살아가는 데 따르는 감정적·생리적 스트레스를 자세히 기록했다.[30] 노골적 인종차별이나 타민족 혐오가 불안과 공포를 촉발한다는 사실은 전혀 놀랍지 않지만, 덜 명시적인 편견에 노출되기만 해도 상당한 피해를 받는다는 점이 연구에서 밝혀졌다. "진심으로 노력하기만 하면 누구든 성공할 수 있어"라든가 "내가 무슨 인종차별을 해? 나는 흑인 친구도 많아!" 같은 말을 들으면 소수 집단에 속한 여자아이는 그런 상호작용을 어떻게든 이해하고 이에 반응할 방법을 찾는 데 엄청난 정신적 에너지를 소모하게 된다.[31]

흑인 여학생 켄드라와 상담하면서 나는 소수 집단이 겪는, 노골적이지는 않아도 사람을 지치게 하는 모욕이 어떤 것인지 더 명확히 알게 되었다. 내가 켄드라를 처음 만난 것은 그 아이가 9세일 때였고, 아이 부모님은 켄드라의 작은아버지가 40세의 젊은 나이에 심장마비로 사망한 후 내게 도움을 청했다. 작은아버지와 매우 가까웠던 켄드라가 충격을 받고 자기 아버지도 같은 방식으로 갑작스레 세상을 떠날까 봐 극도로 겁을 먹은 것은 어찌 보면 당연한 일이었다.

　　우리는 켄드라의 두려움 문제를 차근차근 풀었고, 켄드라의 요청으로 그 뒤로도 몇 년 동안 연락을 유지했다. 중2가 되었을 때 켄드라는 꼬일 대로 꼬인 까다로운 친구 관계에서 무난하게 빠져나올 방법을 찾기 위해 나와 다시 상담하고 싶다고 부모님에게 부탁했다. 그렇게 몇 번 다시 만나던 중 늦은 오후 시간에 약속을 잡은 어느 날 켄드라가 유난히 우울한 얼굴로 들어왔다. 중학교 축구팀 연습을 마치고 바로 오는 길이라고 했다. 켄드라는 검은색 운동복 바지에 분홍색 스웨트셔츠 차림이었고, 머리카락은 쫑쫑 땋아 뒤로 넘긴 채였다. 진지하면서도 전에는 그 아이에게서 본 적이 없는, 고뇌가 드러나는 표정이었다.

　　"너 괜찮니?" 나는 켄드라가 자리를 잡고 앉자마자 물었다.

　　"잘 모르겠어요." 켄드라는 망설이며 대답하고는 한참 입을 다물고 있다가 이렇게 설명했다. "우리 축구팀에 코치 한 분이 계시는데, 그분이 자꾸 저를 우리 팀에 있는 다른 흑인 여학생 이름으로 부르시는 것뿐이에요."

나는 켄드라가 우리 상담 시간에 인종 문제를 꺼내도 괜찮겠다고 생각해준 점이 기뻤고, 내가 비록 백인 여성일지라도 이 문제에서 켄드라를 지지한다는 점을 알려주고 싶었다.

중립적인 어조로 내가 물었다. "그럼 그 코치는 백인이라는 말이구나?"

"네." 켄드라가 말했다. "친절하고 좋은 분이세요. 그냥 어떡해야 할지 모르겠어요. 이름을 잘못 부르고 계신다고 얘기하고 싶지만 실례되지 않게 말씀드릴 방법을 못 찾겠어요."

우리는 남은 시간 동안 켄드라가 뭐라고 말하면 좋을지 함께 머리를 맞댔다. 코치가 의도적으로 한 행동은 아니겠지만, 그 탓에 켄드라는 백인인 팀 동료보다 훨씬 덜 중요한 존재로 취급된다는 느낌을 받았다. 게다가 켄드라는 그 문제에 효과적이면서도 원만한 해결책을 찾는 것이 **자기** 책임이라고 느꼈다. 결국 우리는 다음에 코치가 이름을 잘못 부르면 정중하면서도 단호하게 "저는 켄드라예요"라고 말하는 게 좋겠다는 결론을 내렸다. 이것도 아주 편안하게 느껴지는 방법은 아니었지만 우리가 생각해낸 방법 중에서는 그나마 가장 나았다.

그후 고등학교에 들어간 켄드라는 나를 찾아와 새로운 선생님이 가르치는 심화 학습 수업에서 매번 자기 평가를 처음부터 다시 쌓아 올려야 한다는 얘기를 꺼냈다.

"선생님들은 백인 학생들이 당연히 똑똑하다고 생각해요. 그런데 저는 한 번도 평점 A 밑으로 떨어져본 적이 없는데도 매번 제 능력을 증명해야 한다니까요." 심화 학습 수업은 그 자체로 힘들다. 그런데 켄드라는 자신이 그 교실에 있을 자격이 있다는 사실을 증명해야 하는 부담감까지 짊어지는 셈이다.

똑똑한 데다 열심히 노력한 켄드라는 프린스턴대학교에 진학했다. 1학년 겨울방학에 켄드라는 상담소로 잠깐 나를 만나러 왔다.

"어떻게 지내니?" 나는 매우 반가워하며 물었다. 상담사라는 직업은 묘한 데가 있다. 내담자에게 정이 들지만, 그들이 어떻게 지내는지 알 수 있는 건 내담자가 알려줄 마음이 들었을 때뿐이다.

"괜찮은 편이에요. 학교 공부는 아주 좋아요. 강의도 정말 마음에 들고 문제없이 잘 따라가고 있어요." 켄드라의 목소리가 약간 우울하게 바뀌었다. "인간관계는 조금 복잡해요. 정말 좋은 친구들이 생기기는 했어요. 흑인 몇 명하고 백인 두어 명이요. 오랫동안 가까이 지내고 싶은 친구들이죠."

"그런데…." 내가 운을 띄웠다.

"그런데… 제가 우리 학교에 어울리지 않는다고 여기는 사람이 너무 많아서 깜짝 놀랐어요. 아니면 단지 제가 흑인이라서 특혜를 받아 입학했다고 생각하거나요. 아주 미묘하지만 저한테는 느껴져요. 솔직히 저는 프린스턴에서는 상황이 달라질 줄 알았어요. 제가 더 진지하게 받아들여질 거라고 생각했죠. 여기까지 왔는데, 전 왜 아직도 이런 일을 견뎌야 하나요?"

소수 집단 여학생에게 집에서 자신을 지지해주는 가족이라는 존재는 차별의 부정적 영향을 어느 정도 상쇄하는 역할을 한다.[32] 지원이 필요 없는 상황이라면 더 좋았겠지만, 그래도 나는 켄드라에게 다정하고 사려 깊은 부모가 있고 이제는 계속 그녀를 지지해줄 친구들이 생겨서 다행이라고 생각했다. 우리는 차별 문제를 해결하기 위해 노력할 책임을 훨씬 더 많이 짊어져야 하는 문화적 다수라는 점을 잊지 말아야 한다.

그 다수에 속하는 사람은 누구나 자신이 의도치 않더라도 편견이라는 역풍에 일조하고 있음을 인식할 필요가 있다. 그다음으로는 소수자로서 세상을 헤쳐나가는 이들의 여정이 편안해지도록 지원자 역할을 할 방법도 찾아봐야 한다. 그러려면 편견이라는 고통스러운 현실을 기꺼이 마주하려는 마음가짐이 필요하다.[33] 물론 나도 이것이 자극적이고 민감한 주제라는 점은 인정한다. 사실 여기서 말을 꺼내는 것조차 조심스럽다. 내가 부족해서 이 주제를 제대로 다루지 못하고 뜻하지 않게 불쾌감을 줄까 봐 걱정스럽기 때문이다.

차별에 관해 생각하지 않고 고개를 돌리고 싶은 마음도 적잖이 들고, 주류 문화의 일원인 나는 마음만 먹으면 그렇게 할 수도 있다. 하지만 이 책을 쓰면서 배운 것이 하나 있다면 불편하다고 도망쳐서는 안 된다는 것이다. 자신을 불편하게 하는 것을 정면으로 마주하고 우리 딸들도 그렇게 하도록 도울 때 우리는 불안이란 대개 무언가 잘못되었다는 경고이며, 스트레스란 성장과 변화에 필수적 요소라는 사실을 깨닫게 된다.

오늘날 우리 딸들은 온갖 종류의 문제를 겪는다. 부모나 친구와의 관계를 걱정하고, 연애라는 불안정한 세계에 발을 들이고, 가끔은 학교 공부로 버거워하고, 여자아이는 싹싹하고 투명하고 매력적이어야 한다는 우리 문화의 기대치와 씨름하기도 한다. 물론 이런 어려움은 예전부터 존재했다. 하지만 지금은 질주하는 롤러코스터 같은 소셜 미디어에 여자아이를 태우고 내릴 틈을 주지 않는 현대 기술 문명이 배경이다. 24시간 현기증 나게 돌아가는 뉴스는 아무리 느긋한 부모라도 바짝 긴장하게 한다. 우리 딸들은 그 어느 때보다 빠르게 움직이는 세상에서 그런 문제를 겪는다는 뜻이다.

이렇게 강한 압력과 끊임없는 스트레스 속에서 딸들이 긴장하고 불안해하며 부모를 찾는 것은 당연한 일이다. 부모에게 자기 아이의 괴로워하는 모습보다 더 큰 고통은 없다. 이럴 때 부모는 딸의 기분이 나아지도록 도울 수만 있다면 **무엇이든지** 하고 싶은 기분이 된다. 본능은 우리에게 불쾌감의 원천에서 딸을 건져내고, 불안의 원인에서 딸을 보호하라고 속삭인다.

이 본능을 따라 문제가 해결된다면 내가 이 책을 쓰지도 않았으려니와 여러분도 이 책을 읽을 필요가 없을 것이다. 긴장과 괴로움은 기묘한 생물과도 같아 피한다고 저절로 사라지지 않는다. 실제로 우리가 움츠러들수록 압박감과 두려움은 더욱 덩치가 커지고 지독해질 뿐이다.

스트레스와 불안은 정면으로 마주해야 제대로 다룰 수 있다. 아이가 일상생활의 일부인 이 두 가지를 직시하고, 필요하다면 끌어안을 수 있도록 이끄는 것이야말로 부모가 줄 수 있는 최고의 도움이다. 우리 딸들은 스스로 '이런 스트레스의 원인은 대체 **무엇**일까?', '내가 **왜** 불안할까?'라고 물을 필요가 있다. 이런 질문은 자신이 직면한 문제를 스스로 해결하는 데 도움이 된다. 답을 찾는 과정에서 자신의 삶에 통제권을 되찾을 수 있기 때문이다.

알고 보면 스트레스는 자신의 한계까지 능력을 발휘하도록 내몰리는 경우에 생겨난다. 그렇기에 거의 항상 성장에 도움이 된다. 스스로 회복하는 방법을 아는 한, 그리고 자신의 감정적·지적 허용 범위를 훌쩍 넘어서는 요구를 받지 않는 한 우리 딸들은 익숙한 한계를 넘어 발돋움하면 역경을 이겨낼 힘과 내구력을 키울 수 있다는 점을 깨달아야 한다.

앞서 살펴본 대로 불안은 종종 선의의 메신저로서 찾아온다. 무언가 잘못되었다고, 혹은 촉각을 곤두세우는 편이 좋겠다고 경고하는 역할을 하는 것이다. 물론 딱히 해야 할 말이 없는데도 계속 시끄

여자아이의 심리학

럽게 떠드는 신경 탓에 고통받는 여자아이도 있다. 하지만 대부분의 경우 우리는 불안을 적이 아닌 아군으로 여기고 불안이 우리에게 무엇을 말하려 하는지 알아내야 한다.

우리 딸들은 그 어느 때보다 여자아이에게 더 많은 것을 요구하고, 더 많은 것을 제공하는 세상에서 살아간다. 부모로서 우리가 선택할 수 있는 최고의 전략은 딸이 필연적으로 마주치는 도전 과제와 기회 앞에서 물러나지 않고 앞으로 나아가도록 돕는 것이다.

자신의 두려움을 마주하는 법을 배운 여자아이는 자신이 얼마나 용감한지를 깨닫게 되기 때문이다.

감사의 말

　내 대리인 게일 로스Gail Ross의 열정적이고 꾸준한 노력, 그리고 편집자 수재나 포터Susanna Porter의 지혜와 성실함이 없었다면 이 책은 세상에 나오지 못했으리라. 뛰어난 재능을 지닌 이 두 사람을 비롯해 로스 윤 에이전시Ross Yoon Agency, 랜덤하우스 담당자 여러분과 함께 일할 수 있어 정말 운이 좋았다고 생각한다.

　집필 초기에 몇몇 친구와 동료가 제공해준 피드백 덕분에 이 원고는 훨씬 나은 모습으로 재탄생할 수 있었다. 자신의 시간과 통찰을 기꺼이 내어준 대니얼과 제니퍼 코일Daniel & Jennifer Coyle 부부, 리사 헤퍼넌Lisa Heffernan, 다비다 파인스Davida Pines, 에이미 와이서Amy Weisser에게 감사를 표한다. 특히 지칠 줄 모르는 꼼꼼함으로 이 책과 그 안의 학술적 인용문을 다듬는 작업을 도와준 내 탁월한 연구 조교 어맨다 블록Amanda Block에게 깊은 감사의 마음을 전한다.

　동료 심리학자 아르티 파티Aarti Pyati, 에리카 스토벌 화이트Erica Stovall White와 지속적으로 나눈 대화는 내 사고에 풍부함과 정교함을

여자(아이)의 심리학

더해주었고, 특히 나와 사무실을 공유하는 토리 코디아노Tori Cordiano
는 초고를 읽고 훌륭한 조언을 제공해주었을 뿐 아니라 전문적이거
나 사적인 문제, 단순한 농담에 이르기까지 온갖 주제로 끊임없이 말
을 거는 나를 참을성 있게 받아주었다. 마찬가지로 나는 여자아이를
위한 사랑과 존중의 보루이자 여학생의 지성과 감성을 함양하기 위
한 앤 V. 클로츠Ann V. Klotz 교장 선생님의 헌신이 학교 공동체 전체에
활기를 불어넣는 로럴 스쿨에서 일하며 큰 힘을 얻었다. 이 공동체의
일원이라는 사실이 더없이 감사하고 자랑스럽다.

집필하는 내내 헤티 캐러웨이Hetty Carraway, 앤 커잰Anne Curzan, 앨리
스 마이클Alice Michael, 캐럴 트리지아노Carol Triggiano를 위시한 멋진 친구
들, 그리고 내 소중한 가족, 특히 훌륭한 부모님과 두 딸이 나에게 용
기를 주었다. 또한 소중한 남편 대런Darren만큼 이 프로젝트에 끊임없
는 지원을 아끼지 않은 사람은 없을 것이다. 대런은 내가 바랄 수 있
는 가장 헌신적인 배우자이자 두 딸의 훌륭한 아버지일 뿐 아니라 응
원단장, 실험 대상, 주의 깊은 독자 등 내가 요청하는 모든 역할을 기
민하게 해내는 사람이다.

심리학자로서 교육받는 동안 나는 뛰어난 임상 심리학자와 학
자 여러분께 가르침을 받았다. 내가 생각할 수 있는 유일한 천직에 종
사하도록 이끌어주신 모든 분께 감사드린다. 이 책에서 나는 다른 이
들의 뛰어난 연구를 토대로 내 생각을 펼쳤고, 사고 과정에 영향을
준 모든 연구자와 저술가를 명시하고자 했다. 오류나 누락이 있다면
온전히 내 책임이다.

마지막으로 내가 심리학자로 일하며 만난 모든 여자아이와 젊은 여성에게 한없이 고맙다는 말을 전하고 싶다. 이들의 기품과 발랄함, 깊이는 항상 내게 감동과 영감을 안겨준다.

책머리 인용문

1   Freud, A. (1965). *Normality and Pathology in Childhood: Assessments of development.* Madison, WI: International Universities Press, pp. 135~136.
    독자의 이해를 돕기 위해 나는 인용문 두 곳에서 '자아ego'라는 단어를 삭제했다. 정신분석 관련 문헌에서는 이 단어가 특수한 의미로 쓰이기 때문이며, 이를 삭제해도 프로이트 여사의 말뜻은 달라지지 않는다.

머리말

1   Anderson, N. B., Belar, C. D., Breckler, S. J. 외 (2014). *Stress in America™: Are teens adopting adults' stress habits?* (Rep.). Washington, DC: American Psychological Association.

2   Collishaw, S. (2015). Annual research review: Secular trends in child and adolescent mental health. *Journal of Child Psychology and Psychiatry* 56 (3), 370~393.
    Mojtabai, R., Olfson, M., and Han, B. (2016). National trends in the prevalence and treatment of depression in adolescents and young adults. *Pediatrics* 138 (6), e20161878.

3   Calling, S., Midlov, P., Johansson, S-E. 외 (2017). Longitudinal trends in self-reported anxiety. Effects of age and birth cohort during 25 years. *BMC Psychiatry* 17 (1), 1~11.
    Tate, E. (2017, March 29). Anxiety on the rise. highered.com/news/2017/03/29/anxiety-and-depression-are-primary-concerns-students-seeking-counseling-services에서 검색.

4   Burstein, M., Beesdo-Baum, K., He, J.-P., and Merikangas, K. R. (2014). Threshold and sub-threshold generalized anxiety disorder among US adolescents: Prevalence, sociodemographic, and clinical characteristics. *Psychological Medicine* 44 (11), 2351~2362.
    Merikangas, K. R., He, J., Burstein, M. 외 (2010). Lifetime prevalence of mental disorders in US adolescents: Results from the national comorbidity study—adolescent supplement (NCS-A). *Journal of the American Academy of Child and Adolescent Psychiatry* 49 (10), 980~989.
    Kessler, R. C., Avenevoli, S., Costello, E. J. 외 (2012). Prevalence, persistence, and sociodemographic correlates of DSM-IV disorders in the national comorbidity survey replication adolescent supple-

ment. *Archives of General Psychiatry* 69 (4), 372~380.

5   Calling, S., Midlov, P., Johansson, S-E. 외 (2017). Longitudinal trends in self-reported anxiety.
    Effects of age and birth cohort during 25 years. *BMC Psychiatry* 17 (1), 1~11.
    콜링과 동료들이 보고한 결과는 남자아이보다 여자아이의 불안 장애 발병 확률이 1.5~2.5배 높
    다는 케슬러와 동료들의 연구 결과와 일치한다.

6   Anderson, Belar, Breckler 외 (2014).

7   Fink, E., Patalay, P., Sharpe, H. 외 (2015). Mental health difficulties in early adolescence: A com-
    parison of two cross-sectional studies in England from 2009–2014. *Journal of Adolescent Health* 56
    (5), 502~507.

8   Calling, Midlov, Johansson 외 (2017).
    Van Droogenbroeck, F., Spruyt, B., and Keppens, G. (2018). Gender differences in mental health
    problems among adolescents and the role of social support: Results from the Belgian health inter-
    view surveys 2008 and 2013. *BMC Psychiatry* 18 (1), 1~9.

9   Mojtabai, R., Olfson, M., and Han, B. (2016). National trends in the prevalence and treatment of
    depression in adolescents and young adults. *Pediatrics* 138 (6), e20161878.

10 Breslau, J., Gilman, S. E., Stein, B. D. 외 (2017). Sex differences in recent first-onset depression in
    an epidemiological sample of adolescents. *Translational Psychiatry* 7 (5), e1139.

11 American College Health Association (2014). *American College Health Association—National College
    Health Assessment II: Reference group executive summary.* Hanover, MD: American College Health
    Association.

12 Collishaw (2015).

13 MacLean, A., Sweeting, H., and Hunt, K. (2010). "Rules" for boys, "guidelines" for girls. *Social
    Science and Medicine* 70 (4), 597~604.

14 Giota, J., and Gustafsson, J. (2017). Perceived demands of schooling, stress and mental health:
    Changes from grade 6 to grade 9 as a function of gender and cognitive ability. *Stress and Health* 33
    (3), 253~266.

15 Zimmer-Gembeck, M., Webb, H., Farrell, L., and Waters, A. (2018). Girls' and boys' trajectories
    of appearance anxiety from age 10 to 15 years are associated with earlier maturation and appear-
    ance-related teasing. *Development and Psychopathology* 30 (1), 337~350.

16 Kessel Schneider, S., O'Donnell, L., and Smith, E. (2015). Trends in cyberbullying and school bul-
    lying victimization in a regional census of high school students. *The Journal of School Health* 85 (9),
    611~620.

17 Paquette, J. A., and Underwood, M. K. (1999). Gender differences in young adolescents' experienc-
    es of peer victimization: Social and physical aggression. *Merrill-Palmer Quarterly* 45 (2), 242~266.

18 Biro, F. M., Galvez, M. P., Greenspan, L. C. 외 (2010). Pubertal assessment method and baseline
    characteristics in a mixed longitudinal study of girls. *Pediatrics* 126 (3), e583~590.

19 Zurbriggen, E. L., Collins, R. L., Lamb, S. 외 (2007). *Report on the APA task force on the sexualization*

of girls. Executive summary. Washington, DC: American Psychological Association.

Abercrombie and Fitch sells push-up bikini tops to little girls (2011, March 28). parenting.com/
article/abercrombie-fitch-sells-push-up-bikinis-to-little-girls에서 검색.

CHAPTER 1 스트레스와 불안 제대로 이해하기

1 Wu, G., Feder, A., Cohen, A. 외 (2013). Understanding resilience. *Frontiers in Behavioral Neurosci-ence* 7 (10), 1~15.

2 심리학자들은 개인의 대처 능력을 완전히 벗어나는 압도적이고 전복적인 사건에 해당하는 외상
성 스트레스traumatic stress도 주요 유형으로 인정하며 이 또한 중요한 주제지만, 이 책에서는 다
루지 않는다.

3 Buccheri, T., Musaad, S., Bost, K. K 외 (2018). Development and assessment of stressful life events
subscales—A preliminary analysis. *Journal of Affective Disorders* 226, 178~187.

4 Johnson, J. G., and Sherman, M. F. (1997). Daily hassles mediate the relationship between major
life events and psychiatric symptomatology: Longitudinal findings from an adolescent sample. *Jour-nal of Social and Clinical Psychology* 16 (4), 389~404.

5 Kim, P., Evans, G. W., Angstadt, M. 외 (2013). Effects of childhood poverty and chronic stress on
emotion regulatory brain function in adulthood. *Proceedings of the National Academy of Sciences* 110
(46), 18442-18447.

6 Compas, B. E., Desjardins, L., Vannatta, K 외 (2014). Children and adolescents coping with can-cer: Self-and parent reports of coping and anxiety/depression. *Health Psychology* 33 (8), 853~861.
Compas, B. E., Forehand, R., Thigpen, J. 외 (2015). Efficacy and moderators of a family group
cognitive-behavioral preventive intervention for children of depressed parents. *Journal of Consulting
and Clinical Psychology* 83 (3), 541~553.

7 사실 심리학계에는 감정이 어디서 오는지를 두고 기나긴 토론을 펼친 역사가 있다. 19세기 후
반 '미국 심리학의 아버지'로 불리는 윌리엄 제임스William James(소설가 헨리 제임스의 형으로 기
억하는 사람도 있다)는 인간이 신체적 감각, 또는 그의 표현에 따르자면 "유기적 변화, 즉 근육과
내장의 변화"를 근거로 자신이 어떤 감정을 느끼는지 결정한다는 주장을 내놓았다[James, W.
(1894). *The physical basis of emotion. Psychological Review* 1 (7), 516~529]. 간단히 말해 심장이 빠르
게 뛰기 시작하면 우리는 두려움을 느껴야 한다는 사실을 깨닫는다는 뜻이다.
이후 제임스의 이론에 수정을 가한 여러 학설이 등장했다. 일부 심리학자는 신체적 반응과 감정
적 반응이 순차적이지 않고 동시에 발생한다고 주장했지만, 인간은 종종 신체적 감각에 어떻게
반응할지 결정하기 위해 주변 환경의 신호에 의지한다는 점을 지적한 이들도 있었다[Moors, A.
(2009). *Theories of emotion causation. Cognition and Emotion* 23 (4), 625~662]. 예를 들어 운동 중인
여자아이는 세차게 뛰는 심장을 자신이 신체를 잘 단련하고 있다는 신호로 해석할 가능성이 크
다. 하지만 다음 순서에 발표자로 나서야 할 때 심장이 뛰면 자기가 불안하다는 결론을 내릴 것

이다. 이론적 논쟁을 제쳐두면 심리학자는 모두 신체와 감정적 경험이 밀접하게 얽혀 있으며 신체적 반응에 대한 개인의 해석에 따라 불안을 겪을지("불안해 미치겠어! 발표를 망치고 말 거야!") 또는 완전히 다른 감정을 느낄지("와, 발표를 하게 돼서 나 엄청나게 흥분했나 봐!") 정해진다는 데 동의한다.

8 Fleet, R. P., Lavoie, K. L., Martel, J. 외 (2003). Two-year follow-up status of emergency department patients with chest pain: Was it panic disorder? *Canadian Journal of Emergency Medicine* 5 (4), 247~254.

9 Kessler, R. C., Chiu, W. T., Jin, R. 외 (2006). The epidemiology of panic attacks, panic disorder, and agoraphobia in the national comorbidity survey replication. *Archives of General Psychiatry* 63 (4), 415~424.

10 눈치채셨는지 모르겠지만, 여기 언급된 불안 장애에는 강박 장애Obsessive-Compulsive Disorder, OCD와 외상 후 스트레스 장애Post-Traumatic Stress Disorder, PTSD가 빠져 있다. 이 두 장애 모두 불안이 주된 특징이지만, 2013년《정신 장애 진단 및 통계 편람Diagnostic and Statistical Manual 제5판(이하 DSM-5)》이 나오면서 이제 양쪽 다 불안 장애로 분류되지 않는다. PTSD는 이제 새 범주인 '외상 및 스트레스 관련 장애'에, OCD는 다른 새 범주인 '강박 장애 및 관련 장애'에 포함된다. 이 새로운 진단 분류는 두 가지 중요한 사실을 강조한다.

첫째, 심리 및 정신 진단은 18세기 학자 칼 린네Carl Linné가 과학적 분류법이란 "자연을 연결 부위에서 쪼개야"한다고 말했던 것과는 달리 딱 떨어지지 않는다. 다양한 심리 장애 사이의 경계선은 모호할 때가 많고, 특정 진단을 어느 쪽으로 분류할까 하는 결정도 어느 정도 임의적으로 이루어지기도 한다. 예를 들어 신경성 식욕부진증anorexia nervosa은 당연하게도 급식 및 섭식 장애로 분류되지만, 가끔은 강박증과 공통점이 더 많다는 지적이 나오기도 한다(본인이 과체중이라는 강박적 사고, 다이어트나 과도한 운동을 하려는 강박적 행동이 동반되므로).

둘째, 불안은《DSM-5》에서 불안 장애 범주에 속하지 않는 수많은 장애의 구성 요소다. 불안은 뭔가가 잘못되었음을 경고하는 역할을 한다는 점을 고려하면 불안 증세를 동반하는 우울증, 질병 불안 장애(일반적인 말로는 건강 염려증), 경계선 성격 장애 같은 괴로운 병의 증상 목록에 불안이 끼어 있는 것은 당연한 얘기다. 이렇든 불안은 어떤 진단에서 주인공이 아니더라도 조연 역할을 맡는 경우가 많다.

11 일부 불안 장애는 다른 것들보다 유전될 가능성이 크며, 공황 장애에서도 유전자가 특히 강력한 요인으로 작용한다는 사실이 밝혀졌다.

Reif, A., Richter, J., Straube, B. 외 (2014). MAOA and mechanisms of panic disorder revisited: From bench to molecular psychotherapy. *Molecular Psychiatry* 19 (1), 122~128.

12 Stewart, R. E., and Chambless, D. L. (2009). Cognitive-behavioral therapy for adult anxiety disorders in clinical practice: A meta-analysis of effectiveness studies. *Journal of Consulting and Clinical Psychology* 77 (4), 595~606.

13 Göttken, T., White, L. O., Klein, A. M. 외 (2014). Short-term psychoanalytic child therapy for anxious children: A pilot study. *Psychotherapy* 51 (1), 148~158.

14 McLean, C. P., and Anderson, E. R. (2009). Brave men and timid women? A review of the gender

differences in fear and anxiety. *Clinical Psychology Review* 29 (6), 496~505.

15 Farange, M. A., Osborn, T. W., and McLean, A. B. (2008). Cognitive, sensory, and emotional changes associated with the menstrual cycle: A review. *Archives of Gynecology and Obstetrics* 278 (4), 299~307.

16 Kaspi, S. P., Otto, M. W., Pollack, M. H. 외 (1994). Premenstrual exacerbation of symptoms in women with panic disorder. *Journal of Anxiety Disorders* 8 (2), 131~138.

17 Nillni, Y. I., Toufexis, D. J., and Rohan, K. J. (2011). Anxiety sensitivity, the menstrual cycle, and panic disorder: A putative neuroendocrine and psychological interaction. *Clinical Psychology Review* 31 (7), 1183~1191.

18 유전적 가설도 여자아이가 유난히 불안을 느끼기 쉬운 이유를 설명하는 데 도움이 되지만, 이 분야의 연구에는 아직 발전의 여지가 많다. 지금으로서는 불안 장애의 유전적 취약성은 몇몇 유전자가 복합적으로 작용해 발현될 가능성이 크다는 정도만 밝혀진 상태다.

Hettema, J. M., Prescott, C. A., Myers, J. M. 외 (2005). The structure of genetic and environmental risk factors for anxiety disorders in men and women. *Archives of General Psychiatry* 62 (2), 182~189.

Carlino, D., Francavilla, R., Baj, G. 외 (2015). Brain-derived neurotrophic factor serum levels in genetically isolated populations: Gender-specific association with anxiety disorder subtypes but not with anxiety levels or Val66Met polymorphism. *PeerJ* 3:e1252.

19 Wehry, A. M., Beesdo-Baum, K., Hennelly, M. M. 외 (2015). Assessment and treatment of anxiety disorders in children and adolescents. *Current Psychiatry Reports* 17 (7), 1~19.

20 Otto, M. W., Tuby, K. S., Gould, R. A. 외 (2001). An effect-size analysis of the relative efficacy and tolerability of serotonin selective reuptake inhibitors for panic disorder. *The American Journal of Psychiatry* 158 (2), 1989~1992.

21 Borquist-Conlon, D. S., Maynard, B. R., Esposito Brendel, K., and Farina, A. S. J. (2017). Mindfulness-based interventions for youth with anxiety: A systematic review and meta-analysis. *Research on Social Work Practice*. doi.org/10.1177/1049731516684961.

22 K. K. Novick, 개인적 대화, 1998년 9월.

23 Streeter, C. C., Gerbarg, P. L., Saper, R. B. 외 (2012). Effects of yoga on the autonomic nervous system, gamma-aminobutyric-acid, and allostasis in epilepsy, depression, and post-traumatic stress disorder. *Medical Hypotheses* 78 (5), 571~579.

24 임의로 호흡을 조절해서 뇌가 진정하도록 도울 수 있는 것처럼 의도적으로 근육을 수축, 이완해서 불안의 심리적 영향을 완화할 수도 있다. 의도적으로 여러 근육군을 순차적으로 수축했다가 이완하는 체계적 근육 이완법을 쓰면 혈류 내 코르티솔 양이 상당히 감소한다. 코르티솔은 인체가 투쟁-도피 반응의 일환으로 분비하는 스트레스 호르몬이며, 연구에 따르면 근육군에 힘을 주었다가 푸는 단순한 행동만으로도 가만히 앉아 있는 것보다 코르티솔이 줄어드는 효과가 있다[Pawlow, L. A., and Jones, G. E. (2005). The impact of abbreviated progressive muscle relaxation on salivary cortisol and salivary immunoglobulin A (sIgA). *Applied Psychophysiology and Biofeedback* 30 (4), 375~387].

1 지혜를 공유해 주신 댈러스의 어설린 아카데미 상담 교사 여러분께 깊이 감사드린다.

2 Wenar, C., and Kerig, P. (2006). *Developmental Psychopathology*, 5th ed. Boston: McGraw-Hill.

3 Casey, B. J., Jones, R. M., and Hare, T. A. (2008). The adolescent brain. *Annals of the New York Academy of Science* 1124 (1), 111~126.

4 Compas, B. E., Desjardins, L., Vannatta, K. 외 (2014). Children and adolescents coping with cancer: Self-and parent reports of coping and anxiety/depression. *Health Psychology* 33 (8), 853~861.
Compas, B. E., Forehand, R., Thigpen, J. 외 (2015). Efficacy and moderators of a family group cognitive-behavioral preventive intervention for children of depressed parents. *Journal of Consulting and Clinical Psychology* 83 (3), 541~553.

5 Nolte, T., Guiney, J., Fonagy, P. 외 (2011). Interpersonal stress regulation and the development of anxiety disorders: An attachment-based developmental framework. *Frontiers in Behavioral Neuroscience* 5 (55), 1~21.

6 Borelli, J. L., Rasmussen, H. F., John, H. K. S. 외 (2015). Parental reactivity and the link between parent and child anxiety symptoms. *Journal of Child and Family Studies* 24 (10), 3130~3144
Esbjørn, B. H., Pedersen, S. H., Daniel, S. I. F. 외 (2013). Anxiety levels in clinically referred children and their parents: Examining the unique influence of self-reported attachment styles and interview-based reflective functioning in mothers and fathers. *The British Journal of Clinical Psychology* 52 (4), 394~407.

7 Roser, M. (2018). War and peace. ourworldindata.org/war-and-peace에서 검색.

8 American Psychological Association. (2017). Stress in America: Coping with change, part 1.

9 Gramlich, J. (2017). Five facts about crime in the U.S. Pew Research Center.
Uniform Crime Reporting, Federal Bureau of Investigation. (2016). Crime in the United States, Table 1A.

10 Centers for Disease Control and Prevention. (2015). Trends in the prevalence of marijuana, cocaine, and other illegal drug use. National youth risk behavior survey: 1991~2015.
Centers for Disease Control and Prevention. (2015). Trends in the prevalence of alcohol use. National youth risk behavior survey: 1991~2015.

11 Centers for Disease Control and Prevention. (2015). Trends in the prevalence of behaviors that contribute to unintentional injury. National youth risk behavior survey: 1991~2015.

12 위와 동일.

13 National Institute on Drug Abuse. (2017). Monitoring the future survey: High school and youth trends.
Han, B., Compton, W. M., Blanco, C. 외 (2017). Prescription opioid use, misuse, and use disorders in U.S. adults: 2015 national survey on drug use and health. *Annals of Internal Medicine* 167 (5), 293~301.

14 Food and Drug Administration. (2017). Full-body CT scans—what you need to know.

15 Johnson, J. G., and Sherman, M. F. (1997). Daily hassles mediate the relationship between major life events and psychiatric symptomatology: Longitudinal findings from an adolescent sample. *Journal of Social and Clinical Psychology* 16 (4), 389~404.

16 Vliegenthart, J., Noppe, G., van Rossum, E. F. C. 외 (2016). Socioeconomic status in children is associated with hair cortisol levels as a biological measure of chronic stress. *Psychoneuroendocrinology* 65, 9~14.

17 Luthar, S., Small, P., and Ciciolla, L. (2018). Adolescents from upper middle class communities: Substance misuse and addiction across early adulthood. *Development and Psychopathology* 30 (1), 315~335.
Luthar, S. S., and Becker, B. E. (2002). Privileged but pressured? A study of affluent youth. *Child Development* 73 (50), 1593~1610.

18 Luthar, S. Speaking of psychology: The mental price of affluence. American Psychological Association, 2018, apa.org/ research/action/speaking-of-psychology/affluence.aspx.

19 Luthar, S. S., and Latendresse, S. J. (2005). Children of the affluent: Challenges to well-being. *Current Directions in Psychological Science* 14 (1), 49~53.

20 Luthar, S. S., and D'Avanzo, K. (1999). Contextual factors in substance use: A study of suburban and inner-city adolescents. *Development and Psychopathology* Ⅱ (4), 845~867.

21 Lund, T., and Dearing, E. (2013). Is growing up affluent risky for adolescents or is the problem growing up in an affluent neighborhood? *Journal of Research on Adolescence* 23 (2), 274~282.

CHAPTER 3 동성과의 관계

1 Shiner, R. L., Buss, K. A., McClowry, S. G. 외 (2012). What is temperament now? Assessing progress in temperament research on the twenty-fifth anniversary of Goldsmith et al. (1987). *Child Development Perspectives* 6 (4), 436~444.

2 Kagan, J. (1998). Biology and the child. In N. Eisenberg (Ed.), *Handbook of Child Psychology, vol. 3: Social, emotional, and personality development*, 5th ed. New York: Wiley, pp. 177~236.

3 Calkins, S. D., Fox, N. A., and Marshall, T. R. (1996). Behavioral and physiological antecedents of inhibited and uninhibited behavior. *Child Development* 67 (2), 523~540.

4 Putman, S. P., Samson, A. V., and Rothbart, M. K. (2000). Child temperament and parenting. In V. J. Molfese and D. L. Molfese (Eds.), *Temperament and Personality Across the Life Span*. Mahwah, NJ: Erlbaum, pp. 255~277.

5 Chen, X., Hastings, P., Rubin, K. 외 (1998). Child-rearing attitudes and behavioral inhibition in Chinese and Canadian toddlers: A cross-cultural study. *Development and Psychology* 34 (4), 677~686.

Chen, X., Rubin, K., and Li, Z. (1995). Social functioning and adjustment in Chinese children: A longitudinal study. *Development and Psychology* 31 (4), 531~539.

Chess, S., and Thomas, R. (1984). Origins and Evolution of Behavior Disorders. New York: Brunner/Mazel.

6 Waldrip, A. M., Malcolm, K. T., and Jensen-Campbell, L. A. (2008). With a little help from your friends: The importance of high-quality friendships on early adolescent development. *Social Development* 17 (4), 832~852.

이 주제에 관한 연구는 복잡하며, 넓은 사회적 관계망을 형성하면 강력한 이원적(일대일) 친구 관계를 맺을 가능성이 커진다는 증거도 확실히 존재한다[Nagle, D. W., Erdley, C. A., Newman, J. E. 외 (2003). Popularity, friendship quantity, and friendship quality: Interactive influences on children's loneliness and depression. *Journal of Clinical Child and Adolescent Psychology* 32 (4), 546~555]. 하지만 월드립, 맬컴, 젠슨-캠벨(2008, p. 847)은 다음과 같은 사실을 확인했다. "지지와 보호, 친밀감을 제공하는 친구가 적어도 한 명 이상 있는 청소년은 다른 중요한 관계 또는 친구 수를 조절할 때 어려움을 겪을 가능성이 적다. 이런 결과를 토대로 살펴보면 친구 관계의 질은 사실 청소년의 적응 정도를 보여주는 독보적 예측 변수라고 할 수 있다."

7 Van der Graaff, J., Branje, S., De Weid, M. 외 (2014). Perspective taking and empathic concern in adolescence: Gender differences in empathic changes. *Development and Psychology* 50 (3), 881~888.

Rueckert, L., Branch, B., and Doan, T. (2011). Are gender differences in empathy due to differences in emotional reactivity? *Psychology* 2 (6), 574~578.

8 이 절묘한 명칭은 내가 시카고의 세이크리드 하트 아카데미에서 중학교 여학생들에게 적극적 태도(수동적이거나 공격적인 것과는 다른)를 주제로 강연한 뒤 그곳 교사인 재클린 빌-렐베키오선 생님이 생각해내서 내게 알려준 것이다. 그 뒤로 나는 여학생들과 함께하는 수십 번의 갈등 대처 워크숍에서 선생님이 알려준 명칭을 썼다. 아이들은 이 찰떡같은 비유를 금세 알아듣고, 스스로 쉽게 활용한다.

9 교육자이자 합기도 검은 띠이며 내게 이와 관련된 무술 전문 지식을 알려준 멋진 친구 엘리자베스 스티븐스에게 감사의 말을 전한다.

10 이 삶의 지혜는 사려 깊은 교육자 대니얼 프랭크가 내게 알려준 것이다. 그는 본인의 할머니 마사 람 화이트 여사에게 배웠다고 한다.

11 Livingstone, S. (2018). Book review. iGen: Why today's super-connected kids are growing up less rebellious, more tolerant, less happy—and completely unprepared for adulthood. *Journal of Children and Media* 12 (1), 118~123.

12 (2014, March 11). Teens and Social Media? "It's Complicated." remakelearning.org/ blog/2014/03/11/ teens-and-social-media-its-complicated/에서 2018년 2월 3일에 검색.

13 로스앤젤레스 말보로 스쿨에서 영어를 가르치는 데버라 배너 선생님이 이 탁월한 해결책을 내게 알려주었다.

14 Maslowsky, J., and Ozer, E. J. (2014). Developmental trends in sleep duration in adolescence and young adulthood: Evidence from a national United States sample. *Journal of Adolescent Health* 54 (6),

691~697.

15 위와 동일.

사춘기에 생체 리듬이 바뀌는 이유는 명확히 밝혀지지 않았다. 전문가들은 이 패턴이 포유류에게서 흔히 나타난다는 점을 지적하며 "나이 든 개체가 간섭하지 않는 시간대에 (…) 늦게까지 깨어 있으면서 또래와 교류"함으로써 번식에서 이점을 얻으려는 진화상의 특징이 아닐까 추측한다. [Hagenauer, M. H., and Lee, T. M. (2012). The neuroendocrine control of the circadian system: Adolescent chronotype. *Frontiers in Neuroendocrinology* 33 (3), 211~229, 225.]

16 Stöppler, M. C. Puberty: Stages and signs for boys and girls. medicinenet.com/puberty/article.htm 에서 검색.

17 Johnson, E. O., Roth, T., Schultz, L., and Breslau, N. (2006). Epidemiology of DSM-IV insomnia in adolescence: Lifetime prevalence, chronicity, and an emergent gender difference. *Pediatrics* 117 (2), e247~e256.

18 Shochat, T., Cohen-Zion, M., and Tzischinsky, O. (2014). Functional consequences of inadequate sleep in adolescents: A systematic review. *Sleep Medicine Reviews* 18 (1), 75~87.

19 Higuchi, S., Motohashi, Y., Liu, Y. 외 (2003). Effects of VDT tasks with a bright display at night on melatonin, core temperature, heart rate, and sleepiness. *Journal of Applied Physiology* 94 (5), 1773~1776.

Kozaki, T., Koga, S., Toda, N. 외 (2008). Effects of short wavelength control in polychromatic light sources on nocturnal melatonin secretion. *Neuroscience Letters* 439 (3), 256~259.

20 Van den Bulck, J. (2003). Text messaging as a cause of sleep interruption in adolescents, evidence from a cross-sectional study. *Journal of Sleep Research* 12 (3), 263.

Adachi-Mejia, A. M., Edwards, P. M., Gilbert-Diamond, D. 외 (2014). TXT me I'm only sleeping: Adolescents with mobile phones in their bedroom. *Family and Community Health* 37 (4), 252~257.

21 Vernon, L., Modecki, K. L., and Barber, B. L. (2018). Mobile phones in the bedroom: Trajectories of sleep habits and subsequent adolescent psychosocial development. *Child Development* 89 (1), 66~77.

22 Vogel, E., Rose, J., Roberts, L., and Eckles, K. (2014). Social comparison, social media, and self-esteem. *Psychology of Popular Media Culture* 3 (4), 206~222.

23 Nesi, J., and Prinstein, M. J. (2015). Using social media for social comparison and feedback-seeking: Gender and popularity moderate associations with depressive symptoms. *Journal of Abnormal Child Psychology* 43 (8), 1427~1438.

24 Walsh, J. (2018). *Adolescents and Their Social Media Narratives: A digital coming of age*, 1st ed. London: Routledge, p. 26.

25 Walsh, J. (2016, August 10). For teenage girls, swimsuit season never ends [Interview by L. Damour]. *The New York Times*.

1   Axelrod, A., and Markow, D. (2001). *Hostile Hallways: Bullying, teasing, and sexual harassment in school* (Rep.). AAUW Educational Foundation: aauw.org/files/2013/02/hostile-hallways-bullying-teasing-and-sexual-harassment-in-school.pdf.

2   Williams, T., Connolly, J., Pepler, D., and Craig, W. (2005). Peer victimization, social support, and psychosocial adjustment of sexual minority adolescents. *Journal of Youth and Adolescence* 34 (5), 471~482.

3   Ormerod, A. J., Collinsworth, L. L., and Perry, L. A. (2008). Critical climate: Relations among sexual harassment, climate, and outcomes for high school girls and boys. *Psychology of Women Quarterly* 32 (2), 113~225.

4   Gruber, J. E., and Fineran, S. (2008). Comparing the impact of bullying and sexual harassment victimization on the mental and physical health of adolescents. *Sex Roles* 59 (1~2), 1~13.

5   Espelage, D. L., Aragon, S. R., Birkett, M., and Koenig, B. W. (2008). Homophobic teasing, psychological outcomes, and sexual harassment among high school students: What influence do parents and schools have? *School Psychology Review* 37 (2), 202~216.

6   Fekkes, M., Pijpers, F. I. M., and Verloove-Vanhorick, S. P. (2004). Bullying: Who does what, when and where? Involvement of children, teachers and parents in bullying behavior. *Health Education Research* 20 (1), 81~91.
    Wang, J., Iannotti, R. J., and Nansel, T. R. (2009). School bullying among U.S. adolescents: Physical, verbal, relational, and cyber. *Journal of Adolescent Health* 45 (4), 368~375.

7   Guerra, N. G., Williams, K. R., and Sadek, S. (2011). Understanding bullying and victimization during childhood and adolescence: A mixed methods study. *Child Development* 82 (1), 295~310.

8   Wang, J., Iannotti, R. J., and Nansel, T. R. (2009).

9   Gruber, J., and Fineran, S. (2016). Sexual harassment, bullying, and school outcomes for high school girls and boys. *Violence against Women* 22 (1), 112~133.

10 Goldstein, S. E., Malanchuk, O., Davis-Kean, P. E., and Eccles, J. S. (2007). Risk factors for sexual harassment by peers: A longitudinal investigation of African American and European American adolescents. *Journal of Research on Adolescence* 17 (2), 285~300.

11 Gruber, J., and Fineran, S. (2016).

12 Reed, L. A., Tolman, R. M., and Ward, M. L. (2017). Gender matters: Experiences and consequences of digital dating abuse in adolescent dating relationships. *Journal of Adolescence* 59, 79~89.

13 Ormerod, A. J., Collinsworth, L. L., and Perry, L. A. (2008). Critical climate: Relations among sexual harassment, climate, and outcomes for high school girls and boys. *Psychology of Women Quarterly* 32 (2), 113~125.
    Reed, L. A., Tolman, R. M., and Ward, M. L. (2017).

14 Fine, M., and McClelland, S. I. (2006). Sexuality education and desire: Still missing after all of

these years. *Harvard Educational Review* 76 (3), 297~338.

15 Ott, M. A. (2010). Examining the development and sexual behavior of adolescent males. *Journal of Adolescent Health* 46 (4 Suppl), S3~11.

16 다수의 파트너와 의미 없는 짧은 만남을 즐기는 남성을 묘사하는 단어의 범주에 들어가지만 현재는 널리 쓰이고 있지 않으며, 남성에게 해당하는 멸칭이라고 보기에는 다른 다양한 용도로 사용되는 경우가 더 많다. 예를 들어 남자들 사이에서 친근감을 표시하는 말로 쓰이기도 하고 ("What's up, dog?" 같은 식으로), 가끔은 매력 없는 여성을 가리키는 단어로도 사용된다.

17 Lippman, J. R., and Campbell, S. W. (2014). Damned if you do, damned if you don't . . . if you're a girl: Relational and normative contexts of adolescent sexting in the United States. *Journal of Children and Media* 8 (4), 371~386.

18 Temple, J. R., Le, V. D., van den Berg, P. 외 (2014). Brief report: Teen sexting and psychosocial health. *Journal of Adolescence* 37 (1), 33~36.

19 Lippman, J.R., and Campbell, S.W. (2014). p. 371.

20 Thomas, S. E. (2018). "What should I do?": Young women's reported dilemmas with nude photographs. *Sexuality Research and Social Policy* 15 (2), 192~207, doi.org/10.1007/s13178-017-0310-0.

21 Damour, L. (2017, January 11). Talking with both daughters and sons about sex. *The New York Times*. nytimes.com/2017/01/11/well/family/talking-about-sex-with-daughters-and-sons.html 에서 검색.

22 Tolman, D. L. (1999). Femininity as a barrier to positive sexual health for adolescent girls. *Journal of the American Medical Women's Association* 53 (4), 133~138.
Kettrey, H. H. (2018). "Bad girls" say no and "good girls" say yes: Sexual subjectivity and participation in undesired sex during heterosexual college hookups. *Sexuality and Culture* 22 (3), 685~705, doi.org/10.1007/s12119-018-9498-2.

23 Impett, E. A., Schooler, D., and Tolman, D. L. (2006). To be seen and not heard: Feminist ideology and adolescent girls' sexual health. *Archives of Sexual Behavior* 35 (2), 131~144.
Zurbriggen, E. L., Collins, R. L., Lamb, S. 외 (2007). Report on the APA task force on the *Sexualization of Girls, Executive Summary*, American Psychological Association, Washington, DC.

24 Schalet, A. (2004). Must we fear adolescent sexuality? *Medscape General Medicine* 6 (4), 44.

25 Brugman, M., Caron, S. L., and Rademakers, J. (2010). Emerging adolescent sexuality: A comparison of American and Dutch college women's experiences. *International Journal of Sexual Health* 22 (1), 32~46.

26 위와 동일. p. 39.

27 위와 동일. p. 43.

28 Eslami, Z. (2010). Refusals: How to develop appropriate refusal strategies. In A. Martínez-Flor and E. Usó-Juan (Eds.), *Speech Act Performance: Theoretical, empirical and methodological issues (Language Learning and Language Teaching* 26, Amsterdam: John Benjamins), pp. 217~236.

29 Allami, H., and Naeimi, A. (2011). A cross-linguistic study of refusals: An analysis of pragmatic

competence development in Iranian EFL learners. *Journal of Pragmatics* 43 (1), 385~406.

Cameron, D. (2008). *The Myth of Mars and Venus*. Oxford: Oxford University Press.

30　Kitzinger, C., and Frith, H. (1999). Just say no? The use of conversation analysis in developing a feminist perspective on sexual refusal. *Discourse and Society* 10 (3), 293~316, pp. 304~305.

31　위와 동일.

32　Cameron, D. (2008), p. 96.

33　Monto, M. A., and Carey, A. G. (2014). A new standard of sexual behavior? Are claims associated with the "hookup culture" supported by general survey data? *Journal of Sex Research* 51 (6), 605~615.

34　위와 동일.

35　Twenge, J. M., Sherman, R. A., and Wells, B. E. (2017). Sexual inactivity during young adulthood is more common among U.S. millennials and iGen: Age, period, and cohort effects on having no sexual partners after age 18. *Archives of Sexual Behavior* 46 (2), 433~440.

36　Centers for Disease Control and Prevention. (2015). Trends in the prevalence of sexual behaviors and HIV testing. National youth risk behavior survey: 1991~2015.

Centers for Disease Control and Prevention. (2017). Youth Risk Behavior Survey Data. Available at cdc.gov/yrbs. Accessed on June 20, 2018.

37　Weissbourd, R., Anderson, T. R., Cashin, A., and McIntyre, J. (2017). *The talk: How adults can promote young people's healthy relationships and prevent misogyny and sexual harassment* (Rep.). mcc.gse.harvard.edu/files/gse-mcc/files/mcc_the_talk_final.pdf에서 검색.

38　Garcia, J. R., Reiber, C., Merriwether, A. M. 외 (2010a, March). Touch me in the morning: Intimately affiliative gestures in uncommitted and romantic relationships. Paper presented at the Annual Conference of the NorthEastern Evolutionary Psychology Society, New Paltz, NY.

Garcia, J. R., Reiber, C., Massey, S. G., and Merriwether, A. M. (2012). Sexual hookup culture: A review. *Review of General Psychology* 16 (2), 161~176.

39　Weissbourd, R., Anderson, T.R., Cashin, A., and McIntyre, J. (2017).

40　LaBrie, J. W., Hummer, J. F., Ghaidarov, T. M. 외 (2014). Hooking up in the college context: The event-level effects of alcohol use and partner familiarity on hookup behaviors and contentment. *Journal of Sex Research* 51 (1), 62~73.

41　Owen, J., Fincham, F. D., and Moore, J. (2011). Short-term prospective study of hooking up among college students. *Archives of Sexual Behavior* 40 (2), 331~341.

42　Owen, J., and Fincham, F. D. (2010). Effects of gender and psychosocial factors on "friends with benefits" relationships among young adults. *Archives of Sexual Behavior* 40 (2), 311~320.

43　Owen, J., Fincham, F. D., and Moore, J. (2011).

44　Sabina, C., Wolak, J., and Finkelhor, D. (2008). The nature and dynamics of Internet pornography exposure for youth. *CyberPsychology and Behavior* 11 (6), 691~693.

45　Sun, C., Bridges, A., Johnson, J. A., and Ezzell, M. B. (2016). Pornography and the male sexual script: An analysis of consumption and sexual relations. *Archives of Sexual Behavior* 45 (4), 983~984, p. 983.

46 위와 동일.

47 Lim, M. S., Carrotte, E. R., and Hellard, M. E. (2016). The impact of pornography on gender-based violence, sexual health and well-being: What do we know? *Journal of Epidemiology and Community Health* 70 (1), 3~5.

48 Stenhammar, C., Ehrsson, Y. T., Åkerud, H. 외 (2015). Sexual and contraceptive behavior among female university students in Sweden—repeated surveys over a 25-year period. *Acta Obstetricia et Gynecologica Scandinavica* 94 (3), 253~259.

49 위와 동일. p. 258.

50 Stulthofer, A., and Ajdukovic, D. (2013). A mixed-methods exploration of women's experiences of anal intercourse: meanings related to pain and pleasure. *Archives of Sexual Behavior* 42 (6), 1053~1062.

CHAPTER 5 학교생활

1 Voyer, D., and Voyer, S. D. (2014). Gender differences in scholastic achievement: A meta-analysis. *Psychological Bulletin* 140 (4), 1174~1204.

2 Livingston, A., and Wirt, J. *The Condition of Education 2004 in Brief* (NCES 2004~2076). U.S. Department of Education, National Center for Education Statistics (Washington, DC: U.S. Government Printing Office, 2004).
Office for Civil Rights. (2012, June). *Gender equity in education: A data snapshot.* U.S. Department of Education. ed.gov/about/offices/list/ocr/docs/gender-equity-in-education.pdf에서 검색.

3 Autor, D., and Wasserman, M. (2013). *Wayward Sons: The emerging gender gap in labor markets and education* (Rep.). Washington, DC: Third Way. economics.mit.edu/files/8754에서 검색.
Bauman, K., and Ryan, C. (2015, October 7). Women now at the head of the class, lead men in college attainment. census.gov/ newsroom/blogs/random-samplings/2015/10/women-now-at-the-head -of-the-class-lead-men-in-college-attainment.html에서 검색.
Digest of Education Statistics—National Center for Education Statistics. (2015, September). Bachelor's, master's, and doctor's degrees conferred by postsecondary institutions, by sex of student and discipline division: 2013~14. nces.ed.gov/programs/digest/d15/ tables/dt15_318.30.asp?current=yes 에서 검색.

4 Murberg, T. A., and Bru, E. (2004). School-related stress and psychosomatic symptoms among Norwegian adolescents. *School Psychology International* 25 (3), 317~322.

5 Crum, A. J., Salovey, P., and Achor, S. (2013). Rethinking stress: The role of mindsets in determining the stress response. *Journal of Personality and Social Psychology* 104 (4), 716~733.

6 Park, D., Yu, A., Metz, S. E. 외 (2017). Beliefs about stress attenuate the relation among adverse life events, perceived distress, and self-control. Child Development. doi.org/10.1111/cdev.12946.

7 Jamieson, J. P., Nock, M. K., and Mendes, W. B. (2012). Mind over matter: Reappraising arousal improves cardiovascular and cognitive responses to stress. *Journal of Experimental Psychology: General* 141 (3), 417~422.

8 Giota, J., and Gustafsson, J. (2017). Perceived demands of schooling, stress and mental health: Changes from grade 6 to grade 9 as a function of gender and cognitive ability. *Stress and Health* 33 (3), 253~266.

Murberg, T. A., and Bru, E. (2004).

Silverman, W. K., La Greca, A. M., and Wasserstein, S. (1995). What do children worry about? Worries and their relation to anxiety. *Child Development* 66 (3), 671~686.

9 Roberts, T. (1991). Gender and the influence of evaluations on self-assessments in achievement settings. *Psychological Bulletin* 109 (2), 297~308.

10 Burnett, J. L., O'Boyle, E. H., VanEpps, E. M. 외 (2013). Mind-sets matter: A meta-analytic review of implicit theories and self-regulation. *Psychological Bulletin* 139 (3), 655~701.

11 Pomerantz, E. M., Altermatt, E. R., and Saxon, J. L. (2002). Making the grade but feeling distressed: Gender differences in academic performance and internal distress. *Journal of Educational Psychology* 94 (2), 396~404.

Pomerantz, E. M., Saxon, J. L., and Kenny, G. A. (2001). Self-evaluation: The development of sex differences. In G. B. Moskowitz (Ed.), *Cognitive Social Psychology: On the tenure and future of social cognition*. Mahwah, NJ: Erlbaum, pp. 59~74.

Pomerantz, E. M., and Ruble, D. N. (1998). The role of maternal control in the development of sex differences in child self-evaluative factors. *Child Development* 69 (2), 458~478.

12 McClure, E. B. (2000). A meta-analytic review of sex differences in facial expression processing and their development in infants, children, and adolescents. *Psychological Bulletin* 126 (3), 424~453.

13 Levering, B. (2000). Disappointment in teacher-student relationships. *Journal of Curriculum Studies* 32 (1), 65~74.

14 Hewitt, P. L., Flett, G. L., and Mikail, S. F. (2017). *Perfectionism: A relational approach to conceptualization, assessment, and treatment*. New York: The Guilford Press, p. 22.

15 Duckworth, A. L., and Seligman, M. E. P. (2006). Self-discipline gives girls the edge: Gender in self-discipline, grades, and achievement scores. *Journal of Educational Psychology* 98 (1), 198~208.

16 Kay, K., and Shipman, C. (2014, May). The confidence gap. *The Atlantic*. theatlantic.com/magazine/archive/2014/05/the-confidence-gap/359815/에서 검색.

17 여자아이가 학교에서 행동하는 방식과 나중에 커서 직장에서 행동하는 방식 사이의 연관성을 찾아낸 사람은 우리 지역 주민 낸시 스티크니였다. 여학생이 전략적 공부 방식을 익히도록 돕는 것의 중요성을 다루는 내 강연에 참석했던 스티크니 여사는 강연 뒤에 나를 찾아와서 자신이 회사에서 일할 때 여직원들에게서 정확히 같은 현상을 목격했다는 이야기를 들려주었다.

18 Kay, K., and Shipman, C. (2014). *The Confidence Code: The science and art of self-assurance—what women should know*. New York: HarperCollins.

19 Dunlosky, J., Rawson, K. A., Marsh, E. J. 외 (2013). Improving students' learning with effective learning techniques: Promising directions from cognitive and educational *psychology*. *Psychological Science in the Public Interest* 14 (1), 4~58.

20 Office for Civil Rights. (2012, June).

Voyer, D., and Voyer, S. D. (2014). 믿을 만한 연구의 일부인 이 대규모 설문에서 수학과 과학 과목을 살펴보면 초등 여학생은 수학에서 남학생과 같은 성적, 과학에서는 더 좋은 성적을 얻었다. 중등, 고등 여학생은 양쪽 과목 모두 남학생보다 성적이 좋았다. 대학생 나이대의 여성은 수학 성적이 더 좋았고 과학 성적은 같았다.

21 Riegle-Crumb, C., and Humphries, M. (2012). Exploring bias in math teachers' perceptions of students' ability by gender and race/ethnicity. *Gender and Society* 26 (2), 290~322.

22 National Science Board. (2018). *Undergraduate education, enrollment, and degrees in the United States* (Rep.). Science and Engineering Indicators.

23 Grunspan, D. Z., Eddy, S. L., Brownell, S. E. 외 (2016). Males underestimate academic performance of their female peers in undergraduate biology classrooms. *PLoS ONE* 11 (2): e0148405.

24 Moss-Racusin, C. A., Dovidio, J. F., Brescholl, V. L. 외 (2012). Science faculty's subtle gender biases favor male students. *PNAS* 109 (41), 16474~16479.

25 Nguyen, H. D., and Ryan, A. M. (2008). Does stereotype threat affect test performance of minorities and women: A meta-analysis of experimental evidence. *Journal of Applied Psychology* 93 (6), 1314~1334.

26 Johns, M., Schmader, T., and Martens, A. (2005). Knowing is half the battle: Teaching stereotype threat as a means of improving women's math performance. *Psychological Science* 16 (3), 175~179.

27 McGlone, M. S., and Aronson, J. (2007). Forewarning and forearming stereotype-threatened students. *Communication Education* 56 (2), 119~133.

28 Nelson, J. M., and Harwood, H. (2011). Learning disabilities and anxiety: A meta-analysis. *Journal of Learning Disabilities* 44 (1), 3~17.

29 Shaywitz, S. E., Shaywitz, B. A., Fletcher, J. M., and Escobar, M. D. (1990). Prevalence of reading disability in boys and girls: Results of the Connecticut longitudinal study. *Journal of the American Medical Association* 264 (8), 998~1002.

30 Rucklidge, J. J. (2010). Gender differences in attention-deficit/hyperactivity disorder. *Psychiatric Clinics of North America* 33 (2), 357~373.

Biederman J., Mick, E., Faraone, S. V. 외 (2002). Influence of gender on attention deficit hyperactivity disorder in children referred to a psychiatric clinic. *The American Journal of Psychiatry* 159 (1), 36~42.

31 Stanford, for instance, admitted 16 percent of its applicants in 1996 and only 4.7 percent in 2017. Stanford University, News Service. (1996, June 3). *Stanford's 'yield rate' increases to 61.4 percent* [Press

release]. news.stanford.edu/pr/96/960605classcentu.html에서 검색.

Stanford University. (2017, August). *Our selection process*. admission.stanford.edu/apply/selection/profile.html에서 검색.

대학 합격률이 떨어지면서 점점 더 많은 학생이 경쟁력 확보를 위해 더 많은 심화학습 수업을 듣는다. 1997년에는 총 566,720명의 학생이 899,463회의 심화 학습 시험을 치렀다. 2017년에는 2,741,426명의 학생이 4,957,931회의 심화 학습 시험을 치렀다.

College Board. (1997). *AP data—archived data* (Rep.). research.collegeboard.org/programs/ap/data/archived/1997에서 검색.

College Board. (2017). *Program summary report* (Rep.). secure-media.collegeboard.org/digitalServices/pdf/research/2017/Program-Summary-Report-2017.pdf에서 검색.

32 Spencer, R., Walsh, J., Liang, B. 외 (2018). Having it all? A qualitative examination of affluent adolescent girls' perceptions of stress and their quests for success. *Journal of Adolescent Research* 33 (1), 3~33.

33 Kahneman, D., Krueger, A. B., Schkade, D. 외 (2006). Would you be happier if you were richer? A focusing illusion. Science 312 (5782), 1908~1910.

34 Ryff, C. D., and Keyes, L. M. (1995). The structure of psychological well-being revisited. *Journal of Personality and Social Psychology* 69 (4), 719~727.

35 Ciciolla, L., Curlee, A. S., Karageorge, J., and Luthar, S. S. (2017). When mothers and fathers are seen as disproportionately valuing achievements: Implications for adjustment among upper middle class youth. *Journal of Youth and Adolescence* 46 (5), 1057~1075.

36 Luthar, S. S., and Becker, B. E. (2002). Privileged but pressured? A study of affluent youth. *Child Development* 73 (50), 1593~1610.

CHAPTER 6 문화적 압력

1 물론 남자아이들도 자기들끼리 쓰는 위협적인 말이 있다. 안타깝게도 우리 문화는 극도로 마초적인 이상에 동조하라고 남자아이들을 부추긴다. 그래서 이들은 겁쟁이, 기생오라비, 호모 같은 멸칭을 써서 서로 남성성과 이성애 지향성을 확인함으로써 공격적으로 문화적 기준을 강화하는 법을 배운다. 남자아이들은 암캐라는 말도 도발적 모욕으로 사용하지만, 이 단어는 여자아이에게 쓰일 때와 남자아이들끼리 쓸 때의 의미가 다르다. 특히 한 남학생이 다른 남자아이를 암캐라고 부를 때 상대방을 여자에 비유하는 것과 순종적 여자 친구에 비유하는 것의 중간 정도 의미("누군가의 암캐가 되다" 같은 표현에서)라고 보면 된다.

2 Jose, P. E., and Brown, I. (2008). When does the gender difference in rumination begin? Gender and age differences in the use of rumination by adolescents. *Journal of Youth and Adolescence* 37 (2), 180~192.

3 업무 환경에서 남자가 했다면 보상을 받거나 최소한 문제가 있다고 여겨지지 않았을 '적극적' 행

동을 여자가 하면 종종 불이익을 당한다는 내 친구의 이야기를 뒷받침하는 연구 논문은 상당히 많다. 다음 예를 살펴보자.

Salerno, J. M., and Peter-Hagene, L. (2015). One angry woman: Anger expression increases influence for men, but decreases influence for women, during group deliberation. *Law and Human Behavior* 39 (6), 581~592.

Rudman, L. A., Moss-Racusin, C. A., Phelan, J., and Nauts, S. (2012). Status incongruity and backlash effects: Defending the gender hierarchy motivates prejudice against female leaders. *Journal of Experimental Social Psychology* 48 (1), 165~179.

Phelan, J. E., Moss-Racusin, C. A., and Rudman, L. A. (2008). Competent yet out in the cold: Shifting criteria for hiring reflect backlash toward agentic women. *Psychology of Women Quarterly* 32 (4), 406~413.

4 예를 들어 사가와 쇼필드는 10대 초반 아이들에게 애매하게 적대적인 행위를 평가하라고 했을 때 "가해자가 백인일 때보다 흑인일 때 더욱 질이 나쁘고 위협적이라고" 보는 경향이 있다는 점을 밝혀냈다. 이와 비슷하게 휴겐베르크와 보덴하우젠은 일부 유럽계 미국인에게 "백인의 얼굴과 달리 흑인의 얼굴에서 위협적 정서를 느끼는 편견이 있으며, 이는 사회적 상호작용의 극초반부터 선입견의 유해한 효과가 발휘될 수 있음을 시사한다"라고 밝혔다.

Sagar, H. A., and Schofield, J. W. (1980). Racial and behavioral cues in black and white children's perceptions of ambiguously aggressive acts. *Journal of Personality and Social Psychology* 39 (4), 590~598.

Hugenberg, K., and Bodenhausen, G. V. (2003). Facing prejudice: Implicit prejudice and the perception of facial threat. *Psychological Science* 14 (6), 640~643.

5 Onyeka-Crawford, A., Patrick, K., and Chaudhry, N. (2017). *Let her learn: Stopping school pushout for girls of color* (Rep.). Washington, DC: National Women's Law Center, p. 3.

6 Crosley, S. (2015, June 23). Why women apologize and should stop. *The New York Times*. nytimes.com/2015/06/23/opinion/when-an-apology-is-anything-but.html에서 검색.

7 Fendrich, L. (2010, March 12). The valley-girl lift. *The Chronicle of Higher Education*.

8 Leanse, E. P. (2015, June 25). Google and Apple alum says using this word can damage your credibility. *Business Insider*.

9 Wolf, N. (2015, July 24). Young women, give up the vocal fry and reclaim your strong female voice. *The Guardian*. theguardian.com/commentisfree/2015/jul/24/vocal-fry-strong-female-voice에서 검색.

10 Cameron, D. (2015, July 27). An open letter to Naomi Wolf: Let women speak how they please. *In These Times*. inthesetimes.com/article/18241/naomi-wolf-speech-uptalk-vocal-fry에서 검색.

11 High-rising terminal declarative, eh? (1992, January 19). *The New York Times*. nytimes.com/1992/01/19/opinion/l-high-rising-terminal-declarative-eh-061992.html에서 검색.

12 Ury, W. (2007). *The Power of a Positive No: How to say no and still get to yes.* New York: Bantam.

13 물론 남자아이도 관계를 소중히 여긴다. 그리고 남자가 여자보다 뒷감당 걱정 없이 무례하게 행

동할 수 있다고 해서 꼭 그렇게 굴어야 할 이유가 대체 어디 있는가? 그러므로 우리는 당연히 아들도 예의에 맞고 다양한 언어적 도구를 능숙하게 쓸 수 있도록 가르쳐야 한다.

14 인류는 '분열된 자아'를 주제로 수많은 저작을 쏟아냈다. 고대 로마 시인 호라티우스(기원전 65년~기원전 8년)는 핀잔을 주고 싶을 만큼 끈질기게 달라붙는 팬에게 예의 바르게 대하려는 자신의 노력을 묘사한 매우 재미있는 풍자시를 썼다.

By chance I was strolling the Sacred Way, and musing,
As I do, on some piece of nonsense, wholly absorbed,
When up runs a man I know only by name, who grabs
Me by the hand, crying: 'How do you do, dear old thing?'
'Fine, as it happens,' I answer, 'and best wishes to you.'
As he follows me, I add: 'You're after something?'
He: 'You should get to know me better, I'm learned.'
I: 'I congratulate you on that.' Desperately trying
To flee, now I walk fast, now halt, and whisper a word
In the ear of my boy, as the sweat's drenching me
Head to foot. While the fellow rattles on, praising
Street after street, the whole city, I silently whisper,
'Oh Bolanus, to have your quick temper!' Since I'm not
Replying, he says: 'You're dreadfully eager to go:
I've seen that a while: but it's no use: I'll hold you fast:
I'll follow you wherever you're going.' 'No need
For you to be dragged around: I'm off to see someone
You don't know: he's ill on the far side of Tiber,
Near Caesar's Garden.' 'I've nothing to do, I'm a walker:
I'll follow.' Down go my ears like a sulky

Satire: Book I, satire IX(translated by A. S. Kline)

15 사회학자 어빙 고프먼 또한 매우 지적이며 역사에 남을 자신의 저서 《자아 성찰의 사회학The Presentation of the Self in Everyday Life》 (New York: Anchor Books, 1959[한국어판: 현암사, 2016]) 에서 무대 앞과 뒤의 비유를 활용했다. 물론 인간의 상호작용에 대한 고프먼의 정교한 분석은 인간의 공적, 사적 페르소나를 무대 앞뒤에서의 활동에 빗댄 내 단순한 비유보다 훨씬 심오하다.

16 Karraker, K. H., Vogel, D. A., and Lake, M. A. (1995). Parents' gender-stereotyped perceptions of newborns: The eye of the beholder revisited. *Sex Roles* 33 (9/10), 687~701.
Rubin, J. Z., Provenzano, F. J., and Luria, Z. (1974). The eye of the beholder: Parents' views on sex of newborns. *American Journal of Orthopsychiatry* 44 (4), 512~519.

17 Advertising spending in the perfumes, cosmetics, and other toilet preparations industry in the United States from 2010 to 2017 (in million U.S. dollars). (2017). statista.com/ statistics/470467/ perfumes-cosmetics-and-other-toilet-preparations -industry-ad-spend-usa/에서 검색.

18 Rogers, K. (2016, August 18). Sure, these women are winning Olympic medals, but are they single? *The New York Times*. nytimes.com/2016/08/19/sports/olympics/ sexism-olympics-women.html에 서 검색.

Fahy, D. (2015, March 16). Media portrayals of female scientists often shallow, superficial. blogs.sci-entificamerican.com/voices/ media-portrayals-of-of-female-scientists-often-shallow-superficial/ 에서 검색.

19 Kahalon, R., Shnabel, N., and Becker, J. C. (2018). "Don't bother your pretty little head": Appear-ance compliments lead to improved mood but impaired cognitive performance. *Psychology of Women Quarterly* 42 (2), 136~150.

20 Capon, L. (2016, November 21). Alicia Keys has stopped wearing makeup and is killing it. *Cosmo-politan*.

21 White, T. (2006, March 28). Rice loosens up her locks and her image. *The Baltimore Sun*. articles. baltimoresun.com/2006-03-28/features/0603280057_1_rice-head of hair-condoleezz에서 검색.

Rosen, J. (2013, June 14). Hillary Clinton, hair icon. *Town and Country*.

22 Monro, F., and Huon, G. (2005). Media-portrayed idealized images, body shame, and appearance anxiety. *International Journal of Eating Disorders* 38 (1), 85~90.

23 Runfola, C. D., Von Holle, A., Trace, S. E., et al. (2013). Body dissatisfaction in women across the lifespan: Results of the UNC-SELF and Gender and Body Image (GABI) Studies. *European Eating Disorders Review: The Journal of the Eating Disorders Association* 21 (1), 52~59.

24 Grabe, S., and Shibley Hyde, J. (2006). Ethnicity and body dissatisfaction among women in the United States: A meta-analysis. *Psychological Bulletin* 132 (4), 622~640.

Kelly, A. M., Wall, M., Eisenberg, M. E., et al. (2005). Adolescent girls with high body satisfac-tion: Who are they and what can they teach us? *Journal of Adolescent Health* 37 (5), 391~396.

Duke, L. (2000). Black in a blonde world: Race and girls' interpretations of the feminist ideal in teen magazines. *Journalism and Mass Communication Quarterly* 77 (2), 367~392.

25 Neumark-Sztainer, D., Croll, J., Story, M., et al. (2002). Ethnic/racial differences in weight-related concerns and behaviors among adolescent girls and boys: Findings from project EAT. *Journal of Psychosomatic Research* 53 (5), 963~974.

26 Hausenblas, H. A., and Downs, D. S. (2001). Comparison of body image between athletes and non-athletes: A meta-analytic review. *Journal of Applied Sport Psychology* 13 (3), 323~339.

27 Abbott, B. D., and Barber, B. L. (2011). Differences in functional and aesthetic body image be-tween sedentary girls and girls involved in sports and physical activity: Does sport type make a difference? *Psychology of Sport and Exercise* 12 (3), 333~342.

28 Slater, A., and Tiggman, M. (2011). Gender differences in adolescent sport participation, teasing, self-objectification and body image concerns. *Journal of Adolescence* 34 (3), 455~463.

29 Sue, D. W., Capudilupo, C. M., Torino, G. C. 외 (2007). Racial microaggressions in everyday life: Implications for clinical practice. *American Psychologist* 62 (4), 271~286.

30 Zeiders, K. H., Doane, L. D., and Roosa, M. W. (2012). Perceived discrimination and diurnal cortisol: Examining relations among Mexican American adolescents. *Hormones and Behavior* 61 (4), 541~548.

Jackson, L., Shestov, M., and Saadatmand, F. (2017). Gender differences in the experience of violence, discrimination, and stress hormone in African Americans: Implications for public health. *Journal of Human Behavior in the Social Environment* 27 (7), 768~778.

Brody, G. H., and Lei, M. (2014). Perceived discrimination among African American adolescents and allostatic load: A longitudinal analysis with buffering effects. *Child Development* 85 (3), 989~1002.

Berger, M., and Sarnyai, Z. (2014). "More than skin deep": Stress neurobiology and mental health consequences of racial discrimination. *Stress: The International Journal on the Biology of Stress* 18 (1), 1~10.

31 Sellers, R. M., Copeland-Linder, N., Martin, P. P., and Lewis, R. L. (2006). Racial identity matters: The relationship between racial discrimination and psychological functioning in African American adolescents. *Journal of Research on Adolescence* 16 (2), 187~216.

32 Brody, G. H., Chen, Y., Murry, V. M. 외 (2006). Perceived discrimination and the adjustment of African American youths: A five-year longitudinal analysis with contextual moderation effects. *Child Development* 77 (5), 1170~1189.

Elmore, C. A., and Gaylord-Harden, N. K. (2013). The influence of supportive parenting and racial socialization messages on African American youth and behavioral outcomes. *Journal of Child and Family Studies* 22 (1), 63~75.

Brody, G. H., Miller, G. E., Yu, T. 외 (2016). Supportive family environments ameliorate the link between racial discrimination and epigenetic aging. *Psychological Science* 27 (4), 530~541.

33 Irving, D. (2014). *Waking Up White, and Finding Myself in the Story of Race.* Cambridge, MA: Elephant Room Press.

Bergo, B., and Nicholls, T. (Eds.) (2015). *"I Don't See Color": Personal and critical perspectives on white privilege.* University Park: Pennsylvania State University Press.

CHAPTER 1 스트레스와 불안 제대로 이해하기

부모를 위한

에드나 포아, 린다 와스머 앤드루스, 《두려움과 걱정에 사로잡힌 아이들If Your Adolescent Has an Anxiety Disorder》, 최미례, 연미영 옮김, 학지사, 2010.

로널드 라피 외, 《불안하고 걱정 많은 아이 어떻게 도와줄까?Helping Your Anxious Child》, 이정윤, 박중규 옮김, 시그마프레스, 2014.

여자아이를 위한

돈 휴브너, 《걱정이 한 보따리면 어떡해!What to Do When You Worry Too Much》, 이주혜 옮김, 대교출판, 2008.

리사 M. 샤브, 《불안 다루기The Anxiety Workbook for Teens》, 김수경 옮김, 명상상담연구원, 2012.

밥 스탈, 엘리샤 골드스타인, 《MBSR 워크북A Mindfulness-Based Stress Reduction Workbook》, 안희영, 이재석 옮김, 학지사, 2014.

CHAPTER 2 가정생활

부모를 위한

Dell'Antonia, K. J. (2018): *How to Be a Happier Parent: Raising a Family, Having a Life, and Loving (Almost) Every Minute of It*. New York: Avery.

Kabat-Zinn, J. (2007). *Arriving at Your Own Door: 108 Lessons in Mindfulness*. New York: Hyperion.

줄리 리스콧-헤임스, 《헬리콥터 부모가 자녀를 망친다How to Raise an Adult》, 홍수원 옮김, 두레, 2017.

Wilson, R., and Lyons, L. (2013). *Anxious Kids, Anxious Parents: 7 Ways to Stop the Worry Cycle and Raise Courageous and Independent Children*. Deerfield Beach, FL: Health Communications.

여자아이를 위한

Sedley, B. (2017). *Stuff That Sucks: A Teen's Guide to Accepting What You Can't Change and Committing to What You Can*. Oakland, CA: Instant Help Books.

CHAPTER 3 동성과의 관계

부모를 위한

다나 보이드, 《소셜시대 십대는 소통한다It's Complicated》, 지하늘 옮김, 처음북스, 2014.

수전 케인, 《콰이어트Quiet》, 김우열 옮김, RHK, 2021.

레이철 시먼스, 《소녀들의 심리학Odd Girl Out》, 정연희 옮김, 양철북, 2011.

로잘린드 와이즈먼, 《여왕벌인 소녀, 여왕벌이 되고 싶은 소녀Queen Bees and Wannabes》, 강혜영 외 옮김, 시그마프레스, 2015.

여자아이를 위한

Criswell, P. K., and Martini, A. (2003). *A Smart Girl's Guide to Friendship Troubles: Dealing with Fights, Being Left Out & the Whole Popularity Thing*. Middletown, WI: Pleasant Company.

CHAPTER 4 이성과의 관계

부모를 위한

페기 오렌스타인, 《아무도 대답해주지 않은 질문들Girls and Sex》, 구계원 옮김, 문학동네, 2017.

대니얼 J. 시겔, 《십대의 두뇌는 희망이다Brainstorm》, 최욱림 옮김, 처음북스, 2014.

Tolman, D. L. (2005). *Dilemmas of Desire: Teenage Girls Talk About Sexuality*. Cambridge, MA: Harvard University Press.

여자아이를 위한

Bialik, M. (2017). *Girling Up: How to be Strong, Smart and Spectacular*. New York: Philomel Books.

제인 폰다, 《돌직구 성교육Being a Teen》, 나선숙 옮김, 예문아카이브, 2016.

CHAPTER 5 학교생활

부모를 위한

캐롤 드웩, 《마인드셋Mindset》, 김준수 옮김, 스몰빅라이프, 2017.

Orenstein, P. (1994). *Schoolgirls: Young Women, Self-Esteem, and the Confidence Gap*. New York: Doubleday.

Silver, L. B. (2006). *The Misunderstood Child: Understanding and coping with your child's learning disabilities*, 4th ed. New York: Three Rivers Press.

레이철 시먼스, 《소녀는 어떻게 어른이 되는가Enough as She Is》, 강나은 옮김, 양철북, 2021.

여자아이를 위한

캐티 케이, 클레어 시프먼, 《나는 왜 자꾸 눈치를 볼까?The Confidence Code for Girls》, 하연희 옮김, 리듬문고, 2019.

CHAPTER 6 **문화적 압력**

부모를 위한

Lamb, S., and Brown, L. M. (2006). *Packaging Girlhood: Rescuing our daughters from marketers' schemes.* New York: St. Martin's Press.

페기 오렌스타인, 《신데렐라가 내 딸을 잡아먹었다Cinderella Ate My Daughter》, 김현정 옮김, 에쎄, 2013.

레이철 시먼스, 《딸 심리학The Curse of the Good Girl》, 한승오 옮김, 아름드리미디어, 2013.

Tatum, B. D. (2017). *Why Are All the Black Kids Sitting Together in the Cafeteria: And other conversations about race.* New York: Basic Books.

여자아이를 위한

캐롤린 폴, 《용감한 소녀들이 온다The Gutsy Girl》, 홍수연 옮김, 우리학교, 2018.

여자(아이)의 심리학

초판 1쇄 인쇄일 2022년 9월 21일
초판 1쇄 발행일 2022년 9월 30일

지은이 리사 다무르
옮긴이 최다인

발행인 윤호권
사업총괄 정유한

편집 정상미 **디자인** 김지연 **마케팅** 윤아림
발행처 ㈜시공사 **주소** 서울시 성동구 상원1길 22, 6-8층(우편번호 04779)
대표전화 02-3486-6877 **팩스(주문)** 02-585-1755
홈페이지 www.sigongsa.com / www.sigongjunior.com

글 ⓒ 리사 다무르, 2022

ISBN 979-11-6925-296-6 03180